目　次

【日本国際経済法学会20周年記念大会】

理事長挨拶
学会創立20周年に寄せて……………………………………小　寺　　　彰… 1

歴代役員代表者祝辞――学会草創期を振り返って――
深い感謝と感懐をこめて、学会創立期をふり返る…………宮　坂　富之助… 4
国際経済法学会20周年記念大会祝辞…………………………黒　田　　　眞… 8

記念講演：国際経済法の変容と課題――20年の軌跡――
WTO――その実績と将来の課題――……………………松　下　満　雄… 13
競争法の収斂と多様性…………………………………………根　岸　　　哲… 27
国際取引法研究の20年…………………………………………柏　木　　　昇… 36

ゲスト講演
Multinational Enterprises and International Economic Law:
　Contesting Regulatory Agendas over the Last Twenty Years
　　　　　　　……………………………………………… Muchlinski, Peter… 53

【論　説】

〈共 通 論 題〉
国際経済法における市場と政府
企画趣旨………………………………………………研究運営委員会… 93
国際経済法における「市場vs.政府」
　についての歴史・構造的考察…………………………柳　　　赫　秀… 95
中国における市場と政府をめぐる国際経済法上の
　法現象と課題……………………………………………川　島　富士雄…124
　　――自由市場国と国家資本主義国の対立？――

EUの経済ガバナンスに関する法制度的考察 …………………庄　司　克　宏…147
　　──非対称性問題と欧州債務危機──
国際経済法秩序の長期変動………………………………………飯　田　敬　輔…167
　　──国際政治経済学の観点から──

国際知財法の新しいフレームワーク
座長コメント………………………………………………………茶　園　成　樹…183
技術取引の自由化…………………………………………………泉　　　卓　也…188
遺伝資源・伝統的知識の保護と知的財産制度…………………山　名　美　加…207
　　──「財産的情報」をめぐる新しいフレームワークの考察──
著作権に関する国際的制度の動向と展望………………………鈴　木　將　文…226

〈自由論題〉
証券取引規制における民事責任規定の適用……………………不　破　　　茂…246
投資条約仲裁手続における
　　請求主体の権利濫用による制約……………………………猪　瀬　貴　道…268

【文献紹介】

Hiroko Yamane,
　*Interpreting Trips: Globalisation of Intellectual Property
　Rights and Access to Medicines*………………………小　島　喜一郎…285

Junji Nakagawa(ed.),
　*Multilateralism and Regionalism in Global Economic Governance:
　Finance, Trade and Investment* ………………………国　松　麻　季…288

山下一仁
　『環境と貿易　WTOと多国間環境協定の
　法と経済学』………………………………………………高　村　ゆかり…292

林　秀弥
　『企業結合規制─独占禁止法による競争評価の理論─』
　………………………………………………………………武　田　邦　宣…295

Stefan Kröll, Loukas Mistelis and Pilar Perales Viscasillas,
  *UN Convention on Contracts for
  the International Sale of Goods (CISG)* ················澤　井　　啓···299

学 会 会 報 ·· 304
編 集 後 記 ·· 319

理事長挨拶

学会創立20周年に寄せて

小　寺　　　彰

　本日ここに日本国際経済法学会の設立20周年記念大会を開催できることは，当学会理事長として大変な喜びであります。同時にこの時期に理事長を務めさせて頂いていることを大変光栄なことと存じています。

　日本国際経済法学会は，1991年11月2日に設立総会が開かれ設立されました。設立趣意書をみますと，国際経済システムの激変と我が国の国際経済法研究の遅れが指摘され，それまで分散して行われている国際経済法研究の結集が本学会設立の目的とされています。現在から振り返りますと，まことに時宜を得たものだったと思います。

　当時の日本国際経済法学会にはいくつかの特色があります。第1は，日本国際経済法学会に結集した研究者は，従来から存在していた国際法，経済法，国際私法・取引法等の学会ですでに活動していた方々だったという点です。多くの方々は，他の学会を第1のベースとして日本国際経済法学会には，「第2の学会」として参加されました。

　第2は，国際経済法の対象である通商投資分野で実務に携わっていらっしゃる方々との連携を重視したということです。外務省，経済産業省（設立当時は通商産業省）の担当分野の責任者の方々が理事として加わり，研究大会では毎回実務担当者の方々が報告をされ，研究者と交流してきました。

　第3は，当時の研究大会のプログラムを見ても分かることですが，1991年というのはGATTウルグアイラウンドの最中で，GATT（現在のWTO）につい

て世間の関心が強く、一時は「GATT」学会と言われたように、GATT／WTO が研究活動の中心を占めていました。このような状況はどのように変わったのでしょうか。

　まず第1には、日本国際経済法学会を第1のベースとする若手の研究者が増え、学会の中軸を構成するようになったことをまず挙げることができます。設立趣意書には、「次の世代を担う国際経済法研究者の育成をはかることも、この学会の重要な任務」と考えているとの一文がありますが、この点は見事に達成されたと思います。

　同時にこのことは国際経済法が独立のディシプリンとして確立したことを示していると言えましょう。これは学会がなければなしえなかったことです。

　このような状況を反映して多くの大学や法科大学院に国際経済法の授業が開講されたことも特筆すべきことだったと思います。

　第2の実務家との交流ですが、その幅が格段に拡がったことを挙げることができます。通商投資実務についていらっしゃった方が大学で教えたり、また大学の研究者が通商投資実務に携わったりと、研究者と実務家の交流の幅が広がりました。我が国はよく蛸壺社会と言われますが、国際経済法研究では、見事にこの点が克服されたと言っていいと思います。これも学会の功績と言えましょう。

　第3の研究対象でありますが、ウルグアイラウンドが終わり、その後に始まった WTO ドーハ開発アジェンダが停滞するに従い、WTO 以外にも関心が拡がっていきました。今記念大会でも、WTO を扱う報告はわずかに顔をのぞかせているにすぎません。他方、明日の大会プログラムにあるように、投資等の新たな問題が取り上げられるようになり、同時に国際経済法に関する理論的な問題への関心が高まっています。これらは、まさに国際経済法がディシプリンとして確立したことの何よりの証ではないでしょうか。

　これらは設立以来学会をリードされてきた先輩の先生方のご努力に多く寄る

ものであり，そのご苦労のほどはさぞやと察せられます。心より御礼を申し上げたいと思います。

　創立20周年を記念して本日から記念大会を開催しますが，20周年記念事業としては，これ以外に学会の総力を結集した国際経済法講座の出版を企画しています。この講座は，いわばディシプリンとして国際経済法学が確立したことを世間に示すと同時に，今後の20年，50年，100年を見据えて，現時点で国際経済法のディシプリンをどのようにわれわれが考えているかを確認し，将来に示すものにしたいと考えています。皆様のご協力を切にお願いしたいと思います。

　この20年を振り返ったときに，1つだけ心残りがあります。それは学会の国際的展開であります。2003年に開催しました第13回大会では，名古屋大学等のご協力を得て国際シンポジウムを開催しましたが，それ以外は国際交流が手薄であったことは否めません。国際経済法という分野の特質上，学問的な交流は国際的になされるのが当然のことだろうと思いますが，今までのところそのようにはなっていません。本日は韓国から韓国国際取引法学会長の李浩元先生と総務理事の朴英徳先生がお出で下さり，来年度からの日韓の研究交流のご提案を頂いています。今後は，韓国等のアジア諸国はもとより欧米の研究者との交流を盛んにして，日本の国際経済法学の水準をますます向上させ，世界の国際経済法の発展に貢献することを念願しています。

　最後になりましたが，国際経済法学の発展は，ひとえに若手の研究者の双肩にかかっています。若手の研究者の方々におかれては，その点に留意され，研究にご精進頂くと同時に，学会の活動にご貢献頂くことをお願いして20周年記念大会のご挨拶とさせて頂きます。

　　　　　　　　　（日本国際経済法学会理事長・東京大学大学院総合文化研究科教授）

歴代役員代表者祝辞――学会草創期を振り返って――

深い感謝と感懐をこめて，学会創立期をふり返る

宮坂　富之助

　学会が創立されて20年も迎えたことを，なによりも会員の一人としてうれしく，お祝を申し上げたいと存じます。設立過程に深く関わった時期の想い出，それは私にとって，望むべくもない数多くの貴重な，恵まれた交友関係に満ちたものでした。本日，貴重な時間を割いてお招き頂き，当時をふり返る機会を設けて下さったことに，あらためて深く感謝を申し上げる次第です。

　「当時を振り返る」と申しましても，今なお忘れられない経験を心に奥深く新鮮に持ち続けている私には，20年という歳月の長さに実感が沸きません。しかし，今「老兵」となった私自身の年齢を考えてみれば，いま活躍をされている大半の若い会員の皆さんは，当時の状況をご存じないことと思います。そこで印象に残る先輩会員の努力と私個人の想い出の一端をご披露させて頂くことにいたします。

　さて，設立時の社会経済の現状認識とそれに対応した課題意識をはじめ，学会として新たな研究組織を設ける必要性と意義がどのように考えられていたか，などについては，ジュリスト編集部から依頼をうけて執筆した小文を検索してご覧頂きたいと思います（『ジュリスト』995号70頁以下）。「1991年11月2日，日本国際経済法学会が誕生した。予想をはるかに超えて，400名近い多彩な関係領域の研究者と実務家が会員として参加し……」。この文頭の言葉には，私たちの誇りと喜びがこめられております。

1　志を共有し貫いた発起人会

　上記の小文では紙幅の関係もあって設立過程の詳細にはふれていませんでした。本日は，この機会に，当初から発起人のひとりとして設立過程に深く関わった私の想い出をご披露しようと思います。

　一言でいえば，設立過程は平坦ではありませんでした。第一回の発起人会の開催前から私の身近には，設立には消極的な意見も強く，その状況は会合当日にも持ち込まれ，会合の座長として私の意見集約の責務が問われました。意見の「対立」といっても，設立は「時期尚早である」，「『国際経済法』の法概念がまだ定着していない」などの消極論が強調され，そうした意見にどう対応するか迫られました。私個人の率直な内心は，このいずれにも疑問があり，特に後者については，研究の「成熟度」をどのように評価認識するか，またその「方法論はどうか」など基本的な問題に関わります。しかし，このような問題は，既存の学会であっても，常に問われ続けられることであり，研究の進展に応じて次第に変化し成熟へと向かうものでしょう。

　当初の発起人の構成としては，経済法・国際私法・国際法などの専攻者，そしてなによりも外務省など行政機関のトップがおられ，それぞれの研究関心も，WTO の運営・生物多様性など環境問題，知的財産権，消費者問題など，多彩にわたるものでした。これらの課題それ自体は必ずしも目新しいわけではありません。むしろ重要なことは，異なる研究領域の研究者が広い国際的な視野を共有して，これらの課題をめぐり相互に交流すること，そのための確固とした組織を創造することにありました。

　このような意義づけは，当然のことと考えられるでしょうが，「異領域の交流・協同の必要性と実践」は，必ずしも現実には容易ではありません。この点について私個人には，研究意識の底辺にある思いがあります。皆さんにとっては「古典」となっていると思いますが，田中耕太郎先生が「法継受論」にかかわって「世界法の理論」という著作を出しておられました。気宇壮大な著作の

なかで，先生は，「世界経済法」という一章節を設けており，当時のドイツ経済法学説を紹介しています。私が印象づけられたのは，その本文ではなく，「世界経済法」という概念についての脚注の言葉です。そこには，日本でそのような概念が展開されていない要因として，関連する国際私法など異なる研究領域がそれぞれ独自性を強く持ち互いに交流していない現実をあげておられます。先生がめざす「世界法」というような法律学へと収斂するかどうかはともかく，私は長い間この示唆に富む認識に深い感銘を受けていました。そしてそのことが学会設立の基本姿勢になっていました。

そのような考えから，私は打開策として，関連する研究者をより広く糾合して発起人を拡大することを提案し，満場一致で決定しました。こうしてその後，新たに発起人が加わり本格的に設立の作業が進められました。

2　初代理事長・今村成和先生のこと

初代の理事長として今村先生が就任されたこと，皆さんもよくご存じと思います。しかし，理事長を引き受けて頂くにいたった経緯には，私の想い出があります。

先生は長く経済法学会の理事長を務められており，この時期には現役を退いておられましたから，理事の就任は当然に固辞されることは予測しておりました。そのことは承知のうえで，親しく就き合って下さっていた関係からお願いをしようと考えました。もちろん，上記のような設立に関与されている多様な領域の研究者を束ねるにふさわしい方は，先生をおいて存在しないと確信していましたから。とはいっても引き受けて頂ける自信はありません。私は，企画されているこの学会の特質，とりわけグローバル化した世界経済を背景に山積する課題の研究に不可欠な「官と学の協同」が期待されていること，「風通しのよい理事会運営」など，発起人会の詳しい状況をお話し，理事長就任をお願いしました。「僕はもう80歳だよ。東京と札幌を行き来して会議に参加するの

は無理だよ」と言われ固辞される先生に，事務的な作業のすべては私が逐一ご報告し，「先生に絶対ご無理，ご迷惑をかけることのないようにいたします」と約束をしました。状況の一切を覚られた先生は，就任を内諾して下さいました。このとき私は，ひとつの大きな山を越えた安堵感と自己の責任の重さを新たにしました。上記のジュリストにもあるように，設立時の学会総会では，桑田三郎先生，高野勇一先生とともに，記念講演を頂きました。このときの私のうれしさは，たとえようもありません。

3　神戸大学法学部への感謝

　発起人会による会員の募集そして創立総会の企画など，設立過程の後半から組織の基礎づくり，その後の学会の運営など，重要な事務の要めとなる職務は，神戸大学法学部が担当して頂きました。いまでこそインターネット，メールなどが広く進展して各種の情報連絡や事務処理が当然のことになっていますけれども，当時はまだ「紙情報」が中心であり事務の運営は「手作業」が中心でした。そのような状況にあって，財務の管理，会員への連絡など煩雑な作業を担って頂きました。創立時から揺籃期の基礎固めの重要な時期の活動を支えて下さった事務局に心から感謝いたします。

　以上，私の想い出の一端を感謝をこめてお話いたしました。世界経済の構造がグローバル化するに伴い，私たちが直面する課題も山積しています。20年の研究実績をさらに深め，本日を画期として，あらためて今後の会員皆様のご活躍に期待をこめて，私のお祝いの言葉とさせていただきます。ありがとうございました。

（早稲田大学名誉教授）

歴代役員代表者祝辞――学会草創期を振り返って――

国際経済法学会20周年記念大会祝辞

黒 田 　 眞

　1991年2月に国際経済法学会が発足した際，私は理事に就任しました。そして当初十年程は比較的真面目に理事会に出席しました。理事を引き受けた理由は，設立趣意書に述べられたこの学会の目的に賛同したからです。そこでは「わが国の国際経済法研究の遅れを取り戻すためには，国際法，国内法，外国法それぞれの分野の学者を結集するとともに，官庁，企業，法律事務所の実務家との協力を深める必要がある」と述べられています。

　私は1988年夏に33年余勤めた通商産業省を退官して間もなくでしたが，在職中に携わった通商関係の仕事を通じて，わが国の国際経済法学者の方々にご意見を伺ったことは殆どありませんでしたし，アカデミアから状況の説明を求められるということもありませんでした。両者の関係は誠に希薄というか疎遠でした。もっとも，退官してからは，日米半導体交渉の経過などについて，お話しする機会を多く持ちましたが。

　他方，米国の研究者の意見には，我々も関心をもち，彼らの著作を勉強もしました。米国では自国の通商政策の歴史や問題点についての優れた分析，研究，提言が行われており，また国際的な通商法の解説も数多く見られて，私共にとっても大変参考になったからです。（厄介だったのはこれらを英語で理解しなければならないことでした。）この例を持ち出すまでもなく，わが国でアカデミアと役所が疎遠である状況が好ましい筈はなく，両者の協力を深めようという本学会設立の動きに，強く賛意を表明した次第です。

両者の関係が疎遠であった理由を考えると，1つには官庁の側からの情報提供が不十分であったことも大きな要因だったと考えられます。対外交渉において，一般的に途中経過を公表することは好ましくないと考えられています。二国間の交渉で，双方の要求が100％容れられることはあり得ません。しかし，交渉妥結後には，それぞれ国内向けに，自国の立場はそれなりに生かされていると説明する必要があるわけですから，交渉の途中で経緯を公表したり，譲歩の中味を詳しく述べることは，いろいろ差し障りがあることはお判り頂けると思います。また，相手のポジションをこちらが発表することは，逆のケース，即ちわが国のポジションを先方が発表するということにもなりますから，お互いに避けるのが通例です。

　安全保障に関する交渉であれば兎も角，通商・経済関係で秘密にすべきことが沢山あるとは思えませんが，交渉経緯の高い秘匿性は世間的にも容認されてきました。今日情報公開が叫ばれるなかで，状況は変ってきていると思いますが，なお，外交交渉の透明性が十分に高いとは思えません。これからどうすべきか皆で議論すべきでしょう。

　そもそも，国家間の通商交渉は，国際経済法の立法作業の一部です。このプロセスをどこまで透明にし，各界の意見をどのような形で取り入れるかは，今後の課題です。昨今，TPPを巡ってこの交渉に参加すべきかどうかが永田町で議論されています。交渉に参加すると，結局，相手国（この場合米国が頭にあるようですが）の言いなりになってしまって，日本農業が崩壊してしまうとか，国民皆保険の健保が続けられないといった極端な懸念が強調されています。これなども従来通商交渉の過程が良く見えなかったことからくる不信感に基づく部分が大きいと思われますし，残念ながら，日本政府の交渉力が十分強力ではないとのパーセプションも不信の一因かもしれません。

　私の三十数年の通商産業省在職中，20年以上は対外通商関係に携わってきました。

1955年に役所に入りましたが，この年は日本がガットに加入した年でもあります。爾来，ガットの対日35条援用撤回交渉を始め，ガットのラウンドと呼ばれる大きな通商交渉に関与してきました。

ガット35条問題とは，折角加盟が認められたのに，英，仏，ベネルックス，豪など多くの国がガット35条を援用して，わが国とガット関係に入ることを拒否したのです。クラブへの加入は認めるが，君との間では相互に会員関係は成立していないという酷い仕打ちです。この撤廃の実現が，この時期のわが国通商政策上の最大の課題でした。戦前の日本の繊維輸出の恐怖の記憶がなさしめたことですが，その撤回実現には大きな代償を支払いました。英国とは新たな通商航海条約を締結し，ベネルックスやフランスとは通商協定を結んで，過渡的に対日差別的輸入制限の維持と，選択的セーフガードという名のMFN原則に反する差別的輸入制限措置（幸い実行されませんでしたが）を受け入れたのです。

ガットのラウンドとしては，ケネディー・ラウンド，東京ラウンド交渉に参加し，ウルグアイ・ラウンドについては，その開始を決めたプンタ・デル・エステでの閣僚会議に参加しました。ラウンドと呼ばれる大きな通商交渉は，関税の引き下げを大目的として掲げ，大きな成果を挙げてきましたが，同時にコードと呼ばれる各種の国際取極めを多数作成しました。アンチダンピング，輸出補助金，関税評価，政府調達，技術的障害とも呼ばれる基準認証（スタンダード・コード）など各般の国際取極めは，国際貿易で各国が遵守すべきルールを取り決めたものです。更にウルグアイ・ラウンドの結果，新しい国際機関としてWTOが作られ，サービスについてもGATSによって国際的ルールが定められました。これらが，まさに国際経済法の重要な構成要素を構成しているのです。

国際的なルール作りは，ガット・WTOのようなマルチの場に限られるわけではありません。二国間の通商交渉で，通商航海条約のように最恵国待遇，内

国民待遇といった基本原則を定めた長期に維持される枠組み的な約束から，米国との繊維協定，自動車協定，半導体協定，EU との電気製品協定のような対象分野や期間に限定のある国際約束が作られます。これらも重要な国際経済法の一部といえます。

　個人的な経験では，ジュネーブ在勤中，安全衛生規制と深く関係するスタンダード・コード（正式名称は「貿易の技術的障害の除去に関する協定」です）の作成段階で少人数の起草委員会のメンバーとなり，日本国内での法制局審査と同様の経験をしたことが楽しく思い出されます。また一般特恵制度の関連で各国の原産地規則をハーモナイズする作業部会のスポークスマンとして，大蔵省関税局の専門家の援けを受けながら，何回もパリに通いました。

　いささか古い話に時間を費やしました。20年経って最近の状況は変化し，学界と官界との協力関係は，人的な交流を含め相当進展しているものと理解します。国際経済法学会年報の目次を通観しても，この間の国際経済法研究の進化が認められます。昨年の大会を記録した第20号を拝見しても，その充実振りは中々なもので誠にご同慶に堪えません。これからも，学と官との協力関係が，更に深化し，充実してゆくことを願って止みません。

　これまで，過去を振り返ってきましたが，最後に一言今後のことについて申し上げます。実は本日講演される Muchlinski 先生の原稿を拝見して，国際経済法の新しい課題として，多国籍企業の活動における人権尊重の問題が浮上していることを知りました。これを拝見して私の頭に浮かんだことは，人権問題というときに Gender 間の差別の問題も含めて考えられるのではないかということです。

　日本社会では女性の地位が極端に低いことが目立ちます。結婚，特に，出産後の勤務継続が難しいこと，日本企業の女性役員が非常に少ないこと，中央地方の女性議員の数が少ないことなどが指摘されていますが，これは日本のあらゆる組織に共通する男性優位の結果であり，日本社会の長い伝統乃至慣行によ

り生み出されたものです。そこで外国で活動する日本企業が増えている状況下で，これらの日本では普通のこととして受け入れられている慣行が，女性差別として国際的な人権侵害問題として，今後頻繁に取り上げられるようになるとの予感です。

　いささか極論かもしれませんが，国際的な問題として取り上げられることによって，日本国内で女性の地位の見直しの機運を加速するのではと考えるのです。私はこのような女性軽視の情況が，日本における少子化の急速な進展の背後にあると考えていますが，ここではこれ以上深入りしないこととします。関心をお持ちの方がおられれば，是非フォローアップをお願いします。

　以上，私からの祝辞とさせて頂きます。ご清聴有難うございました。

（元通商産業審議官）

記念講演：国際経済法の変容と課題——20年の軌跡——

WTO——その実績と将来の課題

松下満雄

I　歴史的省察
II　WTOの成果
III　WTOの直面する問題
IV　WTOの将来の進路

I　歴史的省察

　1930年代の不況も現代の不況も国際経済体制に大きな悪影響を与えるが，両者の間には違いがある。1929年のニューヨーク株式市場の暴落に端を発した不況は世界経済体制に破局をもたらした。1930年代には主要国は金本位制から離脱し，1932年の米独の生産は1929年比で半分となり，両国のGDPは38％減少し，米失業率は30％に達した。米国における銀行の倒産は1万に達したそうである。これととともに保護貿易主義が猖獗を極めた。有名な出来事は1930年の米スムート・ホーレイ関税法の制定であり，これにより高関税や輸入制限措置がとられ，欧州各国，日本，その他の，主要通商国家はこぞってこれに対抗して自国通貨の切り下げ，関税引き上げ，輸入制限に走った。同時に，英連邦等に示されるブロック経済が横行し，国際貿易は縮小の一途をたどった。これらの結果，周知のように各国経済の孤立とブロック化が進み，ついには第二次大戦という破局を迎えることとなった。

　2008年には米国におけるリーマン・ショックを契機として，不況が世界経済

を襲った。この不況は日本を含めて経済に甚大な被害をもたらした。米国の失業率は10％近くなり，全世界の輸出量は2009年において前年比９％落ち込んだ。日本においても，これによって多くの者が金融資産を失った。またこれを契機として，主要通商国家において，保護主義の動きがみられた。リーマン・ショックの結果，不況が世界経済を襲ったとき，米国ではバイ・アメリカン措置がとられ，中国，インド等新興国において輸出制限がとられる等保護主義的な動きがみられた。

　このように1930年代の世界不況も2008年の世界不況も世界経済と各国に甚大な被害をもたらしたのであるが，この両者の間には違いがある。1930年代の不況と保護主義は世界経済システムの崩壊をもたらしたが，2008年の不況の影響はそこまではいっていない。前述のように，2008年のリーマン・ショックにともなう経済不況を受けて，米，中国，インド等が保護主義的措置をとったが，WTOラミー事務局長がWTO貿易制度検討機関を通じて各国の保護主義的動向を調査し，G20にスタンドスティル（保護主義をこれ以上広めないこと）を請願し，G20がこれを前向きに検討する等の動向があった。この動きが成功であったかは議論があるところであるが，1930年代のように世界貿易体制を崩壊させるところまではいってない。また，極端な保護主義的措置に対しては，WTOの紛争処理手続きが歯止めとして機能する。米失業率10％は非常に高いとはいえ，1930年代の30％に比べればましである。2000年代の初めにタイ，韓国等が通貨危機に見舞われたが，IMFによる融資等によって辛くも危機を脱した。IMFの介入については批判も多いが，国際通貨体制の維持とそれを通じての国際経済の均衡維持におけるIMFの果たす役割は絶大である。

　このように1930年代にも不況が世界経済を襲い，2000年代にも不況が世界経済を襲った。1930年代にはこの不況が引き金となって保護主義，孤立主義が横行し，これが世界通商体制を破綻に陥れたが，2000年代においては，不況がきても危なっかしいながら世界経済システムは何とか協調体制を維持し，乱気流

にもまれながらも「低空飛行」を続けており，墜落はしていない。このような意味において，現代国際経済システムは1930年代に比較すると，「多少はまし」なのである。しかし，この「多少はまし」ということはきわめて重要であり，これによって世界経済システムは辛くも破局を免れている。この違いはどこから生ずるのか。

　主要国の間に，国民経済の相互依存が深まり一国主義ではその国の経済利益を擁護することすらできないことが一般的に認識されるようになった。この結果ブレトンウッズ体制が誕生したが，この基礎にあるのは，国民経済を構成要素とする国際経済全体の協調を維持発展することによって各国の国民経済を発展させるのが重要であり，これが各国の経済を発展せしめる唯一の道であるとの認識である。これを受けて多くの多角的国際協定や国際機関が創設された。通貨の面における IMF，信用供与の面における世銀，貿易ルールの面におけるガット（現在では WTO）がその典型的なものである。最近は EU をはじめとする地域連合，FTA もまた重要な国際経済推進の担い手として登場している。さらにこれらの国際協定，国際機関と関連して，各国の国内政策，国内法制において国際的側面が重要となっている。これらの国際通貨・通商政策等の政策，それを実施する協定，及び，それらと関係する主要国の通商政策と通商法制は全体として複雑な世界経済のガバナンスのシステムを形成しているが，このシステムの総体によって現代の世界経済は辛くも破綻から免れている。かかるガバナンスの総体を我々は漠然と「国際経済法」とよんでいる。

II　WTO の成果

　ガット及びそれを承継する WTO は，かかる世界経済のガバナンス原理の一環であり，それの重要な一部をなすものである。周知のように，ガットの背景をなすのは国際貿易機関憲章（ハバナ憲章）である。これは第二次世界大戦後，間もなく米国の影響下に策定され多くの国が署名したが，米議会の反対に

あって流産の憂き目をみた。ガットはこれによって生ずる国際貿易ルールの空白を埋めるために、1947年に23カ国によって暫定的に締結された。このような出生の経緯からガットは設立当初から国際機関として基盤が脆弱で、ジャクソン教授の表現をもってすれば、「生まれながらの欠陥」を背負って誕生した。しかし、ガットは脆弱な組織にもかかわらず、その後50年の間に8回の「ラウンド」（貿易自由化のための国際交渉）を行い、関税の引下、非関税障壁の軽減廃止、国際貿易ルールの策定等の分野において大きな成果を上げ、世界通商史に不滅の足跡を残して、1995年にWTOに発展的に吸収された。

　WTOはガットの基本原則を承継するものであり、その原則は無差別主義（最恵国待遇並びに内国民待遇）、及び、自由貿易であるが、旧ガットに比較していくつかの新しい要素がある。WTOは貿易に関するルール（ガット及び付属書1Aに所属する12の協定）に加えて、サービス貿易の協定（付属書1B）、知的所有権の貿易関連側面に関する協定（付属書1C）、及び、旧ガットに比較すると格段に強化された紛争解決手続（付属書2）を有する。この他に、貿易政策検討制度（付属書3）と複数国間協定（付属書4）がある。このようにWTOは旧ガットに比較して、より総合的な国際貿易のルールの定立と効果的な実施を目指している。

　WTOは正式な国際機関である。旧ガットは正式な国際機関とはいいがたく、そのメンバーは正式には国際機関のメンバーではなくガット協定の「締約国」とされ、事務局もITOの暫定委員会という位置づけであった。しかし、WTOはWTO協定によって独立の法人格を付与され、IMF、世銀等と並んで強固な国際機関である。

　WTOの国際貿易秩序に対する貢献のうち顕著なものとして、以下の4つをあげる。第1は、「ルール指向型の国際貿易体制」の確立に貢献していることである。国際貿易システムには「パワー指向型」と「ルール指向型」があるといわれている。前者においては、通商交渉のさいに当事国が一定の国際的合意

に基づいて通商交渉や貿易紛争の解決をするのではなく，当事国の経済的，政治的，または軍事的な力関係によって交渉や紛争処理の結果が決まる。いわば力の支配する世界である。これに対して，ルール指向型国際貿易システムにおいては，国際的に合意されたルールに則って国際交渉が行われ，貿易紛争の処理もルールに従って行われる。このルール指向型貿易システムは貿易秩序の安定，公平をもたらし，ルール違反がある場合には，発展途上国等経済的弱者も強者にたいしてルールによって争い，妥当な解決を得ることができる。WTOはおそらく貿易史上初めて本格的にルール指向型貿易システムを導入する試みであり，ここ16年の経験に徴しても，この試みは相当程度成功している。

第2は，そのルールがカヴァーする範囲を伝統的な物品貿易に限らず，飛躍的に広げたことである。WTOは物品の貿易のほか，サービスの貿易，及び，知的財産権の分野に大幅に踏み込んでいる。また，知財分野においては，パリ条約，ベルヌ条約等を取り込むことによってその規律の範囲を大いに拡大している。WTOには投資に関する協定はまだないが，サービス貿易に関する協定のうちの第3モードは実質上サービス分野における直接投資のルールの策定を目指すものである。また，物品の貿易に関する協定のうち，貿易関連投資に関する協定は投資に関するルールに密接に関係している。

第3は，従来国家主権に属するとされていた分野に果敢に踏み込んでいることである。たとば，SPS協定，TBT協定は加盟国の国内的強制規格を国際規格に準拠させようというものである。これによって加盟国はいわゆる国境措置を国際ルールに適合させるのみならず，輸入品，国産品を問わず同国内において一般的に適用される国内規格を国際協定に適合させなければならない。このことはTRIPS及びGATSについても同じである。TRIPSにおいては，加盟各国は自己の知財権の保護水準を実体法，手続法の両面にわたって同協定に規定されているミニマムスタンダードに適合されなければならない。そして，これは国境措置にとどまらず，国内の知財法制を全般的に国際協定に適合させる

ことを要求するものである。GATSにおいては，各加盟国が自由化を約束する限度において自由化をするのであるが，約束をする以上は国内に適用されるサービス規制の法制度をかかる国際約束に適合させなければならない。かかるWTO規律の国内事項への切り込みは，加盟国の主権との間に微妙な緊張を引き起こすことがあり，例えばECホルモンズ事件，EC・GMO事件に示されるように，SPS協定の適用や実施には種々の困難な問題が生ずることも事実である。しかし，これはとりもなおさず，経済のグローバル化が進み，各国の経済主権の範囲が曖昧化し，相対化していることを示すものである。

　第4の，そして多分最大の貢献は，WTOの紛争処理制度である。WTO紛争処理制度は，国際司法機関としては稀有な強制管轄権を有し，WTO協定違反に対しては，譲許の停止，すなわち報復措置の適用という強力な手段で対応する。WTO発足以降の20年足らずの間に，WTO紛争処理機関には約450件の紛争案件が持ち込まれ，そのうちの150件ほどのパネル及び上級委員会の判断が下されている。これらのうち，WTOの決定が順守されないということで深刻な問題となったのは10件以下であろう。これはまことに良好なパフォーマンスということができる。また数多くのパネル及び上級委員会のレポートによりWTO法の重要な原則が定立されている。これらの原則はWTO法のみならず，他の国際条約，さらに時によっては国内通商法規の解釈においても指針となりうるものである。すでに述べた「ルール指向型」の国際貿易システムはこの紛争処理手続を通じて形成されるといっても過言ではない。

Ⅲ　WTOの直面する問題

　紛争解決分野におけるWTOの成功とは裏腹に，WTOはその創設以来新たな協定を締結することには成功していない。1997年のシンガポール閣僚会議では「シンガポール・イシュー」を提唱する等，華々しいスタートを切ったが，1999年にシアトルにおける閣僚会議は失敗に終わり，その後，ドーハ・ラウン

ドの立ち上げには成功したものの，2003年のカンクン閣僚会議は失敗に終わり，2005年の香港閣僚会議は全面的な失敗とはいえないとしても，「シンガポール・イッシュー」を交渉項目から削除する等，縮小均衡となって後退した面もあり，たいした成果は上げていない。そのご何回も国際交渉は行われたが，具体的な結果は出ていない。すなわち，WTO はその創立以来16年間に多少の決議等を除き，あらたなルール形成には失敗したといわざるを得ない。端的にいえば WTO は準司法機関としては大成功であったが，政策決定機関（新ルールの策定と定立）としては，失敗であった。なぜこのようなことになったのであろうか。

　最大の要因は，WTO 加盟国間の力関係が変わったことである。ウルグアイ・ラウンドのころは，四極（米，EC，カナダ，日本）を中心とする先進国グループが国際交渉の主導権を握り，先進国間において国際協定の基本線を定めて発展途上国等他の交渉参加国を説得し，国際交渉を纏めあげることができた。いわゆるグリーンルーム方式である。しかし，その後情勢は変わり，中，伯，印，ロ，南ア等を中心とする新興工業国・資源保有国（いわゆる BRICS）の台頭は著しく，米国はリーマン・ショック後の経済の不振，EU は域内のギリシア，アイルランド，ポルトガルの財政危機等ユーロ共通通貨に端を発する多くの経済困難により影響力，交渉力が低下し，日本はバブル崩壊後の長期経済停滞により影響力は減退した。現状において，WTO 交渉の主要な担い手は米 EU を中心とする先進国と中，伯，印，ロ，南ア等を中心とする新興国の二大勢力である。しかも，後者は日に日に影響力を増しつつある。このように二大勢力が対峙し，交渉力が伯仲する状況においては，主要国の国益ないし産業の利益に重大な影響を与える事項についての交渉が簡単にまとまるとは考えられず，このような交渉の行き詰まりは相当の長期にわたって続くとみなければならない。

　このような面からみて，WTO における国際交渉の形態について再検討が必

要ではなかろうか。例えば，「コンセンサス方式」，「一括受諾方式」(single undertaking) は，はたして現実的であろうか。分野別の合意，暫定的合意，又は，部分的合意を国際協定として受け入れる方式（すでにガッツにその例がある。)，複数国間協定をもっと活用する方式などを考慮すべきではなかろうか。

　WTOの直面する大きな問題の1つはいわゆる非貿易的関心事項 (non-trade concerns) である。非貿易的関心事項には種々のものが含まれるが，環境，製品・食品安全，文化・伝統，人権等の保護がその典型的なものである。これらは最近重要な政策となりつつあり，これらの価値体系，原理，及び、政策とWTOの貿易における無差別主義，自由貿易主義との関係を調整することが重要な課題となっている。このうち環境保護を例として検討する。環境問題が深刻になるにつれて，環境保護のため国連その他の国際機関，国内の環境省庁等が多くの政策を立案し，施策・規制を講じている。かかる政策や規制は国際貿易に影響を与える。もっともWTO原則と環境規制は必然的に衝突するものではなく，両者が相互補完的役割を果たすこともある。無差別主義，自由貿易主義は一般的には各国の経済発展を促すものであるが，経済発展がなければ環境政策も実施できず，環境保護のためには経済発展が必要である。また，WTOの前提となっている市場原理（政府規制の最小化と企業間，産業間競争の促進）は環境機器，環境技術の発達のためきわめて有効である。もっとこまかくみても，京都議定書におけるCDM (Clean Development Mechanism) や排出量取引制度は市場メカニズム（利潤動機）を活用して環境政策を推進しようという試みである。

　しかし，環境政策と自由貿易原則が不調和，ないし抵触する可能性もないとはいえない。例えば，環境税，炭素税，有害ガス排出に対する課金等に対応する輸入品に対する国境税調整，電気自動車，ハイブリッド車のエコカーに対する優遇税制のなども産業の国際競争力に影響を与え，やり方によってはWTO原則と抵触することがある。例えば，国境税調整はガット2条2項に定められ

ているが，これは元来環境政策を想定したものではなく，これが環境措置に対してどのくらい適用できるかには未知の面も多い。エコカー減税もやり方によってはSCM協定の上の補助金として違反となることがないとはいえない。

　以上は一例に過ぎないが，環境政策・その他の非貿易的関心事項とWTO規律との調整問題はWTOにとって現在及び将来の重大問題である。ドーハ・ラウンドにおいても環境に関する国際協定とWTO協定の明確化はアジェンダにあがっているが，現在のところ成果は上がっていない。しかし，この関係の明確化は急務であり，新たな協定の交渉や締結も重要であるが，とりあえず環境に関するWTO協定の規定（同種産品，ガット20条等）の明確化が必要である。これには研究者による研究はもちろん必要であるが，それを超えて，WTO一般理事会等による解釈基準の策定を提唱したい。

　WTOにとっての他の大きなチャレンジは，発展途上国問題である。発展途上国問題は，WTO発足以前からあった問題である。ガット，WTOにおいては，発展途上国の経済力が相対的に弱いことを考慮して，これらに対して優遇措置を講じている。例えば，旧ガットのプレビッシュ報告，ガット第5部による特恵関税などがその例である。

　しかし，現代の発展途上国問題は従来のそれと様相を異にする。すなわち，前述のように中，伯，印，ロ，南ア等の新興国は発展途上国として国際交渉等においては先進国に対峙するが，これらの国の実質は伝統的意味における発展途上国とはいえない。例えば，中国は世界最大の米国債保有国で，巨額の対米貿易黒字を計上し，人民元の過小評価が問題となっている。中国を発展途上国として，先進国とは別に優遇するのが妥当かどうかについては疑問があるところである。このような新興国と後発発展途上国との間には経済力，経済発展のポテンシャルにおいて大きな格差があり，多くの後発発展途上国は先進国と新興国の狭間にあって国際交渉の埒外に追いやられる（marginalize）状況である。

　このような現状を踏まえて，WTO加盟国のグループ分けとして，先進国と

発展途上国との二分法はすでに実情に合わず，例えば，先進国，新興国，発展途上国の三分法を採用し，新興国は先進国とまったく同一の立場ではないとしても，先進国に近い責務を負うこととするのが妥当ではなかろうか。

最後に WTO にとっての大きなチャレンジは，自由貿易協定の隆盛である。自由貿易協定は FTA，RTA，EPA，TPP 等いろいろな名称で呼ばれている（以下，単に「FTA」という。）が，いずれにせよ二国，少数国，又は複数国が協定によって自由貿易圏を形成し，その部内者が相互に自由化利益を享受するシステムである。これは WTO の多角的貿易秩序とは本質的に相容れない面があることは事実である。この自由貿易協定の叢生は国際貿易秩序にとって大きなシステミックな問題を提起するが，これについては「WTO の将来の進路」のところで取り上げる。

Ⅳ　WTO の将来の進路

以上を踏まえて，WTO の進路について考えてみたい。前述のように，WTO は貿易政策決定機関としては有効に機能せず，近い将来この面での華々しい活動は期待できそうにない。他方，準司法機関としての WTO は大きな成果を上げている。準司法機関としての WTO の役割は今後とも重要である。このような趨勢からみると，今後の WTO の活動は貿易紛争処理が中心となっていくと思われる。すなわち，WTO の役割の中心は事実上国際貿易裁判所としての機能ということになると思われる。貿易秩序における安定を維持するためには，かかる WTO の準司法的機能は極めて重要であり，WTO のこの面での役割に期待すること大なるものがある。

現在の WTO の実体規則は，物品の貿易，サービスの貿易，及び，知的財産権の貿易関連側面に関する国際ルールによって形成されているが，物品の貿易にはガットのほか，12 の個別分野別の協定がある。これだけでも巨大で複雑な法体系であり，これに GATS，TRIPS，及び，付属書 4 の複数国協定を含め

ると，その総体は膨大，複雑，難解な貿易ルールの堆積であり，これらの理解だけでも難事である。さらに，前述のようにSPS協定，TRIPS協定等，加盟国の国家主権と微妙な緊張をもたらし得るものもある。発展途上国であるWTO加盟国の一部には，現在においても，例えばTRIPS協定やSPS協定が扱う事項は国内問題であり，WTO内に導入したのは誤りで，WTOは純粋の貿易問題に特化すべきとの見解を有するものもある。このような面からみて，WTOは発足後16年を経てもなおその協定のすべてがWTO加盟国全般によって完全に受け入れられ，消化されているとはいえない。WTOとしては，新たな協定の締結もさることながら，当分は現行協定の定着化，深化に全力をあげ，とくに発展途上国内にWTO協定全体が受け入れられ，国内法化するようにすることが先決である。

既にふれたように，増大するFTAはWTOにとっては大きなチャレンジである。FTAは多角的貿易秩序とは異なり，加盟国内において通商・投資等を自由化するものである以上，これがあまりにも優勢となることはWTOのよってたつ多角主義の基盤が侵食されることとなり，世界経済全般にとっても通商や投資の流れが偏向して，好ましくない結果を生ずる可能性もある。他面，FTAはWTOが達成できない目的を達成していることも事実である。WTOは「シンガポール・イッシュー」の取り組みには失敗したが，多くのFTAにおいてはシンガポール・イッシューのうちの重要なものが組み込まれている。例えば，多くのFTAにおいて直接投資，原産地規則，競争政策，環境規制等に関して規定が置かれており，それなりの機能を果たしている。また，本来WTOの守備範囲に属する事項についても，FTAによって更なる自由化，改善がなされているものもある。例えば，貿易救済（特に，アンチダンピングとセーブガード），知的財産権，サービス貿易，人の移動などの分野においては，「WTOプラス」が実現されている場合もある。

そこで，このFTAとどのように向き合うかがWTOにとって今後の重要な

課題である．FTA はあくまでも WTO の提唱する多角主義，普遍主義の例外であり，FTA は WTO 秩序にとって補助的，補完的なものであるとして，FTA の影響，役割を小さくみようとする見方は誤りであって，WTO に化体される貿易システムと FTA の表象する貿易システムの関係は，どちらかが原則で他方が例外というのではなく，両者は世界貿易において並列する二大システムととらえるべきである．そのうえで，この両システム間の関係をいかに調整するか，及び，WTO の立場からみれば，FTA の長所，利点をいかにっプロモートし，欠陥をいかに最小化するかに取り組むべきであろう．

　このように WTO と FTA 間の調整を図る手法として，WTO 協定付属書3の TPRM の活用を提唱したい．TPRM は本来 WTO が加盟国の貿易政策を定期的に検討して，その問題点を指摘し，それの改善を勧告するものである．その勧告は非拘束的であり，推奨である．しかし，TPRM には別の活用方法があるように思われる．例えば，前述のようにリーマン・ショックに伴う保護主義の台頭にさいして，WTO 事務局長パスカル・ラミー氏はこのメカニズムを活用して加盟国の保護主義的措置について調査を行い，このリストを G20 に提示して改善を要請した．この動きが TPRM に規定されているマンデイトに則っているか，また，ラミー局長のこの要請によって G20 は有効に対応したかについては議論がある．しかし，これは今後の TPRM の1つの活用方法を示唆しているように思われる．これを FTA と WTO の関係に当てはめると，以下のようなフォーマットとなる．

　現在の FTA システムの大きな問題は，その多様性，ルールの不一致，FTA 相互関係の複雑性，及び，FTA と WTO 規範との整合性に関する不明確である．例えば，多くの FTA において原産地規則が規定されているが，その内容は必ずしも統一されていない．知財権の保護の方式についても，対応は FTA によって異なっている．また，貿易救済（アンチダンピング）についても，WTO の AD 協定に多少の変更を加えたもの（例えば，デミニマス基準を多少厳し

くしたもの）から，オーストラリア／ニュージーランドFTAのようにアンチダンピングを全面廃止しているものまである。しかし，経済のグローバル化に伴って，企業活動は高度に国際化しており，その活動は個々のFTAの範囲をはるかに超えているものもある。このFTAの叢生とこれらのFTAからなる複雑な総体を経済学者・バグワッティ教授は「スパゲッティ・ボウル」とよぶ。このスパゲッティ・ボウルはグローバル化している経済活動の障壁となり，コストを増大させる。

　そこでこの複雑系を簡素化する必要がある。すなわち，かかるFTA間のルールの不調和を調査し，FTA相互間の当局者の会話の場を提供し，WTOとFTAの関係を調整し，これらのすべての局面においてインフォーマルな形でルールの接近，可能ならば斉一化を図る必要がある。もちろんこれは一朝一夕にはいかず，長期間を要するものであるが，WTOとしては，TPRMの場を活用して，かかる調整活動のおぜん立てのイニシアチブをとることができるのではなかろうか。WTOにはFTAに関する委員会が置かれており，これとTPRM及び各FTAの当局者が協力することにより，WTOが主催者となって「FTAフォーラム」というべきものを形成する可能性がありうるのではなかろうか。

　紛争の処理について，多くのFTAになんらかの規定が置かれており，詳細かつ整備された紛争解決機関を有するものもある。例えば，EU，NAFTAがその典型である。しかし，多くのFTAのなかには紛争処理について規定していながら，詳細な紛争処理手続や紛争処理機関を欠いているのもある。しかも，FTAの規制事項のうちのあるものは，WTO協定の内容と一致しており，又は両者の間に類似点があるものもある。このような場合に，紛争処理をどの場で行うかについては，FTAによって違いがある。あるものはFTAの紛争処理的続きに優先順位を与え，他のものはWTO紛争解決手続に優先順位を与え，この他，いずれの場で紛争解決を行うかについて，当事国の判断を優先させる。

このような場合，紛争解決を当該 FTA の手続きにゆだねるか，WTO の紛争解決手続きを活用するかについては，基本的には当該 FTA の規定，及び，それの当事国の判断にゆだねるべきと思われる。しかし，WTO の紛争解決手続きは豊富な経験と専門性を有している。したがって，基本的にはどのフォーラムで紛争解決を行うかは当該 FTA に得ゆだねつつ，WTO 紛争解決手続きの活用の有利性についても PR をすべきと思われる。これを推進することによって，不要なフォーラムショッピングやそれに伴う紛争を予防できる。

現代の種々の重要な政策実施においては，国際的ハーモナイゼイションが必要である。すなわち，例えば，環境政策，文化保護，人権保護等についてしかりである。これらについての各国の政策，措置の不一致，不調和は貿易の推進の妨げとなるのみならず，これらの政策の国内的実施の妨げにもなる。そこで，これらの政策のハーモナイゼイションの面においても，TPRM の役割がありうるのではなかろうか。

以上を要するに，WTO は従来拘束力のある国際協定の締結とそれの紛争処理機関を通じての施行に主力を注いできた。今後ともこの面が重要であるが，WTO の新しい役割を発掘するためにも，WTO は今後もっと「ソフトロー」の分野，すなわち，FTA 間，WTO と FTA 間，加盟国間の制度調整，政策調整，各種の斡旋，これらについての新たなアイデアの開発などにも力を注ぐべきであろう。これは WTO にとっては新しい世界であり，これを行うためには WTO は新たなマンデイトが必要である。WTO 加盟国はかかる新たなマンデイトを WTO に付与して，これのさらなる活用に結びつけるべきであると思う。

　　　　　　　　　　　　　（東京大学名誉教授・元 WTO 上級委員会委員）

記念講演：国際経済法の変容と課題——20年の軌跡——

競争法の収斂と多様性

根 岸 　 哲

I　はじめに——20年間の競争法分野での大きな変化——
II　国際競争ネットワーク（ICN）の設立——競争法の国際的な収斂・平準化へ向けて——
III　収斂・平準化しつつある領域——カルテル規制と合併規制——
IV　競争法のグローバル・スタンダードと多様性
V　競争法の目的の多様性
VI　おわりに——競争法の収斂と多様性の評価における留保要因——

I　はじめに——20年間の競争法分野での大きな変化——

東西ドイツの再統一（1990年），ソ連邦の崩壊（1991年），そしてWTOの設立（1995年）を経て，世界の市場経済化が大きく進行した。これに伴い，市場経済の基本ルールを定める競争法を有する国・地域も増大していった。今日では，100を大きく超える国・地域が競争法を有するに至っている。各国・地域の競争法の急増は，一方では，世界経済のグローバル化に対応して競争法の収斂・平準化をもたらしたが，他方では，世界経済のグローバル化にも関わらず各国・地域の固有の競争法という競争法の多様化をも同時にもたらしている。競争法の収斂・平準化と多様化が同時に進行している。

II　国際競争ネットワーク（ICN）の設立
　　——競争法の国際的な収斂・平準化へ向けて——

第二次世界大戦後，ITC（国際貿易機関）の基本憲章（ハバナ憲章）第5章を

皮切りに，その後のGATT時代を通じても，何回か世界の統一的な国際競争法の制定が試みられてきたが，すべて失敗に終わった。これらの経験を踏まえ，2001年10月，ボランタリーに各国・地域の競争法の収斂・平準化を試みるべく，日米欧を含む10カ国・地域からの16当局により設立されたのが国際競争ネットワーク（International Competition Network：ICN）であった。ICNは，2012年4月現在，参加当局が108カ国・地域からの123当局に増加するに至っている。

　ICNは，各国・地域の競争当局の経験の交換を通じて競争法の実体面及び手続面での国際的収斂の促進を目的とし，カルテル（Cartel），合併（Merger），単独行為（Unilateral Conduct），競争唱道（Advocacy）及び競争当局有効性（Agency Effectiveness）の5作業部会を設けて活動を展開しており，設立後10年の間に，カルテルの摘発・執行と合併（合併とは，広い意味での企業結合を意味するものとして用いられる）審査の手続面で成果が得られたと自己評価している。[2]

III　収斂・平準化しつつある領域――カルテル規制と合併規制――

　近年では，ICNも指摘するように，カルテルの摘発・執行と合併審査の面では収斂・平準化しつつあるようにみえる。

　まず，世界の競争法は，価格カルテル，入札談合，数量カルテル，市場分割カルテルなどのハードコアカルテルに対して，常に又はほとんど常に競争制限以外の目的・効果を持ち得ないとして，それ自体で当然違法（per se illegal）ないし原則違法とし，[3] 厳格な制裁を賦課するとともに，カルテルの発覚・摘発を容易にするために競争当局に当該カルテルに係る情報を1番目ないし早期に通報・申告した者を減免するリニエンシー制度を含めた執行面でも収斂しつつあるようにみえる。

　また，多くの国・地域の競争法は，基本的に，合併について，競争当局に事前届出させ一定期間内に審査させる事前届出・審査制の下に置き，合併が市場支配力を形成・強化することとなる場合に違法とするとともに，経済分析の手

法を利用して市場の画定や市場支配力の形成・強化の判断を行う点においても収斂しつつあるようみえる。このことは，とりわけ，競争関係にある企業間の水平型合併について当てはまる[4]。公取委が，平成24年4月20日，ICN 第11回年次総会において，複数の国・地域で審査される合併審査に係る国際協力枠組みを構築するべく，提案し承認された「合併審査の協力のための枠組み」[5]は，合併審査の一層の収斂を目指したものといえる。

Ⅳ 競争法のグローバル・スタンダードと多様性

近年，競争法のグローバル・スタンダード論が盛んである。しかし，ICN においても，カルテルの摘発・執行と合併審査を超えて，競争法のグローバル・スタンダードへの進展があるとはみていない。

一般に，競争法のグローバル・スタンダードは，欧米競争法に求められている。第二次世界大戦後，日本，ドイツ，EU を含め多くの国・地域が，1890年制定以来最も長い歴史と経験を重ねてきた米国反トラスト法をモデルないし参考にして競争法を制定したが，その後，それぞれ独自の展開・運用をみせるに至っている。例えば，日本では不公正な取引方法の禁止規定[6]，ドイツや EU では市場支配的地位の濫用の禁止規定など，米国反トラスト法にはない禁止規定が極めて重要な地位を占めるに至っている。また，近年では，ロシア，中国をはじめとして，EU 競争法をモデルないし参考にして競争法を新たに制定する新興国が増大しているが，新興国の競争法は，それぞれ独自の禁止規定を有し，同じ禁止規定についてもそれぞれ独自の運用を行うことは珍しくない。例えば，ロシアでは EU 競争法にはない不公正競争の禁止規定や行政当局の競争制限行為の禁止規定がある[7]。中国でも EU 競争法にはない行政独占の禁止規定があるとともに，市場支配的地位の禁止規定における市場支配的地位の要件や合併の禁止要件が EU 競争法のそれとは大きく異なり相当緩やかな要件となっている[8]。また，中国は，独禁法制定前から，日本の多くの不公正な取引方法の禁止規定

と同様の規定含む反不正当競争法や小売業者納入業者公正取引管理規則を有している。さらに，EU加盟国の競争法は，近年，EU競争法に接近・収斂しつつあるが，例えば，ドイツ競争法（第20条2項3項）やフランス競争法（第L. 420—2条第2パラグラフ）は，EU競争法102条の市場支配的地位の濫用の禁止規定とともに，それとは別に，日本の独禁法が有する優越的地位の濫用の禁止規定に類似する規定を持っている。

執行手続・制度における各国・地域の競争法の多様性は一層明らかである。このことは，最も収斂が進行しているといわれるカルテルの摘発・執行においても当てはまる。米国反トラスト法上の執行手続・制度においては，司法省と連邦取引委員会による2頭立ての執行手続，カルテルに対する司法省の刑罰請求に係るおとり捜査や盗聴の自由度の高さ，司法取引制度，ペナルティ・プラス制度及び陪審制度，3倍額賠償制度並びにそれに係る証拠開示制度，クラス・アクション制度，陪審制度及び州司法長官による父権訴訟制度など米国特有の制度が目白押しである。EU競争法上の執行手続・制度も，27加盟国の政府間の合意により任命された27の委員から構成される欧州委員会による裁量性の極めて大きい巨額となり得る行政制裁金制度，合併に対する承認決定，違反行為の認定を伴わずに当該行為の取りやめ等を約束させる確約決定（commitment decision），違法なカルテルの認定に基づき参加者が責任を認めた場合に行政制裁金を10％減額する和解手続（settlement procedure）などはEU独自のものである。

IV 競争法の目的の多様性

競争法の目的は，従来から，基本的に，効率（efficiency）又は（及び）公正（fairness）に求められてきた。この点では，今日でも変わりはない。また，公正には公正な競争（fair competition）と公正な取引（fair trade（deal））が含まれる。効率と公正とは，相互に矛盾・対立し得る緊張関係にも立つが，多くの

国・地域の競争は，それを可及的に調和的に実現しようと試みてきている。各国・地域の競争法は，それぞれその目的において多様であり，競争法が多様であるのは，そもそも，それぞれその目的において多様であることに由来している。

　競争法のグローバル・スタンダードの両翼とされる米国反トラスト法とEU競争法にも目的に大きな違いがある。米国反トラスト法は，かつて効率と公正の双方を目的としていたが，近年では効率のみを唯一の目的として運用されている[13]。これに対し，EU競争法は，制定以来，今日においても，効率とともに公正をも目的としている。米国反トラスト法は，自由な競争（free competition）を強調し，EU競争法は，EUの至上命題であるEU（EEA）市場の統合の重要な手段であることもあり，その主要な目的が企業間の a fair level playing field を確保することにあるとしばしば述べられ，公正で開かれた競争（fair and open competition）を強調する。近年，米国反トラスト法が，独占化及び独占化の企図を禁止するシャーマン法2条の運用や不当な取引制限を禁止するシャーマン法1条に基づく地域や顧客に係る垂直的制限に対する規制をほとんど行っていないのに対し，EU競争法が，市場支配的地位の濫用を禁止する102条の運用や地域や顧客に係る垂直的制限に対する101条の運用を積極的に試みているのは，上記のようなそれぞれの目的の違いに由来するところが大きい[14]。また，EU競争法102条が禁止する市場支配的地位の濫用には，限定的ではあるが，公正な取引の確保を目的とする搾取的濫用（exploitative abuse）を含んでいる。さらには，EU加盟国の主要国であるドイツ競争法（第20条2項3項）やフランス競争法（第L.420―2条第2パラグラフ）が日本の独禁法の優越的地位の濫用の禁止規定類似の規定を有するのは，より一般的に公正な取引の確保を目的としているからである。

　日本の独禁法は，米国反トラスト法をモデルとして制定されたが，米国反トラスト法とは異なり，効率とともに公正をも目的としている。この場合の公正

には公正な競争と公正な取引の2つを含み，米国反トラスト法にはない不公正な取引方法の禁止規定がこれに対応している。これらの点では，例えば，韓国と台湾の競争法も類似している。日本の独禁法は，公正な取引の目的を，不公正な取引方法の1類型である優越的地位の濫用の禁止規定により確保しようとしているが，優越的地位の濫用の禁止規定は，市場支配的地位になくとも取引の相手方と関係において相対的に優越した地位にある事業者による濫用を禁止するものであり，より一般的に公正な取引の確保を目的としている。これらの点でも，韓国と台湾の競争法は類似している。両競争法は，共に，EU競争法102条をモデルとした市場支配的地位の濫用の禁止規定とは別に，優越的地位の濫用を禁止しているからである。

　ロシアや中国の競争法は，効率と公正を目的とし，EU競争法をモデルとして制定されたが，ロシア競争法はEU競争法にはない不公正競争の禁止規定を定め，中国が競争法制定以前から反不正当競争法を有しているのは，公正な競争の確保という目的をも重視しているからである。また，中国では，競争法制定の少し前に小売業者納入業者公正取引管理規則を制定し（2006年11月施行），より一般的には，市場支配的地位の要件をより緩やかにして導入した市場支配的地位の濫用の禁止規定を通じて，日本の独禁法の優越的地位の濫用の禁止規定に近い規制を行おうとしているのは，公正な取引の確保という目的をも重視しているからである。

Ⅵ　おわりに——競争法の収斂と多様性の評価における留意要因——

　法制度は，元来，それぞれの国・地域の歴史，文化，国民性，価値観，産業構造，企業活動に係る諸制度（契約・取引制度，雇用・労働制度，金融制度，企業組織の統治制度），政治制度，行政制度，司法制度などの違いを反映して，国・地域ごとに多様である。企業活動のグローバル化の進展に伴い，法制度の収斂が相当程度進行することがあり得るとしても，国・地域の多様性を反映した

国・地域ごとの多様な法制度が存続する，という基本的状況に変わりはなく，競争法もこの例外ではあり得ない。[16]この意味において，各国・地域の競争法の評価においては，各国・地域の歴史，文化，国土，国民性，価値観，産業構造，企業活動に係る諸制度，政治・行政・司法制度などと切り離すことはできない。

また，競争法は，実体法と執行・手続法とが不可分一体のものとして構成されており，各国・地域の競争法の評価においては，その一部のみを切り取るのでは理解を誤るおそれがある。各国・地域の競争法は，それぞれ実体法と執行・手続法を一体不可分のものとしてその全体の実態を正確に把握した上で評価される必要がある。[17]

(1) 日本では独禁法，米国では反トラスト法，EUでは競争法とそれぞれ呼ばれるが，国際的には，これらの法律は，いずれも競争のルールを定めることから，一括して競争法と呼ばれることが多い。

(2) THE ICN'S VISION FOR ITS SECOND DECADE Presented at the 10th annual conference of the ICN The Hague Netherlands 17-20 May, 2011 p.1-2。ICNの活動については，五十嵐俊子「国際競争ネットワーク（ICN）第1回年次総会について」公正取引732号73頁に紹介されている。

(3) ハードコアカルテルに対しても合理の原則（rule of reason）を適用する日本の独禁法は世界で「ガラパゴス」化しているとも評されるが，この点については，拙稿「『競争法』のグローバル・スタンダード論に関する覚書」『甲南法学』51巻4号1，7-8頁参照。

(4) 合併には，水平型合併のほか，取引段階を異にする企業間の垂直型合併と，競争関係にも取引段階を異にする関係にもない企業間の混合型合併とあるが，国・地域によって，近年の米国反トラスト法のように水平型合併にしか問題関心がなかった場合，EU競争法のように垂直型合併や混合型合併にも問題関心のある場合がある。また，合併審査の手続面でも，各国・地域により運用上相当の違いがある。例えば，EUでは欧州委員会は事前届出前に相当期間にわたる実体面を含む詳細な事前相談を経ることを奨励しているのに対し，米国の司法省や連邦取引委員会，日本の公取委（平成23年7月以降）はそのような運用は行っていない。前掲注(3)拙稿・11頁。

(5) 公取委HP報道発表資料「企業結合審査に係る国際協力枠組みの構築について」（平成24年4月25日）。

(6) 日本の独禁法上の不公正な取引方法の禁止規定は，元来，米国の連邦取引委員会法5条の不公正な競争方法の禁止規定をモデルないし参考にしたものであるが，その後にお

けるそれぞれ独自の展開によって，今日では，それぞれの運用は，大きく異なるものとなっている。
(7) 不公正競争の禁止とは，事業者に対する虚偽又は歪曲された情報の流布，不当表示，差別化手段の不法使用，営業上，職務上等の情報の不法入手，使用，公開等の禁止のことである（ロシア競争法14条）。
(8) 市場支配的地位とは，EU競争法上のそれと同じ(i)事業者が関連市場において，商品の価格，数量若しくはその他の取引条件を支配することができる市場における地位であることのほか，(ii)他の事業者による関連市場への参入を阻害し，又は参入に影響を与えることができる市場における地位であるとも定義している（中国独禁法17条）。また，EU競争法上の合併規則2条3項は，特に支配的地位を形成又は強化する結果として，有効な競争を著しく阻害することとなる企業結合を違法としているが，中国独禁法28条は，競争を排除又は制限する企業結合又はその可能性のある企業結合が禁止されることを定めている。
(9) 陳丹舟「中国独占禁止法と不公正な取引方法——立法経緯及び現状について——」公正取引728号19頁，韓懿「中国競争法における『相対的な支配的地位』の濫用理論について」『新世代法政策学研究』8巻239頁。
(10) 米国では，リニエンシー（刑責免除）（この制度はアムネステイ・プログラムとも呼ばれる）申請は第1順位者にしか認められない。しかし，一方では，第2順位以降の申請者が別の事件でリニエンシー申請し審査の協力した場合には，司法省はこの事情をリニエンシーを得られなかった最初の事件の審査に当たって軽減要因として考慮するアムネステイ・プラス制度が採用されているが，他方では，アムネステイ・プラス制度を利用することができたのに利用しなかった場合には加重要因として考慮するペナルティ・プラス制度が採用されている。これらの制度により，芋ずる式にカルテル事件が発覚・摘発されるといわれる。
(11)(12) 合併に対する承認決定も違反行為の認定を伴わずに当該行為の取りやめ等を約束させる確約決定も，欧州委員会の行政処分であって，競争者等が裁判所で争える極めて透明性・公正性の高い制度である。
(13) 米国の州反トラスト法の中には公正の確保をも目的するものが多い。また，米国の連邦反トラスト法においても，今日でも，公正の目的を，不公正な競争方法及び公正又はぎまん的な行為・慣行を禁止する連邦取引委員会法5条により実現しようと試みられる事例がある。例えば，標準化過程で採用された技術に自社が特許権を有することを開示せず後に当該特許権につきライセンスを拒絶又は高額のライセンス料を請求してホールドアップ問題を生じさせた場合に，連邦取引委員会法5条の適用を試みたランバス事件（2009年），競争CPUの排除行為につきフェアプレイの原則と真価に基づく競争を保護する法（the law protecting competition on the merits）を踏みにじったとして連邦取引委員会法5条の適用を試みたインテル事件（2009年）がある。前掲注(3)拙稿・15頁注(18)。一方，EU競争法では，欧州委員会が，上記ランバス事件については102条が禁

止する搾取的濫用に該当するとしてライセンス料の上限の引き下げを確約させた決定を行い，上記インテル事件については102条が禁止する排除型濫用に該当するとして巨額の行政制裁金を賦課している。ランバス事件につき小畑徳彦「ランバスの特許待伏せ事件に対する欧州委員会決定」『公正取引』719号36頁，インテル事件につき小畑徳彦「米国及びEUのインテル事件」『公正取引』727号97頁をそれぞれ参照。

(14)　米国反トラスト法で誕生した独占の梃子の理論やエセンシャル・ファシリティの理論が，独占化及び独占化の企図に該当するとして禁止するシャーマン法2条の下では花開かず，市場支配的地位の濫用を禁止するEU競争法102条の下で花開いたのも，米国反トラスト法が効率のみを目的とするのに対しEU競争法は効率だけではなく公正をも目的とすることに由来するところがある－例えば，マイクロソフトがウインドウズに係る互換性（interoperability）情報を正確かつ完全に開示せず競争者を排除したことが，シャーマン法2条の下では違法とされず，EU競争法の下で市場支配的地位の濫用に該当する違法な行為として問題とされた。

(15)　前掲注(9)韓・239頁。

(16)　前掲注(3)拙稿・1頁。

(17)　前掲注(3)拙稿・10-11頁。

（甲南大学大学院法学研究科教授）

記念講演：国際経済法の変容と課題――20年の軌跡――

国際取引法研究の20年

柏 木　昇

　　Ⅰ　ここでの「国際取引法」の意味
　　Ⅱ　国際取引の変化と国際取引法研究の歴史
　　　1　第二次世界大戦前から1960年まで
　　　2　1960年代から1991年まで
　　　3　1991年から2011年まで
　　　4　研究範囲の拡大
　　　5　国際「取引」手法の研究
　　Ⅲ　国際取引法研究を支えた学者・実務家
　　Ⅳ　国際取引法教育の変遷
　　Ⅴ　最　後　に

Ⅰ　ここでの「国際取引法」の意味

　ここに言う「国際取引法」とは日本の企業が国際取引を行う上で必要性の高い法律群を言う。ただし、この企画の趣旨から国際経済法がカバーする領域をのぞく。「国際取引」とは、例えば、日本の企業による商品の輸出入・建設請負、対外投資、日本企業が子会社または合弁会社を通じて外国で行う取引、外国からの資金調達取引、企業買収、鉱山や油田・ガス田の開発等の商取引を含む。日本国内での外国企業との取引を含まない。
　比較法の見地からの外国法の研究と、企業取引の見地からの外国法の研究の境界ははっきりしない。しかし、はっきりさせる必要もないと考える。また、日本企業が設立した現地法人や合弁企業が直面する法律問題も研究の対象に入るので、外国国内法（例えばアメリカのセクハラに関する法や労働法など）も含ま

れる。

なお，私は学問の内包と外延を確定することは百害あって一利なしと考えているので，これ以上「国際取引法」の定義は行わない。

II 国際取引の変化と国際取引法研究の歴史

1 第二次世界大戦前から1960年まで

与えられた題は「国際取引法研究の20年」であるが，日本企業が行ってきた国際取引の歴史を理解しないと，国際取引法研究の歴史も理解できない。また，過去20年間だけではなく，それ以前からの日本の国際取引の流れを見ないと，最近の20年の変化が理解できない。そこで，日本の国際取引を明治まで遡ってどのような変遷をたどったかをまず考察することとする。

日本の国際取引は明治時代から本格的に始まった。明治の始めから，1960年頃までの日本企業の海外取引は，貿易取引が中心であった。とくに第二次世界大戦前の貿易は，繊維を中心とする軽工業品であった。満州に対する投資もあったが，それが海外投資の法律研究を生むようなことはなかったように思われる。

この時代の貿易の特徴はそれが，主として商社によってなされていたことである。財閥系商社と繊維系商社が，ニューヨークやロンドンや香港・シンガポールなど，海外の主要都市に支店を設け，これら商社が海外の市場情報を独占していた。[1] 国際取引の中心は貿易売買である。したがって，この時代の国際取引のおもな研究対象はイギリス契約法，英国海上運送法，国際海上物品売買，インコタームズを含むFOBやCIFなどの貿易条件および荷為替信用状に関する法律であった。実務家による研究の公表はあまりなされていないようである。小町谷操三の海商法要義（特に中巻の二），上坂酉三の「貿易慣習の研究」や浜谷源蔵「貿易実務」，が貿易取引法の参考書として利用された。また，Clive M. Schmitthoff, Export Trade や Sasoon C.I.F. and F.O.B. Contract や Anson's

Law of Contract や Carver on Bills of Lading などの英国書が商社法務部の新入社員向けの定番の外国参考書であった。なお，商社に法律担当が課として独立したのが昭和11年ころ（三井物産が最初，2年後の昭和13年に三菱商事）である。[2]

　第二次世界大戦後の日本は極端な外貨に不足を経験していた。そのため，貿易も厳重な為替管理の下におかれた。日本の企業は，1ドル360円の固定相場制度のもとで，製品を海外に輸出する努力をし，その製品を作るための原材料や機械を輸入した。海外投資をする余裕もなく，この時代の国際取引も輸出入の貿易取引が中心であった。決済も「標準決済方法」であった信用状決済が中心であった。

2　1960年代から1991年まで

　自動車メーカーや電機・家電メーカーやカメラメーカーなどが，商社に頼らずに海外に独自の販売網を持ち，輸出や材料の輸入を商社を介在させずに独自で行う動きが盛んになってきた。このため，1960年に入ると，経済学界や経営学界で商社斜陽論が議論されるようになってきた。[3] これに対して商社もメーカーのこの動きに対抗して，現地企業のM&A，鉱山開発，プロジェクト・ファイナンス，プラント輸出，日本企業の海外進出の援助など，海外での供給者と需要家への投資事業を拡大した。

　1960年までの国際取引に比較して，1960年代から1991年までの国際取引の大きな特徴は，第1に国際取引の参加者が商社から，自動車，家電，カメラメーカーなど，国際取引への参加者の裾野が拡大したことである。第2に，これらの参加者が，国際貿易売買ばかりではなく，現地に販売会社を作って相手市場の国内での活動を始めたこと，さらには，貿易摩擦を契機として生産拠点を海外に移転させる動きが加速したこと，このために，日本企業の国際取引が単なる貿易取引から，種々様々な取引に質的に拡大し，量的にも躍進したことである。

この頃から，大メーカーでも法律担当部門を整備しはじめた。アメリカの通商摩擦のはしりで，大メーカーはアメリカのダンピング関税賦課，独占禁止法違反の提訴および移転価格税の課税に悩まされ始めていた。1970年ころから，アメリカとの通商摩擦は本格化しはじめ，通商摩擦は一面，法律摩擦の性格を有していた。

　最初の主たるマーケットはアメリカであったから，アメリカの法制度の紹介が盛んになった。とくに，Uniform Commercial Code を中心とする商取引法，アメリカでの訴訟対策などが特に頻繁に論じられた。海外に初めて進出する企業は，日本の取引慣行と海外特にアメリカの取引慣行との差に気がつくことになった。日本の法制度あるいは法意識とある意味では対極にあるアメリカの法制度は，アメリカに進出した企業を驚かせ，日本語によるアメリカ取引法研究を促進させた。このため，日本人の法意識と外国の法意識と比較研究も盛んに行われた。

　日本経済は順調に拡大傾向を続け，1985年からはバブル景気に突入した。日本企業は金余り現象に浮かれ，海外資産を買いあさった。海外資産を買いあさった企業は大企業のみならず，中小企業や個人にまで及んだ。国際取引のプレーヤーも，大企業から中小企業また個人にまで拡大した。

　世界を見れば，中国の政治が安定しはじめ，市場経済原理を取り入れ始めた。そのため，中国が魅力のある投資先となってきた。まずは，中国の人件費の安さと日本の人件費の高さから，日本の製造業が人件費の安い中国，東南アジアに工場を移転し，製品を輸出する動きが少しずつ始まった。中国の購買力はまだ低かったから，中国の国内市場向けの製造業の投資はずっと遅れて行われることになる。

　日本の産業界はバブルに浮かれていた。強い日本に対する風当たりは強まり，アメリカとの経済摩擦が激化した。ダンピング関税賦課，独占禁止法違反の提訴および移転価格税の課税の攻勢はますます激しくなった。とくに，東芝機械

のココム協定違反事件や，囮捜査により逮捕された三菱電機従業員によるIBM産業スパイ事件は，日本の大メーカーを震撼させ，大メーカーは法務部の拡充に走った。日本政府は自主規制などでアメリカからの通商圧力を回避しようとした。日本企業は，生産をアメリカ国内に移転することで，ダンピング課税による圧力や自主規制圧力を回避しようとした。主要メーカーのみならず，主要メーカーへの部品供給企業も主要メーカーのアメリカ移転に追随してアメリカに生産拠点を設けた。この事情はEUにもあてはまる。

　国際取引法研究は，従来のイギリス契約法，英国海上運送法，国際海上物品売買，貿易条件および荷為替信用状に関する法律の研究から大きく範囲を拡大した。具体的には，海外企業進出に伴う現地法人あるは合弁会社設立のための海外会社法，とくにアメリカでのマーケティングに関連する独占禁止法，海外の知的財産法，ライセンス取引法，合弁事業関連法，プラント輸出取引法，UCC，製造物責任法，倒産法，民事陪審や懲罰的損害賠償，ディスカバリ，訴訟管轄に関する long arm statutes，セクハラ法，差別禁止法，アメリカ契約法，資源開発契約，環境法，海外の不動産投資に関する法律，などの研究が行われた。特に，アメリカでは，法律問題の処理を誤ったときに，懲罰的賠償やクラスアクションや民事陪審のために日本企業が受ける損害は非常に大きなものとなる。アメリカのリーガル・リスクは他の国のそれと比較して格段に大きい。そのため，特に思いがけない巨額のリーガル・リスクが発生しやすい独禁法，製造物責任法，民事陪審，広い国際管轄を認める訴訟制度，クラスアクションの研究が盛んになってきた。

　企業が生産拠点を海外に移転し始めると，国際間の法律問題ばかりではなく，進出国の国内法も日本の企業活動に重要な影響を与えるようになった。とくに，1960年代から1990年までは，海外市場の重要部分がアメリカ合衆国が占め，かつアメリカの法律制度が世界の中でかなり異質であるため，日本の企業活動に影響を及ぼすアメリカ合衆国国内法の研究が盛んになった。現地の法律事情に

鈍感なために大きく失敗したのが米国三菱自動車イリノイ工場でのセクハラ事件である。

逆に，古典的イギリス契約法，英国海上運送法，国際海上物品売買，貿易条件および荷為替信用状に関する法律の研究は少なくなった。その理由は，第1に貿易売買から，投資，合弁事業，現地子会社を通じての販売，現地生産が大きな問題になり，日本企業の国際取引中に占める貿易取引の比重が相対的に低下したからである。第2に海上運送のコンテナー化や電子機器の発達に伴う海上事故の減少から，海上運送に関する紛争が少なくなり，企業にとって海商法の重要性が相対的に薄れてきた。第3に，国際売買に関する問題も相対的に重要性を失った。これは，大企業が海外に販売拠点，買付拠点，生産拠点を移転したからであり，国際売買は同一企業内の本社と現地法人間の問題となり，法律紛争とはならなくなってしまった。日本企業の海外との買い付けや売り付けに関する法律問題は，日本企業の海外の現地法人とその顧客との間の問題となり，進出先の国内法の問題となった。ただし，海外の企業と直接売買取引をする中小企業に関しては，依然として重要な分野であることを忘れてはならない。第4に，1980年の外国為替管理法の大改正以来，銀行手数料の高い信用状取引は減少の傾向をたどり，これも研究が減少してきた。[4]

為替管理の緩和は銀行借入以外の資金調達の多様化を可能にした。このため，デットファイナンスあるいはエクィティファイスで資金を海外から調達する道を広げ，国際金融取引を増加させた。また，国内の金余り現象と円高傾向は，海外での企業の買収も促進した。

3　1991年から2011年まで

この時代は失われた20年と言われている。1989年末の東証株価（ダウ平均）が最高値の39,000円をつけて以降，株価は暴落し，ついで土地価格が暴落し，日本経済はバブル景気が収束し，デフレ時代に入った。日本では価格破壊とよ

ばれる価格競争が激化し，コスト・ダウンを強いられたメーカーは中国を中心に安い労働力を求めてアジアへの工場移転を加速させた。Trans-factory などと呼ばれる。この動きは，中小企業も巻き込んだ。また，市場経済を取り込んだ中国の経済躍進がめざましく，つづいてタイ・マレーシア・ベトナムなど東南アジアの国々の経済も発展し，市場としての価値も高まった。特に人口の多い中国は，当初は安い労働力を利用した製品の生産拠点として利用されてきたが，その後，経済の発展とともに製品の販売市場としての価値が高まった。高賃金の日本での生産は，技術力をつけてきた中国に対抗できなくなり，大企業のみならず中小企業まで，中国や東南アジアに生産拠点と市場をもとめて海外進出をする企業が増加した。ついで，インドが市場として大きく成長し，またハイテク製品やコンピューター・ソフト関連の生産拠点として日本からの進出が盛んになった。とくに，最近の2011年のヨーロッパ金融危機以来の円の独歩高の状況では，日本で生産していては海外企業と競争ができない製造業者が続出し，製造業の海外移転はますます加速される状況にある。[5]

　また，国際経済法プロパーの問題になるが，円高に後押しされた海外投資の増加とともに，国際投資及び投資紛争に関する法情報や法の研究のニーズも高まってきた。バブル期とその後のバブル崩壊時期には，従来のメーンバンクに依存した資金調達からエクィティ・ファイナンス及び海外の資本市場からの外債の発行による資金の調達など，企業のファイナンスもますます国際化した。このような国際的資金調達に関しても，それに関する法情報と法研究のニーズが増した。

　日本企業の欧米中心の取引からアジア市場取引へのシフトを反映し，従来の欧米中心から，移転先の中国や東南アジア[6]やインドの法制[7]の研究が盛んになってきた。また，日本に対する資源輸出国としてのオーストラリア法の研究も盛んになってきた。プラント輸出など中東取引の増加を反映してかイスラム法[8]の研究も出はじめてきた。イスラム金融の研究も盛んになった。また，EU法あ

るいはヨーロッパ諸国法の研究も同様に盛んとなった。法律雑誌の『国際商事法務』の目次を見る限りでは，国際取引法研究に関してはアメリカ，EU を含むヨーロッパ，中国が国際取引法の研究を三分している。まだ，国際取引法研究の量では，アメリカと EU の研究が盛んであるが，これは日本の企業の国際取引の変化にまだ国際取引法研究が追いついていないことを示していると思われる。

　相対的には日本企業にとってのアメリカの重要度は低下したものの，相変わらずアメリカの商取引法の研究も非常に盛んである。アメリカ合衆国の法律研究が盛んなもう1つの理由は，新しい法律問題（例えば独占禁止法問題，M&A，インサイダー取引など）がまずアメリカで発生し，判例がまずアメリカで生まれ，法律研究者や弁護士の数の多さから文献も多く，そのため，日本で類似の問題が起きたときに，まずアメリカの状況を見てみると参考となる情報が沢山ある，という事情もあろう。

　アメリカ倒産法の研究も1990年代から盛んになってきた。これは，アメリカ合衆国に進出した日本企業が取引相手の倒産に巻き込まれることになったことも1つの原因であるが，再建型倒産法では，アメリカ倒産システムが群を抜いて効率的な法制度を提供していたからである。この分野では，高木新二郎弁護士の精力的著作が発表された。国際的に活動している日本企業が倒産した場合の日本倒産法と諸外国の倒産制度との関係を研究する国際倒産法については，実際のニーズは少ないと思われるにもかかわらず，旧破産法が法文見かけ上厳格な属地主義をとっていたため，なんとかこれに普及主義的解釈を施す目的で研究が盛んであった。しかし，2004年に成立した新破産法が普及主義を採用すると，国際倒産法の研究は下火となった。なお，国際倒産法に関しては，2000年に UNCITRAL のモデル法を参考に，外国倒産処理の承認援助に関する法律が制定されている。

　アメリカ法に関しては，証拠開示（2008年ころから研究が増えてきた e-discovery

を含む)・国際管轄権・陪審制度を含む民事訴訟法，独占禁止法，インサイダー問題を含む証券取引法，M&Aやコーポレートガバナンスを含む会社法，懲罰的損害賠償，機会均等法，セクハラ，弁護士活動，特許法，商標法，著作権法，その他知的財産権法，税法，通信法，製造物責任法，CDS，統一商事法典，ABL法，信託法，外国為替管理法，電子取引法，エンタテインメント法，倒産法，プライバシー保護のFTCガイドライン，金融改革法，インターネット法，たばこ訴訟，インターネット・ポルノ規制法，請負法，不動産投資信託（REIT），ADR，個人情報保護，エンロン事件，米国環境法，天候デリバティブ，インターネット・ビジネスと管轄権，SOX法，などが研究の対象になっている。

中国では契約法，合弁法を含む投資法，独占禁止法，契約法，弁護士法，特許法，商標法，仲裁法，担保法，不動産抵当規則，手形小切手法，ADR法，郷鎮大企業法，プロジェクト・ファイナンス規則，労働法，労働調停法，植物新品種保護条例，外国判決の承認執行，組合企業法，渉外税法，証券法，不正競争防止法，外資の撤退に関する法律，刑法，並行輸入と商標権，商業秘密問題，証券法，製造物責任法，企業破産法，中国人の法意識，土地のリース，公益事業出捐法，海事法，技術輸出管理条例，BOTプロジェクト，物権法，司法改革，法曹養成，資産証券化，信託法，意匠法，権利侵害責任法（不法行為法），が対象になっている。

ヨーロッパの中でも，イギリス法に関しては，会社法，海上運送法や貿易条件，信用状取引を含む金融法，保険法，TOB法，企業取引と弁護士守秘義務，特許法，企業統治，腐敗行為防止法の研究につては現実のニーズがかなりあり，単なる比較法的興味による研究ではなさそうである。その他，情報公開法，などの研究がなされている。ドイツ・フランスとの直接取引はそれほど多くはない。

EUとヨーロッパ諸国法の研究では，EUの代理店・販売店法，販売店契約

の独禁法一括適用免除規則，EU意匠の法的保護に関するEU理事会指令，EU電子商取引指令案，商標消尽問題，比較広告指令，ECの電子商取引法，ヨーロッパ会社法，EU一般製造物安全指令，地球温暖化と国際環境問題，ヨーロッパ各国の会社法，金融法，消費者保護法，契約外債務の準拠法に関する欧州共同体規則［ローマⅡ］，EU会計基準，並行輸入問題，ユーロ社債の発行，EU環境法，エネルギー包括法案，EU決済サービス指令，公共サービス放送国家補助ルールなどが対象となっている。

　ヨーロッパ法の分野では，イギリス法，ドイツ法およびフランス法に関して研究も相変わらずに恒常的に盛んに発表されているが，比較法の学問的興味からなされているのか，国際取引に関連してニーズがあるからなされているのか，不明である。イタリア法，スイス法，オランダ法の研究も大変に盛んである。スイス法の研究も盛んである。しかし，取引法の研究というより，比較法的興味による研究が多いように思われる。比較法的興味からの外国法の研究であるのか，あるいは国際取引の必要に迫られた研究（私の定義する国際取引法）の研究なのか，区別は難しいが，強いて区別する実益はない。

　中南米法に関しては，中川和彦，中川美佐子両氏の研究が大きく寄与している。ブラジル法の研究が多い。BRICSの一員としての経済発展と日系人が多く，日本の企業が進出しやすいという事情もあろう。また，二宮正人，渡辺一夫などの在ブラジル日系人の学者と弁護士の寄与も大きい。また，佐藤美由紀のブラジル法研究も多い。日本とEPAを締結したメキシコ法の研究も盛んである。次いで，アルゼンチン法，チリ法，ペルー法の研究もなされている。

　1993年頃から，国際取引に関するロシア法の研究も行われはじめている。インド法の研究は2007年ころから特に盛んになってきた。イスラム法に関しては，1981年頃から特に2000年以降盛んに研究がなされるようになっている。また，市場の拡大に伴い，東欧諸国の法制の研究も出始めている。

　立法での大きなイベントは2006年の法の適用に関する通則法の制定と2008年

のウィーン売買条約の承認である。前者は，古くからの法例が全面改正され，明確で使いやすい法律となった。ウィーン売買条約は，1988年の発効以来，20年を経てやっと2008年に日本で承認されたものである。当時は，工業先進国でウィーン売買条約の締約国ではない国は日本とイギリスだけだ，といわれていた。イギリスはまだウィーン売買条約を批准あるいは承認していない。

　国際裁判管轄については，2009年の「外国等に対する我が国の民事裁判権に関する法律」と2012年の「民事訴訟法及び民事保全法の一部を改正する法律」が国際訴訟に関して大きな進歩をもたらした。前者は外国国家の主権免除に関する制限免除主義を確認するものであり，後者は従来明確ではなかった民事紛争に関する日本の裁判所の国際管轄権を明確にしたものである。

　日本人が国際取引に慣れたためか，日本の取引慣行が国際化したためか，2000年以降日本人の法意識と外国の法意識の比較研究は一時ほど盛んではなくなってきた。

　1990年代末からヘーグ国際私法会議による民事及び商事に関する裁判管轄権並びに判決の執行に関するブラッセル条約，国際民事訴訟のためのモデル・ルール，ハーグ専属管轄合意に関する条約案等，国際民事訴訟法関係の論文も多く発表されている。

4　研究範囲の拡大

　国際活動の活発化と現地化に伴い現地での企業活動に大きな影響を及ぼす法の研究が盛んになってきた。独占禁止法を中心とする法の域外適用については，域外適用を積極的に行う盛んなアメリカやEU法の研究が続いている。また，投資については単なるホスト国の法だけを調査すればよい時代は去り，あらゆる関係国の法律を調査する必要を生んだ（特にマルチナショナル企業とM&A，BITを利用する投資，国際資金調達とタックス・ヘイブン，地球温暖化問題と国際環境問題）日本の対抗立法とアメリカの裁判所の反発の研究や，外国での法律（独

禁法，知財法）違反を他国で救済を求めて訴える訴訟のように，立法や裁判の相互作用に関する研究も出てきた。また，多数国の法が関係するスーパー・ナショナルな問題（例えば他国間の債権のネッティングなど）[14]が増えてきた。移転価格税制を始めとする国際租税法の研究も議論されている。

　日本企業の海外進出が盛んになるにつれて，海外企業との紛争を日本の裁判所で争うことも多くなり，そのため日本の裁判所での国際取引問題も増加した。国際取引に関係する日本法の研究としては：仲裁法，倒産法が改正され普及主義が採用されるまでの間の国際倒産法研究，国際二重訴訟に関する研究，日本の裁判所の国際管轄に関する研究，日本における外国会社の規律，外国会社法制，会社法の従属法，社債付担保法の国際的適用，国際的会社合併，日本の裁判所での外国判決の承認執行に関する研究など，が増えてきた。また，1970年代頃から，各種の英文契約書のドラフティングの手引き書が盛んに刊行されている。

5　国際「取引」手法の研究

　国内取引とは異なる国際取引に主として利用される取引形態として考えているのは，プロジェクト・ファイナンス，石油天然ガス開発，PFIを含むプラント輸出契約，国際ファイナンス，国際ファイナンス・リース，合弁契約[15]，フランチャイズなどがあろう。これらに関する研究も数は少ないが発表されている。

Ⅲ　国際取引法研究を支えた学者・実務家

　1960年までは，国際取引法（イギリス契約法，英国海上運送法，国際海上物品売買，貿易条件および荷為替信用状）の研究を支えたのは，英法研究者と商法学者が主であった。国際海上売買法と貿易条件については，商社の法務担当者も研究を進め，非常に該博な知識を持ってはいたが，これを論文の形で発表することはほとんどなかった。

1960年以降は，企業の国際取引の発展に伴い，国際私法学者，商法学者，英米法学者などが，企業のニーズを満たす論文を発表し始めた。とくに，澤田壽夫，道田信一郎，土井輝生，高桑昭，曽野和明，喜多川篤典，大原栄一（近畿大学），小原喜雄，櫻井雅夫，中川和彦，松下満雄，長浜洋一等が国際取引法に関する研究を多数発表した。また，坪田潤二郎も精力的に論文を発表した。国際租税法では，宮武敏夫が多数の論文を発表した。また，藤田泰弘も，アメリカから多くの論文を発表している。実務界からは，三井物産の新堀聡が1960年代から精力的に論文や著書を公にした。

　1962年には，国際取引に関する法律論文を発表する「海外商事法務」（後に「国際商事法務」に改題）が社団法人国際商事法研究所から刊行された。はこれは当初は，国際取引法に関する研究をほとんど一手に発表していたが，その後，ジュリストやNBLなどの一般雑誌にも国際取引法関係の論文が多数発表されるようになってきた。また，日本商事仲裁協会から「貿易仲裁とクレーム」（後に「JCAジャーナル」と改題）が発刊され，国際仲裁と貿易に関する論文が掲載された。後には「月刊国際税務」の国際税務の専門誌も発刊されるようになった。

　1993年以降，主として国際取引法を研究対象とする学者は，国際私法を専門とする学者，企業法務部から学者に転身した者，渉外事件を扱ってきた弁護士，最初から国際取引法を専門として研究生活に入った者と分類できる[16]。現在，すべての分野で研究者の後継者の養成が問題となっているが，国際取引法分野では，他の法律分野より強い理由で，国際取引法学者の養成が急務となっている。

　国際商事法務には，初期の頃は，研究者の不足を反映してか，外国の弁護士の論文が多かったが，日本の研究者が増えるにしたがい，外国弁護士の寄稿が少なくなっている。逆に，1993年以降は，若手弁護士を中心に，アメリカのロースクールやイギリスの大学に留学して取引法を勉強する弁護士が増え，留学経験を持つ弁護士による研究が増えている。

Ⅳ　国際取引法教育の変遷

上智大学の澤田壽夫によると，日本で初めて国際取引法と銘打った講義を開講したのは，日本大学の染野啓子教授とのことである。澤田壽夫は1976年から国際取引法の講義をしたということで，上智大学法学部に於ける国際取引法の歴史は非常に古い。[17]

京都大学でも，道田信一郎が，1979年に特別講義「国際取引法」を行っている。

東京大学法学部ではかなり遅れて1991年に松下満雄と中里実が特別講義としての国際取引法を開講している。1994年には，上智大学の村瀬信也がこの特別講義を担当している。1993年からは，商法，租税法，国際法，国際取引法，国際私法を専門とする教員によるオムニバス講義として，正式な法学部の講義として国際取引法の講義が始まり，今に続いている。

2004年の法科大学院の発足とともに，司法制度改革審議会意見書が司法の国際を標榜したことに影響をうけて，大多数の法科大学院に国際取引法の講義が設けられた。新司法試験でも，国際関係法（私法）の一部として，国際取引法の分野から出題されることになった。しかし，日本企業一般のグローバル化の傾向とは逆に，国際取引法分野からの出題がなされない年もありまた法科大学院の国際離れの傾向もあって，法科大学院における国際取引法教育の重要度は高くない。現実のニーズと，法科大学院の教育が逆行している点は，国際取引法ばかりではなく，国際経済法その他国際関係法についても同じであり，法科大学院の国際的教育が司法制度改革審議会意見書で重要視されたにも拘わらず，現実にはどんどん国際離れが加速していることは非常に大きな問題である。

法科大学院で教えられている国際取引法の内容は多かれ少なかれ，司法試験によって規定されてしまっている。したがって，その内容は国際売買と国際運送と国際決済に関する日本の実定法ということになっている。国際売買に関す

る日本の実定法は，ウィーン売買条約の施行までは日本の民商法であったから，司法試験の国際取引法の売買に関する問題も必然的に日本民商法の問題となり，国際取引色の非常に希薄な問題が出題された。

　法科大学院教育における将来の渉外弁護士のための「国際取引法」の定義については，総論として比較契約法，各論として「合弁契約」「国際ファイナンス契約」「販売店・代理店契約」などのパターン化された取引契約論が続くと本学会年報2006年号に書いた。[18]法科大学院における国際取引法講義の目的は，渉外取引を扱う弁護士の基礎教育である。しかし，現在のような，日本空洞化と企業の積極的海外進出による現地化をみると，法科大学院の国際取引法としては「比較契約法」と「国際ローヤリング（英語等の外国語による法律文書作成と交渉）」を教えるべきではないか，と思うようになった。渉外弁護士や国際問題を担当する企業内弁護士の活動を見ると，その扱う「取引」は千差万別であり，各論として「合弁契約」「国際ファイナンス契約」「販売店・代理店契約」を扱っても，渉外弁護士の卵一般の役には立たない。それより，国際取引法を実践する場合に必須のスキルとなる国際ローヤリングを教えるべきである，と思うようになった。[19]

Ⅴ　最　後　に

　国際取引法研究は，日本の企業のグローバル化の進展にともない，ますます盛んになるであろう。しかし，研究の面から見ると，グローバル化がそれに組込まれる地域から見ても，また法律問題の内容から見ても，どんどん拡大する方向にあり，研究者がカバーしきれなくなってきている。また，渉外弁護士事務所の国際取引法の実務もどんどん専門化（海外M&A，海外での証券発行，プロジェクト・ファイナンスなど）する傾向にあり，実務に研究が追いつかなくなってきている。国際取引法教育のスタンダードな内容を確立し，研究者毎に国際取引法の中での専門分野を定めて研究対象を絞る，という工夫が必要である。

研究者の養成も急務であるし，国際取引法研究の課題は多い。

(1) この時代の貿易の中心は，対米では生糸の輸出と綿花の輸入，欧米植民地との関係では，綿製品の輸出と重化学工業用原材料の輸入，対中国・植民地貿易は機械類と繊維製品の輸出および食料鉱物の輸入が中心だった。吉信粛編，『貿易論を学ぶ〔新版〕』（有斐閣，1994年）270頁以下。
(2) 三菱商事の初代文書課の平社員は，後の北海道大学総長で日本国際経済法学会の初代理事長の今村成和であった。
(3) 商社斜陽論の根拠は多岐にわたるが，典型的商社斜陽論として御園生等「総合商社は斜陽であるか」『エコノミスト』（昭和36年5月23日号）6頁以下。
(4) 小原三佑嘉，「IBL40年にみる国際取引法秩序——戦後20世紀の回顧と展望——，国際商事法務，28巻12号1472頁（2000年）。
(5) 淺羽茂「経済教室閉塞打破企業経営の条件（下）海外展開での戦略構想描け」日本経済新聞2011年9月28日朝刊25頁は，日本企業のアジア現地法人の売上が日本本社の売上の50％近くになっていることを示している。
(6) 最近の国際商事法研究の記事をみると，その対象は，韓国（商法改正，会社法，独占禁止法，情報公開法，環境法，行政指導，労働法，弁護士制度，証券投資信託，電子商取引，財閥規制，信託法）：タイ（民商法典，労働者保護法，情報公開法，オンブズマン法，会社法，IT法，税法，ダンピング調査）：台湾：ベトナム（民法典，仲裁法，外国投資法，国有企業改革，証券規制，競争法）：カザフスタン：ミャンマー（投資法，行政法，経済法制）：インドネシア（破産法，労働法，譲渡担保法，独占禁止法）：カンボジア（民事訴訟法）：カンボジア（民法）：モンゴル（民法，投資関連法）：タンザニア（土地法）。
(7) 特許法とTRIPs(2001)，合弁契約と撤退，ライセンス契約，外資規制，競争法，特別追加税，特許法，見なし公開会社規制，仲裁法，企業結合規則（インドは2009年ころから研究が増えだしている）。
(8) 中東における紛争解決手段。
(9) ハンガリー有限会社法，チェコ有限会社法，フランス会社法，オーストリア有限会社法と企業統治，スペインの企業統治法，ドイツの企業統治，ベルギー会社法，フランス民事訴訟法，デンマーク会社法，フランス担保法，エストニア会社法，ブルガリア有限会社法，ポーランド有限会社法。
(10) 「ヨーロッパにおける職務発明の報酬」，「英国における金融商品販売促進規制」などは実務からの必要が学問的必要を上回っているように思える。
(11) 文献は取引法に関するものは多くはない。
(12) 会社法，投資関連法，競争法，企業買収，商事裁判所の実務
(13) このため，2008年以降，ウィーン売買条約に関する研究が増えてきている。

⑭ その他，国際環境問題（京都議定書関連問題），クロスボーダー組織再編（EU），国際カルテルの調査。
⑮ 合弁事業に関する研究では，就中，宍戸善一の昔からの研究がある。
⑯ 現在のところ，京都大学の増田史子のみ。
⑰ 「座談会　国際関係法学科二十五周年を記念して」『上智法学論集』50巻3号195頁（2007年）。澤田壽夫は，国際関係法学科を設立するときに「国際取引法」という科目について文部省から「そんな学問はない。だから名前を変えて，渉外商法とか特別商法とかいうのはどうだ」と言われたと述べている。
⑱ 柏木昇「国際取引法の教育のあり方と射程」（特集「国際経済法」・「国際取引法」のあり方を問い直す——法科大学院発足・新司法試験開始を契機として），『日本国際経済法学会年報』第15号（2006年）47頁。
⑲ 川村明の示唆によるところが大きい。

（東京大学名誉教授・中央大学法科大学院フェロー）

ゲスト講演

Multinational Enterprises and International Economic Law: Contesting Regulatory Agendas over the Last Twenty Years

Muchlinski, Peter

I Introduction
II Recognising the Existence of MNEs as an Object of Study for IEL
III The Neo-Liberal Approach to International Economic Law
IV Challenging the Neo-Liberal Model of International Economic Law
V Balancing Economic Liberalism with Other Liberal Values
VI Concluding Remarks

I Introduction

Multinational Enterprises (MNEs) are perhaps the most significant type of business association to have emerged out of the last 150 years of international economic interaction.[1] The MNE may be defined as an enterprise that engages in foreign direct investment (FDI), as opposed to portfolio investment, outside its home country, which gives the enterprise not only a financial stake in the foreign venture but also managerial control.[2] MNEs come in a great variety of shapes and sizes representing a key force behind the development of an integrated globalising economy and society.[3] Thus they are a pertinent focus for this paper. That said International Economic Law (IEL), for most of its existence, has tended to focus upon States and the extent of their regulatory power in the trade field. Until relatively recently, investment facilitation and regulation has not been at the forefront of IEL thinking. In this process it is arguable that the MNE disappears from view – it is somehow outside the field. Indeed, it is fair to say that the majority of those who, in the past, would identify themselves as "International Economic Lawyers" have covered little else other than trade regulation at the international level, centred on the General Agreement on Tariffs and Trade (GATT).[4]

However, the operations of MNEs have prompted a new departure in IEL thinking involving an integrated consideration of trade and investment issues which this paper explores. The title of this paper refers to the contestation of regulatory agendas over the last twenty years and the paper will focus on this period. However, before that is done the paper will begin with an introduction to the development of this trend of thought and show how, out of rather tentative beginnings, today's central place for the discussion of MNEs in IEL has emerged. The bulk of the paper will then concentrate on the last twenty years when we have witnessed a major contest between different approaches to international economic regulation.

This may be succinctly summarised as being a story of the rise of the "neo-liberal" approach to IEL and more recent challenges to its dominance. It is argued that since the end of the 1980s the triumph of this perspective has had a key influence on IEL thinking and it is a major reason why we discuss MNEs as part of the field. To explain, given that the core element of the neo-liberal approach is to create, as far as possible, a single integrated global market, free of restrictive barriers to trade and investment, the principal justification for such policies rests upon the needs of MNEs, and other transnational business actors, to operate in a regulatory area commensurate with their ability to organise trade, investment, production and service provision across national borders.

Accordingly the aim of IEL has shifted from merely facilitating free trade in a world of predominantly national economies, a factor in the progressive "internationalisation" of the global economy, towards facilitating the emergence of true "globalization" that is centred not only upon the workings of States but of non-State economic actors and their need for a global "level playing field" for trade and investment.[5] In this process IEL seeks to restrain protectionist regulation that limits cross border trade and investment.

However the domination of the neo-liberal model is increasingly open to challenge. This comes from a number of recent developments that cast doubt on the pursuit of the neo-liberal goal of economic globalization. These include business neglect of human rights, the rights of local communities and indigenous peoples, environmental degradation through business activities and the apparent undermining of the legitimate right of States to regulate their economies in the public interest. But the most important change comes out of the financial crisis of recent years. Here we witness the ideal of free and deregulated enterprise coming to its apogee with the collapse of the financial services sector and its salvage by States.

These challenges bring under scrutiny those elements of IEL that seek to facilitate the above-mentioned neo-liberal policy goals. IEL responds to some extent by providing for exceptions to trade and investment standards through exclusion clauses that preserve a measure of regulatory discretion in the public interest. However, as is argued below, this is inadequate to meet the contemporary changes that question the neo-liberal tendency in IEL. As a result too great an emphasis is placed on the preservation of corporate rights and on facilitative economic regulation at the cost of other non-economic values.

It is easy to point out the weaknesses and limitations of existing policy approaches and legal models that follow from them. What is difficult is to see ahead and beyond the bounded rationality of existing models. The final part of the paper will seek to suggest how the positive values in the liberal model, those that encourage entrepreneurialism and free competition in international business, need to be supplemented by liberal social and political values. In this a key element is the idea of "Development as Freedom" as elaborated by Amartya Sen in his key work of the same title.[6] In addition the moral imperative of human rights observance by both States and non-State actors, inherent in the new UN Guiding Principles on Business and Human Rights Implementing the United Nations "Protect, Respect and Remedy" Framework, (UN Framework) will be worked into this rethinking of the core direction of IEL.[7] Thus IEL has to react to the existence of MNEs in a globalising economy by ensuring that not only States but also business enterprises operating across borders do their work in the context of the liberal social values that allow for a civilised society to flourish. A crude "a-social" "economistic" neo-liberal paradigm can then be avoided and IEL can be re-directed toward a new paradigm that can meet the real challenges of the twenty-first century.

II Recognising the Existence of MNEs as an Object of Study for IEL

There are a number of reasons why, historically, MNEs were unrecognised as an object of study in IEL and trade regulation was the central focus. Arguably the main reason for this is the historical accident that the proposed Charter for the International Trade Organisation (ITO) signed at Havana, Cuba, on 24 March 1948 was not adopted while the GATT was. The Charter contained a number of provisions relevant to the regulation of foreign investment by corporations, including proposals for the control of restrictive business practices,[8] provisions protecting the security of foreign investments,[9] and an assertion of the right of capital importing states to control the conditions of entry and establishment for inward investment.[10] The inclusion of this right, and the absence of any unequivocal provision for compensation in the case of expropriation, caused widespread opposition to the Havana Charter among business interests and led, ultimately, to its demise when the United States and other signatory states did not ratify it.[11] Over the years FDI issues became institutionally marginalised into a network of Bilateral Investment Treaties (BITs) which appeared to be of little import until the radical expansion of investor-State arbitration at the end of the twentieth century under the dispute settlement clauses of these treaties. This has led to an explosion of scholarly interest in international investment law in recent years.[12]

There is no philosophical reason why IEL should have focused on trade but not investment. Indeed trade and investment are interchangeable and complementary ways of conducting international business. MNEs engage in both and are the main actors in international trade.[13] Trade liberalisation acts as a spur to FDI as well, in that the lowering of tariff barriers to trade allows for the development of transnational production networks that might be inhibited by high import and export tariffs at national borders.[14] However not until the 1960s did economists explore MNEs, with the result that traditional economic theories concerning international capital movements and the balance of payments were no longer adequate to explain this entity.[15] During the 1950s a number of economists had concentrated on internal managerial skills, the ability of the MNE to transcend the limitations of national boundaries and its centralised control as factors which made it stand out from other types of business entity.[16] But it was in the 1960s that the first systematic theoretical explanations of MNE growth appeared.[17] However these developments did not impact on the scope and content of IEL for a long time which remained firmly rooted in classical conceptions of trade theory and comparative advantage.[18] The impact of MNEs on these theories was never seriously considered nor reflected in legal or institutional norms until the establishment of the WTO and the inclusion for the first time of investment related issues including services, intellectual property rights and trade related investment measures.[19] The failed attempt to adopt multilateral investment rules by the WTO in the Doha Round of trade negotiations may also be seen as an acknowledgement of the need to integrate trade and FDI issues to provide a coherent multilateral policy of economic liberalisation.[20]

A further reason for the historical exclusion of MNEs from IEL rests with the theory of legal personality in international law.[21] The origin of the restriction on corporate actors as subjects of international law arises from the divide between private international law, dealing with the legal implications of private international transactions for national legal systems, and public international law, which deals only with the legal implications of inter-state interactions.[22] MNEs are assimilated to individuals for the purposes of international personality though not all the rules that apply to an individual will automatically apply to the corporate entity as well.[23] Nonetheless, this assimilation assures that corporate actors not subjects of international law. They are indeed "invisible" to international law.[24]

As a result corporations have had to rely on claims for diplomatic protection to protect their rights until the development of modern International

Investment Agreements (IIAs) with international dispute settlement provisions allowing for investor-state arbitration.[25] In addition WTO State-to-State dispute settlement procedures have been used to deal with barriers to market access for investors from the Claimant State caused by the restrictive practices of firms in the Respondent State. For example, the Bananas case brought by the US and other Central and Latin American members against the EU, can be interpreted as an attempt to assert market access into the EU, on the part of US MNEs, where they were confronted with a discriminatory scheme of preferential treatment for European based distributors of bananas.[26] Most notably, in the Kodak-Fuji case the US sought to challenge the system of photographic film and paper distribution in Japan, which was dominated by Fuji Film and characterised by high levels of vertical integration.[27] The US failed to make out the case on the facts, in that it could not prove that any benefits accruing from trade liberalisation had been nullified or impaired by the governmental measures that were alleged to have foreclosed the market. However, the Panel was clear that an action arising out of the inter-related effects of private and governmental action could be reviewable under the GATT, thereby permitting scrutiny of the competitive effects of governmental measures.[28]

Despite the above reasons for the "invisibility" of MNEs in IEL, MNEs are now becoming more visible. It is clear that MNE operations through global production chains are a key element in international trade and investment, and in the social, environmental and cultural development of the communities in which they operate. Yet IEL is still living within a traditional paradigm with trade liberalisation at its core while investment remains located within a "spaghetti bowl" of thousands of bilateral and regional agreements and a privatised system of dispute settlement that covers only investor rights. Equally, the logic of international law still prevails and ensures that questions of corporate rights and duties are filtered through State-to-State procedures such as diplomatic protection, or the WTO dispute settlement mechanism, or by way of limited rights of access to international arbitration under the dispute settlement provisions of BITs, which cover only investor and investment protection and do not extend to the wider social impacts of MNE operations. Social, environmental and cultural issues affected by international economic activities still remain on the periphery of IEL. This is the legacy of the "neo-liberal" approach to international economic regulation to which attention now turns.

III The Neo-liberal Approach to International Economic Law

The "neo-liberal" approach has been the dominant source of ideas for the development of international economic regulation for the last thirty or so years.[29] This starts from the assumption that the market, as the most efficient allocator of resources, should be allowed to operate with as little regulatory interference as possible. In the sphere of international economics, this leads to a preference for an "open" international economy with minimal State or international regulation.[30] States should then be free to specialise in the production and sale of those commodities which they can make most efficiently, and to trade them for other commodities made more cheaply by other states. This should lead to a globally efficient economy and to a rational international division of labour.

In this process the MNE is an important "medium for integrating and organising resource utilisation on a global scale."[31] It acts as a means by which different national economies, with different comparative advantages in skills, labour, raw materials and know how, can be integrated through the international division of labour within the enterprise or within production or retailing networks organised by the enterprise. Crucial to this is a world economy in which the MNE is free to set up affiliates whenever and wherever it wishes, to engage in uninhibited intra firm trade, and trade with third parties. Given such conditions the MNE's operations are presumed to improve global welfare.

The "neo-liberal" perspective displaced the "regulated market" approach that dominated economic policy-making by post World War II governments in the 1950s to 1970s. Based on Keynesian cost of production theories the latter approach argues that markets can cause imperfect allocations of resources because they are distorted by the costs of technology and the costs associated with the distribution of resources and products. This leads to distributional conflicts. Such conflicts must be diminished or, if possible, eradicated by selective public sector intervention in the economy.[32] At its heart this approach was geared towards the maintenance of full employment and financial stability among States through the use of national policies of selective State intervention in the market, the establishment of a welfare state and through the stabilisation of international currency and capital markets by the Bretton Woods institutions.[33] This system was described by John Ruggie as one of "embedded liberalism" where the market was seen to be inexorably linked to its social context and impact and whose actions had to be placed under the control of public institutions.[34] As a result the GATT was not a pure free trade promotion agreement but a compromise which left many areas of State discretion over trade policy untouched.[35]

However by the end of the 1970s this system was in tatters. The financial crises of the early 1970s led to the ending of the Bretton Woods system and the introduction of flexible exchange rates and open currency markets, the capacity of States to secure full employment was found wanting as a result of economic slowdown, trade protectionism rose and high inflation led to the coming into fashion of monetarist economics based on classical liberal market principles.(36) The adoption of this approach by Margaret Thatcher in the United Kingdom and by Ronald Reagan in the United States heralded a new era in politics where the market system would one again become "disembedded" from its social context and a pure form of neo-liberal economic policy would replace the by now discredited mixed economy of the Keynesian State. The triumph of such policies was made even more secure when not only the political successors to President Reagan and Prime Minister Thatcher continued the same market-led approach (including their centre left successors President Clinton and Prime Ministers Blair and Brown) but also the Bretton Woods institutions accepted this approach through the notion of "structural adjustment" policies based on liberalisation of trade and investment conditions, privatisation and wider de-regulation of developing and transitional economies.(37)

As noted above the original GATT and the Bretton Woods institutions were based on a compromise between economic liberalism and State intervention in the economy. Thus they cannot be seen as "pure" examples of economic liberalism. However the rise of the WTO, with its wider remit than the GATT, and the recent development of international investment law can be seen as representing at least a shift towards a fuller espousal of neo-liberalism in the regulation of the globalising economy. At the international level,

WTO law seeks to control protectionist tendencies in national trade laws and practices. In addition the GATS Agreement allows for the protection of non-discriminatory rights of entry and establishment to service providers who have a "commercial presence" in the host country and the latter has granted sectoral access to foreign investors under Article XVI of the GATS. The WTO system is multilateral and has achieved high levels of acceptance by states.

At the same time international investment law seeks to remove barriers to entry and establishment through the extension of principles of non-discrimination to the pre-entry phase of an investment. The extension of pre-entry protection to investors under international investment law is as yet limited to a number of BITs entered into by the United States and Canada, and more recently Japan, as well as certain bilateral and regional Preferential Trade and Investment Agreements (PTIAs). The new EU common FDI policy stresses the need to replace existing post-entry only EU Member State BITs with new EU negotiated agreements that extend to market access issues.[38] Though not the dominant approach of most BITs the increasing use of pre-entry protection in more recent agreements is significant as it shows a growing recent interest in investment liberalisation through law. This process appears to continue despite increased anxiety over national economic and strategic security, with only a handful of states currently renouncing their BITs, but with an observable trend towards greater investment controls.[39]

Furthermore when IEL is placed in the wider context of transnational economic and business law,[40] the process of interaction between the international and national legal orders creates a system of laws that clearly furthers neo-liberal values.[41] This has encouraged the development of regulatory rules that aim to offer the best conditions for the maximisation of returns on investment for MNEs and other transnational business enterprises. In particular this interaction serves to further the free movement of MNEs and the reduction of their investment risks by way of laws which ensure that the competitive advantage of the investor is not undermined by host country regulation. This requires that the internal laws of the host country both facilitate the investment and protect its economic value.[42]

The protective function of host country laws can be supplemented by international investment laws based on BITs with home countries. As noted, the bulk of such agreements only apply to the post entry phase of the investment. Once established the investor and the investment will enjoy a range of[43] rights over the host country authorities.[44] All of these rights can be enforced through the investor-state dispute settlement provisions of the BIT. This may hand the settlement of a major issue, with far reaching consequences for national policy-making, into the hands of international arbitrators who are neither an international court, nor democratically accountable persons. It has led to a view that this system lacks political legitimacy unlike that of a court system.[45]

A further important element adding to the evidence of the neo-liberal influence in IEL is the relative lack of protection of the State's right to regulate in the public interest. The "right to regulate" is a concept found in a number of international economic agreements but it is rarely defined.[46] The essence of the right lies in the legitimate exercise of public power to achieve specific public policy goals. It involves a substantive subject-matter question – is the power exercised in the pursuit of a recognised public policy – and a procedural question – is the power used legitimately or illegitimately. These two issues are often identified in exclusion clauses in international economic agreements. For example in the most recent US BITs, the imposition of performance requirements, including environmental measures necessary to protect human, animal or plant life or health, or related to the conservation of living or non-living exhaustible natural resources, is permitted provided such measures are not applied in an arbitrary or unjustifiable manner and that they do not constitute a disguised restriction on international trade or investment.[47] This provision follows the pattern of the general exception clause in GATT Article XX.[48] Thus the right to regulate is circumscribed by subject-matter, which may be limited to those aspects of public policy listed in the exclusion clause, and by the overriding need for the measure to be in conformity with the trade or investment protection aims of the agreement.

In the trade field, the approach of WTO tribunals to the interpretation of the State discretion under GATT Article XX has been criticised. First, the emphasis on the exercise of public power as being "exceptional" places the right to regulate in the position of a defence against a prima facie violation of WTO disciplines thereby shifting the burden of proof onto the respondent party to show that their measure was within the exception. In effect this amounts to a rebuttable presumption that regulatory measures in general infringe WTO disciplines unless it is shown that the measure in question comes within the exception clause.[49] Secondly even if the exercise of public regulatory power comes within a listed exception it still has to be consistent with the overarching aim of trade liberalisation and so be the least trade restrictive measure possible on the given facts. This requires an examination of alternatives that will complicate disputes and bring up arguments about alleged alternative policies that might in practice be ineffective.[50] In addition the prioritisation of trade values over other values may result in decisions that undermine legitimate public policy concerns that have arisen out of a public consensus reflected in the policies of democratically accountable national governments.[51]

Turning to international investment law, here, despite the examples referred to above, very few agreements have general exclusion clauses. As a result arbitral tribunals do not always give due weight to public interest considerations when faced with claims that the respondent State was regulating in the public interest and so should not be held liable for consequential losses to the investor. Though there are awards where the aim and purpose of a regulatory measure has been discussed, notably in relation to the claims arising out of the Argentine Peso crisis of 2001, the outcome has been uneven with some tribunals accepting that Argentina had an overriding right to regulate in the face of an economic catastrophe, while others did not and found a violation of the applicable BIT.[52]

Equally in relation to claims of expropriation the aim and purpose of the measure has not been decisive. Rather the effect on the investor's property rights has been. As the tribunal famously noted in the case of *Compania del Desarrollo de Santa Elena SA v Costa Rica*:

> "While and expropriation or taking for environmental reasons may be classified as a taking for a public purpose, and thus may be legitimate, the fact that the property was taken for this reason does not affect either the nature or the measure of compensation to be paid for the taking. That is, the purpose of protecting the environment for which the property was taken does not alter the legal character of the taking for which adequate compensation must be paid….where property is expro-

priated, even for environmental purposes, whether domestic or international, the state's obligation to pay compensation remains."[53] This approach has been criticised for failing to give sufficient weight to the essential public interest purposes behind a regulatory act, which may justify its characterisation as a non-compensable measure,[54] and to the risk that the threat of compensation may give rise to "regulatory chill" and discourage entirely legitimate interference with foreign owned private property rights in the public interest.[55] As a result some more recent BITs offer clarifying provisions distinguishing between non-compensable regulation and compensable expropriation.[56]

IV Challenging the Neo-liberal Model of International Economic Law

The preceding section has offered an outline of the main features of the international law relating to trade and investment that seek to further the interests of MNEs in an open global economy with minimal regulatory barriers. It has also shown how IEL and national economic and business laws interact to create a unified system of transnational economic law that further reinforces the neo-liberal policy prescription of a facilitative legal environment for the development of global business. However, a number of challenges to the dominance of this approach have emerged. They are based on concerns about the social and environmental impact of globalised business and on the effects of the recent global financial crisis.

The political, social, cultural and environmental challenges to the neo-liberal order pre-date the financial crisis of 2007-2009. In a sense they have always been there.[57] For example in the 1970s the questions of economic fairness and the preservation of State sovereignty in the early post-colonial world were addressed by the New International Economic Order (NIEO) which sought to balance the liberalising trends of IEL with the recognition of the legitimacy of State regulation in the sovereign interest, especially in the case of newly-independent developing countries.[58] Equally social questions concerning human rights, self determination, development and community rights have been debated for centuries coming into their contemporary form with the adoption of the UN Universal Declaration of Human Rights in 1948 and the UN Human Rights Covenants, known collectively as the UN Bill of Human Rights.[59] Environmental issues are traceable in the international sphere to developments in the second half of the nineteenth century, when the first fisheries conventions were signed, culminating with the Stockholm Declaration of 1972 as the first major international instrument to place environmental issues on the agenda.[60]

Nevertheless the approach of classical economics to issues of international economic organisation and activity focuses only on efficiency and the mutual benefits of economic exchange and is relatively indifferent to the role of institutions in economic affairs due to the focus on the market.[61] Thus these wider issues are defined out of the agenda. This narrow approach has been strongly criticised in the past twenty years with calls for the development of a concept of International Corporate Social Responsibility in international law.[62] In particular the MNE and international business in general have become objects of increased concern. Much of this can be put down to the rise of Non-Governmental Organisations (NGOs) that cover corporate abuses of the environment and human rights.[63] Legal activism and the development of new forms of litigation involving parent company responsibility for the acts of overseas subsidiaries is also a factor.[64]

Equally the rise in consciousness, that business cannot be isolated from the social and environmental impact of its operations, has been gradually accepted in international fora. In particular the work of John Ruggie, the UN Secretary-General's Special Representative on Business and Human Rights (SRSG), discussed further below, has had a significant influence upon the development of the debate on business and human rights including within the OECD where the latest revision of the OECD Guidelines for Multinational Enterprises contains, for the first time, a chapter on the human rights responsibilities of MNEs.[65]

Perhaps the most important single event of the last twenty years that is shaping national and international economic policies is the financial crisis of 2007-2009. The crisis has many causes and it is not at all clear who is ultimately to blame.[66] Ostensibly the crisis originated in the inability of the global banking sector to cover its debts as a result of excessive use of credit derivatives which over-exposed their holders to liabilities far in excess of what they could support, given the level on interconnectivity between debts and their spread throughout the system by way of securitised credit derivatives.[67] That this happened can be explained by: the greed of bankers, regulatory failure and excessive acceptance of the belief in markets and market innovation, macro-economic imbalances due to the trade imbalance between China and the developed countries, lax credit ratings, a consumer credit bubble, lax monetary policy in the US and elsewhere, too ready a willingness on the part of governments to bail out failing financial institutions (the "too-big-to-fail argument) and failures in corporate governance to name but the most common explanations.[68]

In response to the banking crisis, the UK government engaged in the acquisition of controlling interests by the State in failing banks. It nationalised outright Northern Rock and the Bradford and Bingley, while the rescue of Royal Bank of Scotland (RBS) and Lloyds TSB/HBOS resulted in an 83% government shareholding in the former and a 41% shareholding in the latter.[69] These full or partial state holdings of stock are in the hands of a special company set up by the British Government, UK Financial Investments Ltd (UKFI).[70] UKFI is a Companies Act Company, with HM Treasury as its sole shareholder. The company's activities are governed by its Board, which is accountable to the Chancellor of the Exchequer and, through the Chancellor, to Parliament. Membership of the UKFI Board comprises a private sector Chair, non-executive private sector members, a Chief Executive and senior Government officials.[71]

Other countries also acquired stakes in banks and in other companies that were facing ruin as a result of the crisis but whose social and economic position in the national economy meant that they could not be allowed to fail. Examples include the US government's acquisition of a 61% stake in General Motors in 2009[72] and the Dutch Governments acquisition of an 8.5% stake in ING Group with the right to appoint two government nominated directors.[73] Coupled with the rise of State Owned Enterprises from the new rising economies, including the BRICS (Brazil, Russia, India and China), this development would appear to give the State a new lease of life as a global economic actor and corporate owner and manager.[74]

However, from the perspective of IEL, the crisis appears to have had relatively little conceptual impact. The immediate reaction from the G20 was to reinforce faith in the continued operation of a free global market based on free trade and investment and resistance to the introduction of protectionist measures. By the Ministerial Declaration of 15 November 2008, which recommended changes to the global financial system, the commitment to an open free trade based economy was re-emphasised:

> "12. We recognize that these reforms will only be successful if grounded in a commitment to free market principles, including the rule of law, respect for private property, open trade and investment, competitive markets, and efficient, effectively regulated financial systems. These principles are essential to economic growth and prosperity and have lifted millions out of poverty, and have significantly raised the global standard of living. Recognizing the necessity to improve financial sector regulation, we must avoid over-regulation that would hamper economic growth and exacerbate the contraction of capital flows, including to developing countries.
>
> 13. We underscore the critical importance of rejecting protectionism and not turning inward in times of financial uncertainty. In this regard, within the next 12 months, we will refrain from raising new barriers to investment or to trade in goods and services, imposing new export restrictions, or implementing World Trade Organization (WTO) inconsistent measures to stimulate exports…"[75]

This commitment was followed up in 2009 when the G20 London Summit Leaders Statement introduced a quarterly reporting requirement for the G20 countries on their adherence to open trade and investment policies.[76]

V Balancing Economic Liberalism with Other Liberal Values

Given the continued support from the world's most powerful economies for the politics of the neoliberal economic order it is unlikely that any significant shift from this basic model will occur in the foreseeable future. However that is not to say that change is impossible. Indeed reform of IEL to meet more closely the challenges outlined briefly above would appear essential if this field of law is to retain public credibility. Here it should be remembered that we live in a time when the legitimacy of established governments is being questioned worldwide. Whether it is the "Arab Spring", student protests in Chile and the UK, the "indignados" of Spain, the protesters in Greece and Israel, the anti-corruption movement in India or the transnational Occupy Movement, there are many signs that the people of the world will no longer passively accept what governments do. It is essential that public policy makers listen to these voices and respond creatively. In relation to economic regulation this would translate into a reform of neoliberal policies and their exclusive concern with economic efficiency and markets towards a more social version of economic law that accepts the need to control corporate excesses as well as to foster entrepreneurship and generate employment. A narrow neoliberal approach cannot do this. A reformed social liberalism can.

It would be easy to say that the current system is beyond hope, unfixable, and that it should be destroyed. Such a radical position appears to be fraught with the weaknesses of radical Marxism, which correctly identified the major social problems created by capitalism but came to the wrong solutions. Ultimately, the countries that espoused apparently Marxist policies discarded that system by the end of the 1980s.[77] This has left a chasm in critical thought as regards the weaknesses of capitalism and their solutions. That said some room for change exists by way of certain liberal critiques of development and the need for this to be located in the ideal of human freedom and in the increased awareness of the need for business to observe fundamental human rights standards in its operations.

The first approach lies in the work of Amartya Sen on development. According to Sen a distinction can be made between two attitudes to development

"One view sees development as a "fierce" process, with much "blood sweat and tears" - a world in which wisdom demands toughness. In particular, it demands calculated neglect of various concerns that are seen as "soft-headed" [including] social safety nets that protect the very poor, providing social services for the population at large, departing from rugged institutional guidelines in response to identified hardship and favouring - 'much too early'- political and civil rights and the 'luxury' of democracy...This hard-knocks attitude contrasts with an alternative outlook that sees development as essentially a 'friendly' process. Depending on the particular version of this attitude, the congeniality of the process is seen as exemplified by such things as mutually beneficial exchanges (of which Adam Smith spoke eloquently), or by the working of social safety nets, or of political liberties, or of social development - or some combination or other of these supportive activities."[78]

Sen is persuaded by the latter approach from which he builds his thesis that development can only occur as a process of expanding "the real freedoms that people enjoy"[79]. Such freedoms include the provision of elementary capabilities for life but also run to political freedoms, access to economic facilities, social opportunities such as access to education or health care, transparency guarantees allowing for freedom to deal with one another in conditions of disclosure and lucidity and protective security based on essential welfare support against abject misery.[80] Not only Sen but others, including Joseph Stiglitz and Jeffrey Sachs, see development as a holistic process including not only economic growth but also societal transformation along the lines suggested by Sen.[81]

This perspective on development can be enhanced by reference to the recent thinking emerging on issues of business and human rights. In particular, as noted by John Ruggie, the Special Representative of the UN Secretary General on Business and Human Rights (SRSG), the failure of companies to meet their responsibility to respect human rights,

> "can subject companies to the courts of public opinion - comprising employees, communities, consumers, civil society, as well as investors - and occasionally to charges in actual courts. Whereas governments define the scope of legal compliance, the broader scope of the responsibility to respect is defined by social expectations - as part of what is sometimes called a company's social licence to operate."[82]

The SRSG clearly sees a social context for the operations of corporate investors in host countries. It is on this basis that he and his team developed the new UN Framework for Business and Human Rights which was adopted by the UN Human Rights Council by way of Guiding Principles in June 2011.[83]

The Guiding Principles assert that States must protect against human rights abuse within their territory and/or jurisdiction by third parties, including business enterprises. This requires taking appropriate steps to prevent, investigate, punish and redress such abuse through effective policies, legislation, regulations and adjudication.[84] The State duty to protect is supplemented by a non-binding responsibility to respect human rights on the part of business enterprises.[85] This recognises the limited legal personality that such enterprises have under international law. However the SRSG asserts that the Framework is not "a law-free zone" to the extent that State action under domestic law can create legal duties for corporations.[86] The third element of the UN Framework concerns access to remedies. The Guiding Principles assert that national legal remedies should be strengthened and made more accessible to claimants and that barriers to effective remedies must be removed. Equally corporate level grievance mechanisms and other non-judicial methods of dispute resolution should be developed.[87]

A key element in the corporate responsibility to respect is the concept of human rights due diligence. In particular Principle 17 states that due diligence:

"(a) Should cover adverse human rights impacts that the business enterprise may cause or contribute to through its own activities, or which may be directly linked to its operations, products or services by its business relationships;
(b) Will vary in complexity with the size of the business enterprise, the risk of severe human rights impacts, and the nature and context of its operations;
(c) Should be ongoing, recognizing that the human rights risks may change over time as the business enterprise's operations and operating context evolve."[88]

The due diligence concept is an important development as it offers a general principle of corporate action that can form the basis of corporate obligations to act in a socially responsible manner. In particular it may lead to the development of corporate duties of care where due diligence is inadequately carried out and consequential loss is suffered by persons whose interests are thereby harmed.[89]

The UN Framework has been highly influential in the adoption, for the first time, of a human rights chapter in the 2011 revision of the OECD Guidelines for Multinational Enterprises."[90] This provides for due diligence in relation to human rights risks and reflects closely the thinking of the UN Framework which is expressly referred to in the Commentary on the human rights *Guideline*.[91] The OECD Guidelines use the due diligence concept more widely than in relation to human rights. Due diligence is expected for all issues covered by the Guidelines except science and technology, taxation and competition.[92] For the purposes of the *Guidelines*, due diligence is understood as, "the process through which enterprises can identify, prevent, mitigate and account for how they address their actual and potential adverse impacts as an integral part of business decision-making and risk management systems."[93] According to the OECD, "due diligence can be included within broader enterprise risk management systems, provided that it goes beyond simply identifying and managing material risks to the enterprise itself, to include the risks of adverse impacts related to matters covered by the *Guidelines*." As with the UN Framework this may involve consideration of enterprise impacts upon third parties. Also in line with the UN Framework, the OECD sees that the nature and extent of due diligence, "such as the specific steps to be taken, appropriate to a particular situation will be affected by factors such as the size of the enterprise, context of its operations, the specific recommendations in the *Guidelines*, and the severity of its adverse impacts."[95]

These significant developments within the UN and the OECD cannot but affect the future development of IEL. They may be seen as a means of giving legal detail to the principles espoused by Sen and others. In particular the extension of due diligence obligations to MNEs in relation to their social, environmental and cultural impacts would offer a practical and immediate method for limiting the social costs of doing business in locations where human rights infringements or environmental damage may be a real risk. Indeed, where corporations operate in weak governance zones such an approach may be invaluable for avoiding these risks.[96]

More widely the main body of IEL needs to recognise that the operations of international business do not exist in a "social consequence free zone". It behooves intergovernmental organisations such as the WTO and the Bretton Woods institutions to ensure that their rules and practices are human rights and environmentally compliant and that the right of States to regulate business to these ends is incorporated into international rules. In this regard it is notable that the World Bank and the IMF have departed from their previous practices of importing "top-down" structural adjustment policies in favour of more socially sensitive poverty reduction strategies.[97] However while such approaches may have altered the processes by which development finance is offered it has not solved the democratic deficit problem that structural adjustment created.[98]

Equally the WTO has made little headway in including human rights and other corporate responsibility concerns into its operations. This reflects the jurisdictional limitations of the body dealing as it does with State-to-State issues delimited by the subject-matter of the WTO Agreements.[99] However it does not appear that the WTO would challenge trade boycotts motivated by legitimate concerns over infringements of fundamental labour or human rights given its reluctance to do so in the past where such actions have been a part of a concerted international effort.[100] Also the WTO dispute settlement body has moderated its approach to environmental and health issues in cases where restrictions on imports on environmental or health grounds have been at stake. Such actions will not necessarily violate WTO disciplines and may come within Article XX GATT exceptions or may fall outside the discrimination standard altogether.[101]

In relation to investment law human rights and other corporate responsibility concerns have so far made little impact. Human rights issues have not made much headway in investor-State arbitrations though there have been a number of human rights based arguments put to tribunals over recent years.[102] Human rights issues are also virtually non-existent in IIA provisions. Few if any IIAs do more than refer to human rights in the Preamble.[103] In the light of this limited practice any serious response to the UN Framework and the revised OECD Guidelines will require new treaty drafting, especially in IIAs and PTIAs. It is proposed that two new types of clauses could be considered: a general due diligence clause and a human rights clause.

The due diligence clause could be based on the OECD Guideline approach and cover all issues in which the operations of the investor can adversely affect social, environmental and cultural welfare of individuals and communities in which the investor operates. The due diligence process could be defined as it is in the Guidelines and the UN Framework including issues of firm size and the actual situation in which the firm is operating. Failure to undertake due diligence in the required fields could result in denial of treaty protection in appropriate cases. A human rights clause should make clear that both the Contracting Parties and the investor have a responsibility to respect human rights in the conduct of investment regulation and promotion, and investment operation, respectively. The Contracting Parties obligations can be defined by reference to their general obligations under international law to observe, respect and protect human rights. Investors should be subject to the same responsibilities as are demanded by the UN Framework and the OECD Guidelines mentioned above and be expected to carry out human rights due diligence.[104] The investor's obligation may follow the non-binding responsibility approach of these instruments. On the other hand, the investor may be subjected to a legally binding duty to observe human rights should the Contracting Parties decide that this is appropriate. The dispute settlement provision could also be made subject to a requirement upon the investor to observe human rights due diligence as a pre-condition to the right to bring a claim under the treaty.[105]

VI Concluding Remarks

This paper has shown that although originally the focus of IEL was on the State and on public regulation of trade, this has changed and MNEs are now more visible as objects of study. Their presence has raised fundamental questions about the core paradigms that IEL should follow. The last twenty years has seen the rise of the neoliberal model of transnational economic regulation, with its emphasis on the creation of a single globalised economic system based on free markets, the abolition of barriers to trade and investment, de-regulation of trade and investment restrictive policies and privatisation. Central to this paradigm is the furtherance of the interests of private transnational economic actors including MNEs. However the last twenty years has also shown that the operations of MNEs and other transnational business actors raise fundamental challenges to a purely economistic approach to transnational economic regulation. The pendulum may be beginning to swing toward a greater recognition of the need to ensure that MNEs observe fundamental human rights, environmental and other standards of corporate social responsibility. In particular, there exists a greater emphasis on corporate responsibilities to observe human rights and to perform a due diligence analysis of major social risks. This is an indication of how a new paradigm, based on the values of human development and freedom and corporate accountability and responsibility, can give rise to a new approach to IEL. This will seek not only to facilitate MNE operations across the globe but also hold them to account as regards their social, environmental and other impacts. In this lies the basis of a system of IEL which can be seen as the "re-embedded" form of a socially responsive liberal legal order.

（1） On which see further Geoffrey Jones, *Multinationals and Global Capitalism: From the Nineteenth to the Twenty-first Century* (Oxford, Oxford University Press, 2005).
（2） Peter T. Muchlinski, *Multinational Enterprises and the Law* (Oxford, Oxford University Press, 2nd ed, 2007) at 5. See too J.H.Dunning and Sariana Lundan, *Multinational Enterprises and the Global Economy* (Cheltenham, Edward Elgar, 2nd ed, 2008) at 3-5. On the relationship between foreign portfolio investment and FDI see "Special Feature: Foreign Portfolio and Direct Investment" 8 *Transnational Corporations* 7 (1999) and UNCTAD *World Investment Report 1997* (New York and Geneva, United Nations, 1997) Ch. III.
（3） See further Peter Dicken, *Global Shift: Mapping the Contours of the World Economy* (London, Sage Publications, 6th ed, 2011).
（4） Classic examples include Kenneth W. Dam, *The GATT: Law and international Economic Organization* (Chicago, University of Chicago Press, Midway Reprint, 1977) John H. Jackson, *The World Trading System: Law and Policy of International Economic Relations* (Cambridge Mass, MIT Press, 2nd ed, 1997).
（5） On the relationship between "internationalisation" and "globalisation" see generally Paul Hirst and Grahame Thompson, *Globalization In Question* (Cambridge, Polity Press, 3rd ed, 2009).
（6） Amartya Sen, *Development as Freedom* (Oxford, Oxford University Press, 1999)
（7） UN Human Rights Council Seventeenth Session 21 March 2011: *Guiding Principles*

on *Business and Human Rights Implementing the United Nations "Protect, Respect and Remedy" Framework* available at http://www.ohchr.org/documents/issues/business/A.HRC.17.31.pdf

(8) Havana Charter for an International Trade Organisation Chapter.V available at http://www.wto.org/english/docs_e/legal_e/havana_e.pdf . For discussion of the reasons for the non adoption of the Havana Charter and for the adoption of the GATT see Andreas F. Lowenfeld, *International Economic Law* (Oxford, Oxford University Press, 2nd ed, 2008) at 25-28 and references cited therein; Dam above n.4 ch.2.

(9) Havana Charter Art.11(1)(b): "...no member shall take unreasonable or unjustified action within its territories injurious to the rights and interests of nationals of other Members in the enterprise, skills, capital, arts or technology which they have supplied." ; ibid. Art.12(2)(a)(i): provision of reasonable security for existing and future investments; Art.12(2)(a)(ii): the giving of due regard to the desirability of avoiding discrimination as between foreign investments; Art.12(2)(b): entry into consultation or negotiations with other governments to conclude bilateral or multilateral agreements relating to foreign investments.

(10) Havana Charter Art.12(1)(c): "....without prejudice to existing international agreements to which members are parties, a Member has the right (i) to take any appropriate safeguards necessary to ensure that foreign investment is not used as a basis for interference in its internal affairs or national policies; (ii) to determine whether and to what extent and upon what terms it will allow future foreign investment; (iii) to prescribe and give effect on just terms to requirements as to the ownership of existing or future investments; (iv) to prescribe and give effect to other reasonable requirements with respect to existing or future investments; ".

(11) A.A.Fatouros "An International Code to Protect Private Investment - Proposals and Perspectives" 14 U of Toronto LJ 77 at 80 (1961); Charles Lipson, *Standing Guard: Protecting Foreign Capital in the Nineteenth and Twentieth Centuries* (University of California Press, 1985) at 86-87.

(12) Prior to 2007 there was in effect only one major text dedicated to this subject M. Sornarajah, *The International Law on Foreign Investment* (Cambridge, Cambridge University Press, 3rd ed, 2010) which first came out in 1994 and a section in the author's first edition of his treatise P.T. Muchlinski. *Multinational Enterprises and the Law* (Oxford, Blackwell Publishers, 1995) Part III: see now second edition: *Multinational Enterprises and the Law* above n.2. Since 2007 we have, among other more specific works: Campbell McLachlan, Laurence Shore and Matthew Weiniger, *International Investment Arbitration: Substantive Principles* (Oxford, Oxford University Press, 2007); Rudolph Dolzer and Christoph Schreuer, *Principles of International Investment Law* (Ox-

ford, Oxford University Press, 2008); Surya P Subedi, *International Investment Law: Reconciling Policy and Principle* (Oxford, Hart Publishing, 2008); Peter Muchlinski, Federico Ortino and Christoph Schreuer (eds), *The Oxford Handbook of International Investment Law* (Oxford, Oxford University Press, 2008); Christopher F Dugan, Don Wallace Jr, Noah D Rubins and Borzu Sabahi, *Investor-State Arbitration* (New York, Oxford University Press, 2008); Andrew Newcombe and Lluís Paradell, *Law and Practice of Investment Treaties: Standards of Treatment* (Alphen aan den Rijn, Kluwer Law International, 2009); Christina Binder, Ursula Kriebaum, August Reinisch and Stephan Wittich (eds), *International Investment Law for the 21st Century: Essays in Honour of Christoph Schreuer* (Oxford, Oxford University Press, 2009); Zachary Douglas, *The International Law of Investment Claims* (Cambridge, Cambridge University Press, 2009); Stephan Schill, *The Multilateralisation of International Investment Law* (Cambridge, Cambridge University Press, 2009) Jeswald Salacuse, *The Law of Investment Treaties* (Oxford, Oxford University Press, 2010).

(13) According to UNCTAD around two thirds of world trade for the latter half of the 1990s was carried out by TNCs both as intra-firm and third party transactions: UNCTAD *World Investment Report 2002* (New York and Geneva, United Nations, 2002) at 151.

(14) See Dunning and Lundan above n.2 at 718-719.

(15) D.K. Fieldhouse "The multinational: a critique of a concept" in A.Teichova et.al.(Eds) *Multinational Enterprise in Historical Perspective* (Cambridge, Cambridge University Press, 1986) 9 at 13. This text is taken from P.T. Muchlinski, *Multinational Enterprises and the Law* 1st ed, above n.12 at 7.

(16) Ibid.

(17) Of particular importance was the work of Stephen Hymer, Charles Kindleberger and Raymond Vernon. See further Muchlinski above n.2 at 25-33.

(18) See for example the introductory chapter to Johan Jackson's classic textbook *The World Trading System* above n.4. But contrast Michael J Trebilcock and Robert Howse who do introduce elements of FDI theory into their analysis of trade theory in *The Regulation of International Trade* (London, Routledge, 3rd ed, 2005) chs 1 and 14 especially at 442-443. See too Lowenfeld above n.8 who discusses IEL as an integrated subject covering trade, finance and investment.

(19) See further Muchlinski above n.2 at 251-261.

(20) Thus the Doha Ministerial Declaration recognises, in paragraph 20, "the case for a multilateral framework to secure transparent, stable and predictable conditions for long-term cross-border investment, particularly foreign direct investment, that will contribute to the expansion of trade." WTO Doc.WT/MIN(01)/DEC/W/1, 14 Novem-

ber 2001 at paras.20-22: 41 ILM 746 (2002) or http://www.wto.org/english/thewto_e/minist_e/min01_e/mindecl_e.htm.
(21) See further Peter Muchlinski "Multinational Enterprises as Actors in International Law: Creating "Soft Law" Obligations and "Hard Law" Rights" in Math Noortmann and Cedric Ryngaert (eds), *Non-State Actor Dynamics in International Law: From Law-Takers to Law Makers* (London, Ashgate Publishing, 2010) 9 at 10-11, on which the following paragraph is based.
(22) See A Claire Cutler, *Private Power and Global Authority* (Cambridge, Cambridge University Press, 2003) at 36 citing Mark Janis "Individuals and Subjects of International Law" *17 Cornell Jo Int'l L* 61 at 62 (1984)
(23) *Barcelona Traction Case* [1970] ICJ 3 at para 70: "In allocating corporate entities to States for purposes of diplomatic protection, international law is based, but only to a limited extent, on an analogy with the rules governing the nationality of individuals."
(24) See Fleur Johns "The Invisibility of the Transnational Corporation: An Analysis of International Law and Legal Theory" 19 Melbourne University LR 893 (1994). Indeed it can be said that MNEs are invisible in national law too in that subsidiaries appear as locally incorporated entities with a controlling foreign shareholding, while parent companies appear as locally incorporated entities with overseas shareholdings, a form that fails to convey the transnational economic and managerial integration of the MNE.
(25) For an overview of the customary international law relating to foreign investment claims see further Christopher Staker "Diplomatic Protection of Private Business Companies: Determining Corporate Personality for International Law Purposes" 61 BYIL 155 (1990); Peter Muchlinski "The Diplomatic Protection of Foreign Investors: a Tale of Judicial Caution" in Christina Binder, Ursula Kriebaum, August Reinisch Stephan Wittich (eds), *International Investment Law For the 21st Century: Essays in Honour of Christoph Schreuer* (Oxford, Oxford University Press, 2009) 341. See most recently the *Case Concerning Ahmadou Sadio Diallo* (Guinea v Democratic Republic of the Congo) Judgment of the Court 30 November 2010 at http://www.icj-cij.org/docket/files/103/16244.pdf
(26) See *European Communities - Regime for the Importation Distribution and Sale of Bananas* (WT/DS27/AB/R) Appellate Body Report adopted 25 September 1997 available at www.wto.org .
(27) See *Japan - Measures Affecting Consumer Photographic Film and Paper* (WT/DS44/R) Panel Report adopted 22 April 1998 available at www.wto.org
(28) The Panel held:
"10.52. As the WTO Agreement is an international agreement, in respect of which

only national governments and separate customs territories are directly subject to obligations, it follows by implication that the term measure in Article XXIII: I (b) [GATT] and Article 26.1 of the DSU, as elsewhere in the WTO Agreement, refers only to policies or actions of governments, not those of private parties. But while this "truth" may not be open to question, there have been a number of trade disputes in relation to which panels have been faced with making sometimes difficult judgments as to the extent to which what appear on their face to be private actions may nonetheless be attributable to a government because of some governmental connection to or endorsement of those actions.

10.53. These past GATT cases demonstrate that the fact that an action is taken by private parties does not rule out the possibility that it may be deemed to be governmental if there is sufficient government involvement with it. It is difficult to establish bright-line rules in this regard, however. Thus, that possibility will need to be examined on a case-by-case basis."

(29) See Muchlinski above n.2 at 90-91 and see Robert Gilpin, *The Challenge of Global Capitalism: The World Economy in the 21st Century* (Princeton, Princeton University Press, 2000) ch.1 "The Second Great Age of Capitalism".

(30) See, for a useful introduction to "neo-classical" or "neo-liberal" theories of international economic organisation, Razeen Sally, *Classical Liberalism and International Economic Order* (London, Routledge, 1997).

(31) Neil Hood and Stephen Young, *The Economics of the Multinational Enterprise* (London, Longman 1979) at 327.

(32) Muchlinski above n.2 at 91

(33) See further Gilpin above n.29 ch.2; Ioannis Glinavos, *Neoliberalism and the Law in Post-Communist Transition: The Evolving Role of Law in Russia's Transition to Capitalism* (Abingdon, Routledge, 2010) at 12-15.

(34) See John Ruggie "International regimes, transactions and change: embedded liberalism in the post-war economic order" 36 *International Organization* 379 (1982). It should be noted that the Havana Charter was negotiated under the auspices of a body called the International Conference on Trade and Employment

(35) See further Jackson above n.4.

(36) See Gilpin above n.29 at 72-86

(37) See further Celine Tan, *Governance Through Development: Poverty Reduction Strategies, International Law and the Disciplining of Third World States* (Abingdon, Routledge, 2011) ch.3. Tan notes that more recently the World Bank and the IMF have responded to criticisms of structural adjustment programmes by way of poverty reduction strategy programmes which seek to cover not only the economic but the so-

cial consequences of economic development strategies. On how the neoliberal approach was applied to Russia see Glinavos above n.33.

(38) Communication from the Commission to the Council, the European Parliament, the European Economic and Social Committee and the Committee of the Regions, *Towards a Comprehensive European International Investment Policy Brussels*, 7.7.2010 COM(2010)343 final at 5.

(39) See further UNCTAD IIA MONITOR No. 3 (2009) Recent Developments in International Investment Agreements (2008–June 2009) UNCTAD/WEB/DIAE/IA/2009/8 at 6 available at www.unctad.org/iia and UNCTAD *World Investment Report 2011* (New York and Geneva, United Nations, 2011) at 94 available at http://www.unctad-docs.org/files/UNCTAD-WIR2011-Chapter-III-en.pdf The Report concludes at 98 that: "Although still a minority, overall the number of restrictive investment regulations and administrative practices has accumulated to a significant degree over the past few years. Together with their continued upward trend, as well as stricter review procedures for FDI entry, this poses the risk of potential investment protectionism."

(40) On which see further Gralf-Peter Calliess and Peer Zumbanzen, *Rough Consensus and Running Code: A Theory of Transnational Private Law* (Oxford, Hart Publishing, 2010).

(41) See further Peter Muchlinski "The Changing Face of Transnational Business Governance: Private Corporate Law Liability and Accountability of Transnational Groups in a Post-Financial Crisis World." 18(2) *Indiana Journal of Global Legal Studies* 665 (Summer 2011).

(42) For detailed analysis see Muchlinski ibid at 672-674.

(43) Often broadly defined to cover any kind of asset owned or controlled by the investor: see further UNCTAD *Scope and Definition: A Sequel* Series on issues in international investment agreements II (New York and Geneva, United Nations, 2011).

(44) For an overview of the main elements of BITs see the literature cited in n.12 above. For a more critical account see in particular M. Sornarajah's *The International Law on Foreign Investment* above n.12. Most agreements will protect most-favoured-nation treatment, national treatment, fair and equitable treatment, full and effective compensation for any non-discriminatory taking of property done in accordance with law for a public purpose, protection against loss due to civil unrest or commotion, the free transfer of capital and the duty to obey contractual obligations entered into with the investor.

(45) See further Gus Van Harten, *Investment Treaty Arbitration and Public Law* (Oxford, Oxford University Press, 2007).

(46) See for example the GATS Preamble: "Recognising the right of Members to regu-

late and to introduce new regulations, on the supply of services within their territories in order to meet national policy objectives, and, given asymmetries existing with respect to the degree of development of services regulations in different countries, the particular need of developing countries to exercise this right;"

(47) See for example, the United States-Uruguay BIT, 25 October 2004, Article 8 (3) (c): 44 ILM 265 (2005).

(48) GATT Art XX available at http://www.wto.org/english/docs_e/legal_e/gatt47_e.pdf . See too the Canadian Model BIT Article 10 at http://ita.law.uvic.ca/documents/Canadian2004-FIPA-model-en.pdf

(49) See further Trebilcock and Howse above n.18 at 129

(50) See for example Canada's arguments as to why France should have allowed the importation of asbestos based cement products in *EC – Measures Affecting Asbestos and Asbestos Containing Products* (AB 2000 11) WT/DS 135/AB/R 12 March 2001 40 ILM 1193 (2001).

(51) The debate over the EU ban on imports of US food products on public health grounds is a case in point. See *European Communities – Measures Concerning Meat and Meat Products* WT/DS 48/AB/R adopted 13 February 1998; *EC – Measures Affecting the Approval and Marketing of Biotech Products* WT/DS291, 292 and 293 Panel Report circulated 29 September 2006. In each case the WTO dispute settlement body held that the ban was not based on adequate scientific information and that the precautionary principle did not apply under WTO rules.

(52) For a discussion of these cases see further Andrea Bjorklund "Economic Security Defences in International Investment Law" *Yearbook of International Investment Law and Policy 2008-2009* (New York, Oxford University Press, 2009) 479; Jose Alvarez and Kathryn Khamsi "The Argentine Crisis and Foreign Investors: A Glimpse into the Heart of the Investment Regime" ibid 379; Peter Muchlinski "Trends in International Investment Agreements: Balancing Investor Rights and the Right to Regulate: The Issue of National Security" ibid 35; William W Burke-White and Andreas Von Staden "Investment Protection in Extraordinary Times: The Interpretation and Application of Non-precluded Measures Provisions in Bilateral Investment Treaties" 48 *Va. Jo Int'l l* 307 (2008); Jurgen Kurtz "Adjudging the Exceptional at International Investment Law: Security, Public Order and Financial Crisis" 59 *ICLQ* 325 (2010).

(53) *Compania del Desarrollo de Santa Elena SA v Costa Rica* ICSID Case No. ARB/96/1 Award 17 February 2000 available at www.worldbank.org/icsid/cases/santaelena_award.pdf or 15 ICSID Rev-FILJ 169 (2000). at paras.71-2. See too *Metalclad v Mexico* ICSID Case No ARB (AF)/97/1 available on www.naftaclaims.com or 40 ILM 36 (2001) at para.111 "The Tribunal need not decide or consider the motivation or intent of the

Multinational Enterprises and International Economic Law 87

adoption of the Ecological Decree."
(54) See Sornarajah above n.12 at 374.
(55) See UNCTAD *World Investment Report 2003* (New York and Geneva, United Nations, 2003) at 111.
(56) For example the United States-Uruguay BIT of 25 October 2004, which is based on the 2004 US Model BIT, offers the following definition of an indirect taking in Annex B paragraph 4:

"The second situation addressed by Article 6(1) [expropriation] is known as indirect expropriation, where an action or series of actions by a Party has an effect equivalent to direct expropriation without formal transfer of title or outright seizure.

(a) The determination of whether an action or series of actions by a Party, in a specific fact situation, constitutes an indirect expropriation, requires a case-by-case, fact-based inquiry that considers, among other factors:

(i) the economic impact of the government action, although the fact that the action or series of actions by a Party has an adverse effect on the economic value of an investment, standing alone, does not establish that an indirect expropriation has occurred;

(ii) the extent to which the government action interferes with distinct, reasonable investment backed expectations; and

(iii) the character of the government action.

(b) Except in rare circumstances, non-discriminatory regulatory actions by a Party that are designed and applied to protect legitimate public welfare objectives, such as public health, safety, and the environment, do not constitute indirect expropriations."

Treaty Between the United States of America and the Republic of Uruguay Concerning the Encouragement and Reciprocal Protection of Investment October 25 2004: 44 ILM 268 available at www.unctad.org/iia

(57) Arguably the issue of capitalism and social fairness arises as soon as capitalism itself arises. This issue is inherent in the work of International Political Economy: see further Robert Gilpin, *Global Political Economy: Understanding the International Economic Order* (Princeton, Princeton University Press, 2001) ch.4.

(58) On the NIEO see further Kamal Hossain (ed), *Legal Aspects of the New International Economic Order* (London, Frances Pinter,1980) and Res.3201 (S-VI) of 9 May 1974 *The Declaration on the Establishment of a New International Economic Order*, Res.3202 (S-VI) of 16 May 1974 *The Programme of Action on the Establishment of a New International Economic Order* both reproduced in 13 ILM 715-766 (1974). These were fol-

lowed by Res.3281 (XXIX) of 15 January 1975 *The Charter of Economic Rights and Duties of States* reproduced in 14 ILM 251-265 (1975).
(59) UN Universal Declaration of Human Rights, http://www.un.org/en/documents/udhr/index.shtml ; International Covenant on Civil and Political Rights 1966, http://www2.ohchr.org/english/law/ccpr.htm International Covenant on Economic, Social and Cultural Rights, http://www2.ohchr.org/english/law/cescr.htm
(60) Declaration of the United Nations Conference on the Human Environment 1972, http://www.unep.org/Documents.Multilingual/Default.asp?documentid=97&articleid=1503 ; See further Philippe Sands, *Principles of International Environmental Law* (Cambridge, Cambridge University Press, 2nd ed, 2003) ch.2. See too United Nations Conference on Environment and Development (UNCED) *Rio Declaration on Environment and Development 1992* (United Nations, 1992) at http://www.un.org/esa/sustdev/documents/agenda21/english/agenda21toc.htm .
(61) Gilpin above n.57 at 77.
(62) See further Peter Muchlinski "Corporate Social Responsibility" in Peter Muchlinski, Federico Ortino and Christoph Schreuer (eds) *The Oxford Handbook of International Investment Law* (Oxford, Oxford University Press, 2008) ch.17; Jennifer A. Zerk, *Multinationals and Corporate Social Responsibility* (Cambridge, Cambridge University Press, 2006)
(63) See further Michael Yaziji and Jonathan Doh, N*GOs and Corporations: Conflict and Collaboration* (Cambridge, Cambridge University Press, 2009).
(64) See Peter Muchlinski "The Provision of Private Law Remedies against Multinational Enterprises: a Comparative Law Perspective." 4(2) *Journal of Comparative Law* 148 (2009).
(65) OECD Guidelines for Multinational Enterprises (2011 revision) Chapter IV "Human Rights" available at http://www.oecd.org/dataoecd/43/29/48004323.pdf
(66) See Rosa M. Lastra and Geoffrey Wood "The Crisis of 2007-09: Nature, Causes and Reactions" 13 Journal of International Economic Law 531 (2010), Gillian Tett, *Fools Gold* (London Abacus Books, paperback ed, 2010) at ix and Vincent Cable *The Storm* London, Atlantic Books, 2009).
(67) Lastra and Wood ibid at 540-541.
(68) Ibid and see Tett above n.66.
(69) See UK Financial Investments Ltd *Annual Report and Accounts 2009-10* available at http://www.ukfi.co.uk/releases/UKFI%20Annual%20Report%20AW%20rev%20interactive.pdf . See too on the international law implications of these nationalisations N Jansen-Calamita "The British Bank Nationalisations: An International Law Perspective" 58 ICLQ 119 (2009).

(70) See further the company website http://www.ukfi.co.uk
(71) Ibid at http://www.ukfi.co.uk/about-us/
(72) See New York Times Business Day 3 September 2011 "General Motors" at http://topics.nytimes.com/top/news/business/companies/general_motors_corporation/index.html
(73) See New York Times Business "ING Receives € 10 billion from Dutch Government" October 19 2008 at http://www.nytimes.com/2008/10/19/business/worldbusiness/19iht-ing.4.17084433.html
(74) See further Muchlinski above n.41at 692-698.
(75) DECLARATION SUMMIT ON FINANCIAL MARKETS AND THE WORLD ECONOMY November 15, 2008 http://www.g20.org/Documents/g20_summit_declaration.pdf
(76) London Summit - Leaders' Statement 2 April 2009 http://www.g20.org/Documents/g20_communique_020409.pdf at para.22. see too UNCTAD *World Investment Report 2009* (New York and Geneva, United Nations, 2009) at 35-36 on the impact of IIAs on investment protectionism, emergency measures and financial regulation.
(77) The word "apparently" is used given that many have argued that the system espoused by the former Soviet Union and its satellites was little more than a form of state capitalism which favoured a privileged elite and continued to exploit the masses: see further Charles Bettelheim *Class Struggle in the USSR* (New York, Monthly Review Press, 3 Vols, 1976, 1978 French original published by Seuil/Maspero).
(78) Sen above n.6 at 35
(79) Ibid at 36.
(80) Ibid at 38-40.
(81) See Joseph Stiglitz "Towards a New Paradigm for Development: Strategies, Policies and Processes" 9th Raul Prebisch Lecture, Palais des Nations, Geneva UNCTAD 19 October 1998 available at http://www.unctad.org/en/docs/prebisch9th.en.pdf and his *Globalization and its Discontents* (London, Penguin, Allan Lane, 2002) especially ch.9 "The Way Ahead"; Jeffery Sachs, *Tropical Underdevelopment* (Cambridge Mass, NBER Working Paper 8119, 2001).
(82) John Ruggie, *Protect, Respect and Remedy: a Framework for Business and Human Rights* UN Doc. A/HRC/ 8 /5 7 April 2008 para.54
(83) Guiding Principles above n.7adopted by Resolution 17/4 of the Human Rights Council 16 June 2011 UN Doc A/HRC/RES/17/4 6 July 2011 available at http://www.business-humanrights.org/media/documents/un-human-rights-council-resolution-re-human-rights-transnational-corps-eng- 6 -jul-2011.pdf
(84) Guiding Principles ibid Principle1.

(85) Ibid Principles 11-12.
(86) Ruggie above n.82 at para.66.
(87) Ibid at Principles 25 and 26. The Guiding Principles consider non-judicial state based grievance mechanisms (Principle 27) and non-state based grievance mechanisms (Principle 28).
(88) Ibid Principle.17.
(89) See further Peter Muchlinski "Implementing the New UN Corporate Human Rights Framework: Implications for Corporate Law, Governance and Regulation" 22(1) *Business Ethics Quarterly* 145 (2012).
(90) OECD Guidelines above n.65 at 29-32: "IV. Human Rights: States have the duty to protect human rights. Enterprises should, within the framework of internationally recognised human rights, the international human rights obligations of the countries in which they operate as well as relevant domestic laws and regulations:
  1. Respect human rights, which means they should avoid infringing on the human rights of others and should address adverse human rights impacts with which they are involved.
  2. Within the context of their own activities, avoid causing or contributing to adverse human rights impacts and address such impacts when they occur.
  3. Seek ways to prevent or mitigate adverse human rights impacts that are directly linked to their business operations, products or services by a business relationship, even if they do not contribute to those impacts.
  4. Have a policy commitment to respect human rights.
  5. Carry out human rights due diligence as appropriate to their size, the nature and context of operations and the severity of the risks of adverse human rights impacts.
  6. Provide for or co-operate through legitimate processes in the remediation of adverse human rights impacts where they identify that they have caused or contributed to these impacts..
(91) Ibid at 29.
(92) Ibid at 21
(93) Ibid
(94) Ibid.
(95) Ibid.
(96) See further Guiding Principles above n.7 Commentary to Principle 18: "The initial step in conducting human rights due diligence is to identify and assess the nature of the actual and potential adverse human rights impacts with which a business enterprise may be involved. The purpose is to understand the specific impacts on specific

people, given a specific context of operations. Typically this includes assessing the human rights context prior to a proposed business activity, where possible; identifying who may be affected; cataloguing the relevant human rights standards and issues; and projecting how the proposed activity and associated business relationships could have adverse human rights impacts on those identified. In this process, business enterprises should pay special attention to any particular human rights impacts on individuals from groups or populations that may be at heightened risk of vulnerability or marginalization, and bear in mind the different risks that may be faced by women and men ···. Because human rights situations are dynamic, assessments of human rights impacts should be undertaken at regular intervals: prior to a new activity or relationship; prior to major decisions or changes in the operation (e.g. market entry, product launch, policy change, or wider changes to the business); in response to or anticipation of changes in the operating environment (e.g. rising social tensions); and periodically throughout the life of an activity or relationship."

(97) On which see further Sigrun Skogly, *The Human Rights Obligations of the World Bank and the International Monetary Fund* (London, Cavendish Publishing, 2001); Mac Darrow, *Between Light and Shadow: The World Bank, the International Monetary Fund and International Human Rights Law* (Oxford, Hart Publishing, Paperback ed 2006); Adam McBeth, *International Economic Actors and Human Rights* (Abingdon, Routledge, 2010) ch.5.

(98) See Tan above n.37 ch.7.

(99) See David Kinley, *Civilising Globalisation: Human Rights and the Global Economy* (Cambridge, Cambridge University Press, 2009) at 63-77. See further James Harrison, *The Human Rights Impact of the World Trade Organisation* (Oxford, Hart Publishing, 2007).

(100) See for example the absence of any WTO challenge to the US Burma Freedom and Democracy Act 2003 which banned all trade with Burma: Trebilcock and Howse above n.18 at 568-569.

(101) See for example *United States – Import Prohibition of Certain Shrimp and Shrimp Products* (Shrimp Turtle) WT/DS 58/AB/R 12 October 1998 adopted 6 November 1998 and Asbestos above n.50. See generally Trebilcock and Howse above n.18 ch.16.

(102) See generally UNCTAD IIA MONITOR No. 2 (2009) *Selected Developments in IIA Arbitration and Human Rights* at http://www.unctad.org/en/docs/webdiaeia20097_en.pdf

(103) See Norway Draft Model BIT 2007 Preamble: "Reaffirming their commitment to democracy, the rule of law, human rights and fundamental freedoms in accordance with their obligations under international law, including the principles set out in the United

Nations Charter and the Universal Declaration of Human Rights" available at http://italaw.com/documents/NorwayModel2007.doc

(104) On which see further the International Finance Corporation *Guide to Human Rights Impact Assessment and Management (HRIAM)* available at http://www.guidetohriam.org/guide-to-human-rights-impact-assessment-and-management-.

(105) For a fuller discussion see Peter Muchlinski "Towards a Coherent International Investment System: Key Issues in the Reform of International Investment Law" in Roberto Echandi and Pierre Suave (eds) *Prospects in International Investment Law and Policy* (Cambridge, Cambridge University Press, forthcoming 2012)

（ロンドン大学東洋アフリカ研究所教授）

論　説　国際経済法における市場と政府

企画趣旨

研究運営委員会

　国際経済法の規律対象や規範構造は，政府と市場の関係のあり方をめぐる時代ごとの潮流を反映して，様々に変化してきた。特に，1980年代から今日に至るまでの政府——市場関係の振幅は極めて大きく，規制緩和による貿易・投資・金融の自由化が急速に進められる一方で，それが生み出すグローバルな競争環境や経済危機に対応するために政府の役割も再び強調されつつある。いわゆる新興国や国家資本主義国の台頭もあり，政府主導による戦略的な競争力強化をいかに評価すべきかが，貿易法・投資法・競争法などの分野で改めて問われている。また，リーマン・ショック後の大規模な財政・金融政策の発動は，政府と市場の一層の接近をもたらし，その副産物として先進諸国を襲った債務危機は，新たな財政金融レジームの構築を促している。さらに巨視的に見れば，例えばG20サミットでは，世界規模の収支不均衡（グローバル・インバランス）の政治的な調整が議論され，また，金融緩和の長期化や米ドルの地位低下に伴う外国為替市場の不安定化は，国際通貨体制のあり方にも根底的な見直しを迫っている。グローバル化した市場経済の特質を把握し，それに適合した形で政府の規制・介入の役割を位置づけ直すことは，国際経済法秩序の中長期的な再編成を進めるうえで不可欠の課題であろう。

　こうした状況を踏まえ，本セッションでは，現在の政府と市場の関係が理論的にどのように整理でき，それが今後いかなる展開を見せるのかについて，各報告者が様々な方法論と事例分析を用いて多角的に検討する。これらの考察を

通じて，今日の国際経済法が直面する諸課題が，その構造的な背景とともに明らかにされ，将来の新たな秩序構築に向けて多くの優れた示唆が得られるものと期待する。

論　説　国際経済法における市場と政府

国際経済法における「市場 vs. 政府」についての歴史・構造的考察

柳　赫　秀

I　はじめに
II　「市場 vs. 政府」の観点から見た第2次世界大戦後の国際経済秩序の変遷
　1　第2次世界大戦後の国際経済体制の再編成
　　　——自由放任的自由主義から「埋め込まれた自由主義」へ——
　2　冷戦の終結と新自由主義時代の到来
　3　ワシントン・コンセンサスから金融資本主義の崩壊へ
　4　途上国の「体制内化」と南北問題の変容
　5　展　望
III　「市場 vs. 政府」の枠組をめぐる最近の動向
　1　葛藤の巻——経済的価値と社会的価値との相克——
　2　蘇生の巻——「国家資本主義」論争——
　3　止揚の巻——市場でも政府でもない第3の軸？——
IV　「市場 vs. 政府」の観点から見た国際経済法（学）
　1　国際経済法の発生基盤と国際法の出番
　2　「埋め込まれた自由主義」時代の国際経済法
　3　新自由主義の到来と国際経済法の不ぞろいな展開
　4　小　結
V　結びに代えて

I　はじめに

　2007年米国住宅バブルの崩壊に端を発したアングロ・サクソン主導の金融資本主義（financial capitalism）の崩壊，最近のギリシャの財政破たんとそれをめぐるEUやIMFのちぐはぐな対応ぶり，今年に入ってとうとう交渉の中止が

宣言されたドーハ・ラウンドの頓挫，それとは裏腹に止まるところを知らないFTA/EPA の隆盛ぶり等の事態が物語るように，今日の国際経済秩序の混とんぶりは，国際経済関係史上でも指折り数えるほど深刻なものである。資本主義そのものが新しい局面に入ったという主張も現れた。[1]

現在の混迷の中に横たわっているもう１つの事態が，国際（経済）関係における国民国家の位相の変化である。第２次世界大戦以後の政府間国際組織の著しい成長，米国企業の世界的展開に端を発する多国籍企業（MNEs）の台頭，1990年代以降市民社会の登場などによって，従来の国家中心的な（state-centric），実証主義国際法観に基づく国家の位相に重大な変化が生じた。いまやグローバル・ガバナンスという用語はすっかり定着し，すでに「新しい中世の時代」（new Middle Ages）が始まったという論調が聞かれて久しい。[2] 他方で，中国の経済大国としての台頭による「国家資本主義」（state capitalism）の議論は，改めて一国の経済発展における政府の役割の考察を促すものである。[3]

本稿では，（ⅰ）物質的ケイパビリィティ（material capabilities），諸制度（institutions）及び理念（ideas）の３つの次元から歴史構造の変遷を分析するR. W. コックスの批判理論（critical theory）枠組と，[4]（ⅱ）軍事，生産構造，金融及び知識の４つの構造的権力と，運送，通商，エネルギー及び福祉の４つの関係的権力の組合せで国際政治経済を構造的に分析するS. ストレーンジの理論枠組といった，[5] 世界政治経済を歴史的に，構造的に分析するアプローチを踏まえながら，国際経済秩序の変遷を跡付け，そこにおける「市場 vs. 政府」のあり方，そして，国際経済法の形式と内容がいかなるものであるかについての歴史・構造的な考察を試みる。本稿は，その意味で，問題解決指向の（problem-solving oriented），あるいは，何か未来展望的な論考ではない。

以下では，Ⅱで，「市場 vs. 政府」の観点から見た第２次世界大戦後の国際経済秩序の変遷を，物質的ケイパビリィティ，国家形態・国内勢力関係及び理念の３つの次元（の相互作用）から，跡付ける。Ⅲでは，「市場 vs. 政府」枠組

図1　国際経済秩序の歴史的展開

時代区分	理　念	国家形態	国際経済体制	「市場 vs. 政府」
19世紀半ば～WWI	自由放任自由主義	夜警国家	条約無き機能連合	「市場＞政府」
1945年～1970年代初め	埋め込まれた自由主義	福祉国家	Bretton Woods体制	「市場≦政府」
1980年代後半～2009年	新自由主義	小さな政府	変容したBretton Woods体制／WTO体制	「市場≧政府」
2009年～	(?)自由主義	？	？	「市場＝政府」？

をめぐって見られる最近の3つの動向，すなわち，経済的なものと社会的なものとの葛藤，「国家資本主義」論争及び市場でも政府でもない第3の軸の主唱の台頭について，順次述べる。Ⅳでは，時代ごとの国際経済秩序，そして，そこにおける「市場 vs. 政府」のあり方が，国際経済法の形式及び内容をどのように規定してきたのかについて述べる。Vでは，これまでの記述を簡単にまとめる。

Ⅱ．「市場 vs. 政府」の観点から見た第2次世界大戦後の国際経済秩序の変遷

　本節では，19世紀後半から今日まで現れた国際経済秩序の変遷について，「市場 vs. 政府」の観点から，時代順に記述する。

1　第2次世界大戦後の国際経済体制の再編成——自由放任的自由主義(laissez-faire liberalism)から「埋め込まれた自由主義」(embedded liberalism)へ

　K．ポラニーは，19世紀文明は，バランス・オブ・パワー・システム，国際金本位制，自動調節的市場(self-regulating market)及び自由主義国家(liberal state)の4つの制度の上に成り立っていたが，その文明の源泉と母体は自動調

節的市場であったという。金本位制は国内市場システムを国際平面に拡大しようとする試みで、バランス・オブ・パワー・システムも、その上に立って、部分的には金本位制によって機能する上部構造である。自由主義国家はそれ自体が自動調整的市場の作り出したものであった。時代理念として確立していった自由放任の教義は、競争的労働市場、自動的金本位制、国際自由貿易の3つの要素が1つの全体を形作っていた。自由主義国家は、自由放任主義経済の枠組みを構築していったが、その役割は「夜警国家」(night-watching state) という名に相応しいもので、市場システムを創造しようとした社会の組織原理に充実なものであった。対外均衡が優先される金本位制システムも、国家の役割を最少に規定し、19世紀後半の長くない期間ではあったが、資本主義歴史上最初で最後の「市場 > 政府」の時代が実現された。

1880年代から半世紀の間、すでに普通選挙権を与えられた労働者階級の影響の拡大とともに、市場の作用から社会を防衛しようとする対抗運動が本格化し、世紀の変わり目にかけ「大転換」(great transformation) が進行する。すなわち、国内経済では無数の不均衡状態の中で失業が、国内政治では社会諸勢力の衝突が階級間の緊張として、国際経済では、諸混乱が国際収支に集中し為替への圧力として、最後に国際政治では帝国主義対立として表れたのである。市場から発生した緊張が政治領域の動向へ影響し、国内の失業が対外的な緊張を引き起こしつつ、第1次世界大戦を経て、19世紀の市場社会は崩壊し、いよいよ自動調整的市場に規定されない社会体制建設が模索されつつ、第2次世界大戦へ突入したのである。

第2次世界大戦後国家体制と国際関係の再編で意図されたのは、1930年代の大恐慌下で資本主義秩序を脅かした破局事態が再び起きないようにし、戦争の原因となった国家間の地政的対立の再出現を防ぐことであった。国内の平和と平穏を確保するために資本と労働の間で階級妥協が構築される必要があり、国内安定の追求を保護し援助しながら、戦間期に蔓延した破滅的な対外的帰結を

防ぐ国際経済秩序を打ち立てることが求められた。その帰結が、ラギーのいう「埋め込まれた自由主義という妥協」（compromise of embedded liberalism）であった。[10]

「埋め込まれた自由主義」というアイデアは、むき出しの「自由主義」市場は、本来不安定で、そのままでは不況になり、大量かつ長引く失業が不可避なので、調整的・緩衝的・規制的な諸制度の中に、これを「埋め込み」、自由主義経済と社会安定の双方を維持しようとするものである。[11] そのために、国家は、市場プロセスと歩調を合わせつつも、必要なら積極的な市場操作によって国民経済を統制し、市場プロセスと企業活動は一定の経済産業戦略に基づく規制環境に包囲されていたのである。その反面、自由放任と自由貿易の連結を断ち切り、国内で自由放任が諦められながらも、国際的には「通商及び決済の自由化」が志向されるブレトン・ウッズ体制が打ち立てられ[12]、少なくとも西側諸国は、国際的には自由貿易体制を維持しつつ、国内ではケインジアン介入主義による福祉国家政策を進められたのである。「市場 ＞ 政府」の時代から「市場 ≦ 政府」の時代への移行であった。

2　冷戦の終結と新自由主義（neo-liberalism）時代の到来

1950年代後半に主要先進諸国が戦争の疲弊から立ち直り経済再建を達成してから、1960年代末まで資本主義世界の経済発展は未曾有のものであった。この時代の特徴の1つは、貿易の拡大率が国内生産の成長率を上回ったことで、ある研究によると、1948年から1973年までの4半世紀の間に世界貿易量は6倍も増加した。生産過程のグローバル化による国際分業の深化がその背後にあるが、このような傾向はブレトン・ウッズ体制崩壊後より顕著になっていった。[13]

しかし、1960年代後半から世界は一連の経済危機を迎える。ベトナム戦争のエスカレーションとジョンソン大統領の「偉大な社会」プログラムに基づく福祉支出の拡大が世界的なインフレを引き起こした。すなわち、ジョンソン政権

はベトナム戦争の財政的負担に口をつぐんで，膨張的な巨視経済政策に走り，次のニクソン政権がさらに問題を深化させた。過大評価されたドルへの投機と貿易赤字が本格化すると，とうとうニクソン政府は金・ドル兌換を停止し，ブレトン・ウッズ体制の根幹を崩壊させた。事態を決定的にしたのが1973年の石油ショックで，世界はいよいよ，高いインフレ率，低い経済成長及び大規模の失業発生の3重の同時進行という，前代未聞のスタグフレーション時代へ突入した。[14]1979年イラン革命後2回目の石油ショックが襲いかかると，とうとう世界経済は重大な瀬戸際に立たされる。そして，イギリスのサッチャー首相，アメリカのレーガン大統領とボルカー連邦準備理事会議長の登場で，「埋め込まれた自由主義」の時代が幕を降ろし，新自由主義時代が到来する。

　1960年代までの世界的な高度成長の背景には，西ヨーロッパ諸国と米国における資本と労働の間のある種のコンセンサスが存在していた。すなわち，政府と資本側が完全雇用政策を取り国民の福祉に責任を負う代わりに，組織労働者は自由貿易に基づく世界経済の理念に与する。完全雇用と社会福祉政策が貿易の自由化による輸入競争の増大と階層の二極化のリスクを補う。いまだ低い貿易自由化の水準と右肩上がりの経済成長によるパイの増大がそのコンセンサスを支えていた。[15]しかし，スタグフレーションという，既存の思想や制度では対処できない事態が発生すると，上記のコンセンサスが動揺し，これまでの「埋め込まれた自由主義」の制度や手段が「問題解決の一部」であるどころか，「問題そのもの一部」とみなされ始めた。ちょうど1920年代，1930年代を通じて古典的な自由主義が否定された時と逆のことが起きたのである。[16]

　実際1970年代を通じて募る不確実性とニクソン政権のインフレ対策の不調，規制の強化，価格統制及び商品，貨幣，労働市場の不安定化等に業を煮やしたビジネス界は，政府がすでに「埋め込まれた自由主義」の下で許容されていた限度を越え役割を拡大し，民間の基本的な権益を侵し始めたと判断し，「埋め込まれた自由主義」の解体を考えるようになる。[17]1970年代と1980年代を通じて，

ビジネス界とそれと連立した政治家たちは,「埋め込まれた自由主義」的理念へ対抗する,新しい理念を動員しながら,再び社会関係から労働と資本を切り離し（disembed）市場システムに委ねる,新自由主義経済秩序が主要先進国において打ち立てられていったのである[18]。

その新しい思想の中核にマネタリズムという巨視経済政策理論と,微視経済レベルの構造調整ドクトリンがあった。前者は,政府政策で需要管理が可能であるとする戦後経済学の常識を打ち破り,インフレは何よりも中央銀行による貨幣の過剰供給によって引き起こされる通貨的現象であり,「自然失業率」以下に失業率を抑えるための政府の介入はインフレを高めるだけであるという。構造調整ドクトリンの方は,微視経済レベルの改革で,過度の税金徴収,経済の過剰規制及びその他の介入といった,私的な経済インセンティブを歪曲し経済成長を遅らせているものの是正を促した。その結果は,規制緩和,民営化及び小さい政府という政府役割の縮小であった[19]。

1980年代を通じて先進諸国で展開された新自由主義的な政策思想は,1990年代に入って「ワシントン・コンセンサス」へ結晶し,途上国に経済社会体制の転換を迫っていく。この「コンセンサス」は,米国政府,世界銀行,IMF,各地域の開発銀行によって支持される市場志向型の輸出振興の開発戦略を中核とするもので,途上国政府は,公衆衛生,教育,公共インフラ,司法の確立などの中核的任務に専念し,国有企業を民営化し,物価や利子の統制の廃止,緊縮財政と規制の撤廃に専念することを主張する政策的立場である[20]。「市場 ≧ 政府」の時代の始まりであった。

3 ワシントン・コンセンサスから金融資本主義の崩壊へ

カレツキは,ベルリン障壁が崩れた1989年を,その後20年余の間世界経済に影響した,持続的で強力な4つのメガトレンド（megatrend）の起点とする[21]。第1に,共産圏の崩壊,中国の社会主義市場経済への転換及び途上国の「体制

内化」により，30億人以上の人口が世界資本主義体制へ合流させられたことである。第 2 に，グローバリゼーションで，IT 革命と相俟って，市場競争，民間企業及び自由貿易の原則が普遍的に受け入れられた。第 3 に，世界経済が金融危機が起こる直前までの20年間インフレ，失業率及び景気循環のすべての面において史上比類なき「大安定期」(the Great Moderation) を迎えたことである。

最後は「金融革命」(financial revolution) であるが，もともと1960年代におけるユーロドル市場と米国銀行の海外展開の拡大に端を発し，電子通信及び新しい金融テクニックの発達による，1970年代半ば以降の国際金融市場の出現のことをいう。グローバルな金融市場の統合により，国民経済間の通貨及び金融面での相互依存が増大し，一国の巨視経済政策が他国の経済厚生に大きく影響するようになり，各国の巨視経済政策の自律度が大きく低下した。それから国際的な金融フローが少なくとも短期的には為替レート決定の重要要素となり，政府や経済学者による為替均衡の予測が困難になり，企業所有及び取得の単一市場の出現により，M&A 等を通じて企業活動がグローバル化していった。

それに対して，カレッツキは，認識及び思想面における金融革命を指摘する。すなわち，自由市場思想，急激に成長するアジア諸国における貯蓄の増加，主要先進諸国で静かに再開された需要管理政策の成功による大安定期の続く中で，企業も消費者も以前よりお金を借りやすくなり，銀行も今まで以上に貸す用意ができていた。「貨幣の非神秘化」(demystification of money) のお蔭で，借金は，もはや道徳的に，宗教的にやってはいけないことではなくなり，単なる 1 つの消費商品となる。同時に以前資産として縛られていた貯蓄と他の非流動資産が個人や企業への貸出しの担保として使わるようになった。低金利基調が続く中で奇抜な新金融商品が登場しさらに借金が増大する。これが2007年金融危機直近の様子だった。

2007年金融危機の端をつけたサブプライム・ローンも，1989年以来の低い物価上昇率，経済安定，グローバリゼーションによる金利引下げによる世界的な

不動産価格の上昇の延長線上で起きたが、金融規制緩和と相俟って進行したことが問題であった。金融規制緩和のお蔭で不動産投資はいまやモーゲージ市場を通じて容易く現金化することができた。住宅所有者は不動産に投資した資産の一部を現金化する必要がある時に、家を売るとか、狭い家に買い替える必要がなく、住宅エクイティ・ローンか他のモーゲージ・エクイティ・ローンを買えば済んだ。要するに、住宅が流動資産になったわけで、住宅価格が非流動資産の時より上昇したのはある意味では自然なことであった。カレッツキは、4つのメガトレンドの下で変化する世界経済の中で合理的な負債水準を設定することが不可能になる反面、市場活動の適正線を市場自らに委ねるイデオロギーが支配的であったことが金融危機の原因であるという。

4 途上国の「体制内化」と南北問題の変容

冷戦の終焉による「自由主義の勝利」、それに伴う「歴史の終焉」のもっとも明白な帰結の1つが、1980年代の「失われた10年」を経て、途上国が、グループとして、グラムシ的な意味で先進諸国の「ヘゲモニー」を自発的に受け入れ「体制内化」していったことである。

1974年「新国際経済秩序」の樹立要求で頂点を極めた、途上諸国の既存の自由主義的国際経済秩序への挑戦は、前述したように、新自由主義を掲げたサッチャー、レーガンの両政権の登場後開催された1981年カンクン地球サミットの失敗で幕を下ろし、翌年メキシコの債務危機を皮切りに「失われた10年」の本格的な幕開けが始まる。変化した対外政治経済状況の下で、従来輸入代替政策をとってきた国々が凋落する反面、NIESといわれる、輸出主導政策をとってきた国と地域の成功が対照をなす中、頑なにガット加入を拒否し、既存の国際経済秩序に批判的であったメキシコが、1986年ガットに加入し、ウルグアイ・ラウンドに加わったことで、1950年代以来激しくぶつかり合った南北対立は一先ず収束に向かった。多くの途上国がウルグアイ・ラウンドに参加し、体制の

内部に入り条件闘争をするスタンスに変わったのである。

　1970年代までは、「従属理論」等の影響で、タブー視されてきた途上国の構造調整に基づく自助努力の促しや「良き統治」（good governance）による国内ガバナンスの改善の必要性が公に聞かれるようになったのも、この頃である。ウガンダのイディ・アミンのような非正統的なレジームの没落、S. ハンティントンのいう「民主主義の第3の波」による多くの途上国の民主化、市民団体など非国家主体の成長、及び国連の改革が遅遅として進まない中でIMF・世界銀行の巻き返しなどにより、南北・開発問題の言説が変わってきたのである。[27]国際政治経済の状況変化、南北関係における力関係の地殻変動、新自由主義理念の浸透により、南北・開発問題の地平がすっかり変わり、今日「途上国」という分析概念はほぼその意味を失ったといえよう。

5　展　望

　1979年サッチャーの登場で本格的に始まった新自由主義の時代は、2007年から2009年の間の金融危機でもって幕を降ろした。カレツキはいう。[28]「資本主義は、民間部門と政府の間の永久的な役割分担といった、定まった規則に従うような、静態的なシステムであった試しがない。……それどころか資本主義は変化する環境に対応して変化し進化する適応力溢れる社会システムなのである。資本主義が体制的危機によって脅かされる場合は、変化する環境により適合できるバージョンが現れ、既存のそれにとって代わる。」でも、カレツキも今回の金融危機で世界資本主義は永遠に変化したと診断する。要するに、1つのバージョンが終わり、新たなバージョンへと進んでいるとの診断である。その新しいバージョンの資本主義では市場も政府も完全でないという前提の下、民間と公共部門の区分が以前より厳格でなくなり、しかし、信頼に足る有効な政府の必要性が承認される、現状適合的な混合経済（the adaptive mixed economy）の時代になるべきであると予告するのである。[29]

III 「市場 vs. 政府」枠組みをめぐる最近の動向

以下では,「市場 vs. 政府」枠組みをめぐる最近の3つの事態について簡単に記述する。

1 葛藤の巻——経済的価値と社会的価値の相克——

前述したように,1970年代と1980年代を通じて主要先進国において新自由主義経済秩序が打ち立てられたことは,「埋め込まれた自由主義」の下で社会的・政治的制約の網の目や,一定の経済・産業戦略に基づく規制環境に包囲されていた市場プロセスと企業活動がタガを外されたことを意味する。すなわち,再び労働と資本を社会関係から切り離し市場システムに委ねる,いわば市場を社会関係から切り離す (disembed) ことが行われたのである。[30]主要先進諸国における公的資産の民有化,社会セーフティネットの浸食,労働市場の柔軟化,社会福祉関係の市場化などである。サッチャー前首相の,「社会などというのは存在しない。存在するのは男,女という個人だけだ」という言葉から"disembed"の意味が想像されよう。[31]

しかし,社会価値より富の創造及び経済効率を重視する新自由主義的なスタンスが徐々に諸々の対抗運動を引き起こし,1990年代末グローバル・ジャスティス運動へ結実し,1999年 WTO シアトル閣僚会議で一気に噴出した。斉藤純一のいう「経済的なもの」と「社会的なもの」の切り離しと対立が本格化したのである。[32]

政治,社会,文化及び環境分野から新自由主義的国際経済秩序に対する挑戦が,様々な次元で,様々な形で起こった。その挑戦を後押ししたのは,後述するように,グローバル・ガバナンスの一翼を担いつつあった非国家主体,特に数々の NGOs と,この挑戦に公共性を授け始めたグローバル政治経済における新たな展開であった。その挑戦の矛先が新自由主義的秩序の最大の恩恵者で

ある多国籍企業（MNCs）に向けられたのはある意味では当然のことであった。いわゆる国際企業の社会的責任であるが，それは，（ⅰ）権利と義務間のアンバランス，（ⅱ）企業の悪行（bad behavior）及び（ⅲ）社会的キャパシティ・ビルディングーの3つに分けられる。すなわち，（ⅰ）MNCs は，国家と投資家との投資紛争仲裁のように，国際的平面において請求権を獲得するなど，国際投資法分野で「投資家」として享有する法的地位に相応しい義務を果たしていないという批判であり，（ⅱ）在留国におけるあるまじき企業行動を慎ませる手立てが必要であり，（ⅲ）上記2者のような消極的な対応にとどまらず，グローバル・リーチを持っている MNCs の力をポジティブに発揮してもらうことが求められるということである。そして，規範的なレベルで経済的自由主義とその他の価値をバランスさせる試みが，UN，OECD 及び個別の協定においてみられるようになった。

2　蘇生の巻──「国家資本主義」論争──

1978年12月鄧小平が，毛沢東死去後続いた政治的不安定及び経済沈滞の中で，経済改革プログラムを発表し，経済開放に舵を切った時期は，ちょうどイギリスとアメリカで新自由主義的思潮が支配的になりかけた時期と偶然にも重なるが，中国をはじめとする新興諸国で「国家資本主義」という新しい形態が台頭した時期はまたもや新自由主義が危機を迎えた時期と重なる。そのために，国家資本主義が新自由主義に代わるオルタナティブであるかのごとく騒がれたのである。

何も歴史上国家資本主義たるものが存在しかったわけではない。遠くは米国初代財務長官ハミルトンの幼稚産業政策，1870年代のドイツのリスト的国家発展まで遡ることができるが，現実には1950年代の日本，1960年代のシンガポール，そして，1970年代の韓国，台湾といった「開発主義」（developmentalism）に基づく「開発志向国家」（developmental state）に，国家資本主義の諸要素を

見出すことができる。では，なぜ今になって国家資本主義がこれほど騒がれるのか？　以前の開発志向国家と現在の国家資本主義とは，どこまで同じで，どこからが異なるのか。

　末廣昭は，「開発主義」を「工業化の推進を軸に，個人や家族や地域社会ではなく，国家や民族などの利害を最優先させ，そのために物的人的資源の集中的動員と管理を図ろうとするイデオロギー」と捉え，「開発志向国家」では，国家が，行政機能を担当する政府だけでなく，治安や国防を担当する軍も含めて，広範に経済や社会の運営に介入するが，そこでの政府は単に市場の失敗や市場の不完全性を補うために経済に介入する補完的機関であるだけでなく，国家や民族の目標を遂行する主体と位置付けられるとする。開発主義は，私的所有制度の廃止を目指すものでなく，国営企業の設立や国有化政策はあくまでも希少な資本の効率的な利用のためである。[36]

　「国家資本主義」を，おおむね国家が経済活動を主導することによって推進される資本主義で，共産主義から市場経済への移行期にある中国・ロシアや，国際競争力の強化を図るインド・ブラジルなどの新興国および中東産油国などで採用されているもので，国営企業や政府系ファンドを通じて政府の政治的意向が経済に大きく反映される体制であると捉えるなら[37]，両者は一体どこが違うのだろうか。

　エコノミスト誌は，今日の国家資本主義とその前任者たちとの違いを，（ⅰ）世界人口の1/5を抱える中国に象徴される（適用）規模の大きさ，（ⅱ）21世紀に入って僅か10年間で中国やロシアにおいて築かれたスピードの速さ，最後に，（ⅲ）動員可能な政策手段がより高度で精緻なものである，の3点を挙げている[38]。要するに，両者の違いは，質的であるよりは，量的で，時代特性の状況の違いにあると思われる。言い替えれば，（ⅰ）前述したように，国家資本主義の台頭が，世界的な経済危機の時期と重なったので，欧米先生諸国に後発国へ猶予を許す余地が少なくなった分，不公正感が大きくなったこと，

（ⅱ）以前の開発志向国家の場合は，冷戦という歴史状況の中で，「開発主義」イデオロギーに対する理解のある中で，弱小途上国に対するゲームのルールの柔軟な適用が可能であったこと，（ⅲ）今日ではWTOの出帆や国際投資ルールの整備など国際基準の発達により，ゲームのルールから外れる国を攻め立てる手筈が整ってきたことなどがあげられよう。

では，国家資本主義は，新自由主義に代わる新しいパラダイムとして，それを採用する国々に成功をもたらすだろうか。エコノミスト誌は「No」であると主張する。というのは，（ⅰ）国家による企業規制には本源的に限界があり，（ⅱ）国家資本主義はキャッチアップのためには有効なモデルであるが，革新（innovation）をもたらすものでないなど，国家資本主義には致命的な欠陥がある。しかも，国家資本主義が成功するために，企業エリートたちの陥りやすい"principal-agent problem"とそれぞれの国の特有の文化的条件を克服することが必要であるといわれる。[39][40]

3　止揚の巻――市場でも政府でもない第3の軸？――

「政府か市場か」の問題の立て方には，今日の世界を牽引しているのは，国家あるいは市場，あるいは両者の組み合わせであるとの前提が横たわっている。ところが国家の失敗や国家の破たんだけでなく，市場の失敗や市場破たんを目の当たりにする中，いまや市民社会が政治・行政・企業の監視活動を行うだけでなく，政治・行政の責任ある主体となろうとする「市民政治」が囁かれるようになった。そして，そのような議論が，一国を越えて，そして，国家間システムの次元を越えて行われ始めたのである。

上述したように，1970年代に入って戦後の「埋め込まれた自由主義」体制が瓦解し，その枠組みの下で想像の共同体として隆盛を極めた福祉国家の変容が始まる。斎藤純一は，その変容の最大の要因として「経済的なもの」と「社会的なもの」とが互いに背を向け始めたことを挙げる。1973年第1次石油危機頃

まで経済成長と社会保障は互いに支え合う関係であったが，その後低成長が常態化し，財政赤字が累積し，さらにグローバル化した経済環境の下で不断の競争が強いられると，社会保障は経済の良好なパフォーマンスにとって足かせ，重荷として見られるようになる。このように「経済的なもの」と「社会的なもの」が離反し始めた結果，社会的＝国民的な連帯に深い亀裂，すなわち，社会的連帯の空洞化と人々の社会的・空間的分断化が結果したのである。そこから抜け出る最有力な選択肢として，「福祉国家から福祉社会へ」，つまり人々のニーズに対応する空間を国家から市民社会へ移すというオプションが，いくつかの留保付きであるが，提示される。[41]

その後「福祉国家から福祉社会へ」という選択肢は，初期には福祉社会論として，後に福祉多元社会論として，言説的・学問的な蓄積を経ながら，福祉のプロバイダーとして，国家以外の多様なアクターを多元的な社会領域に置く理論的枠組みが再構成されるに至る。福祉多元社会論には，国家，市場，市民社会及び家族の 4 領域が含まれるが，上野千鶴子は，官セクター（国家），民セクター（市場），協セクター（市民社会）及び私セクター（家族）と呼ぶ用語法を採用し，官と協が広義の「公領域」を，民と私が広義の「私領域」を構成するという。[42]官と協の両方で公領域を占めるということは，行政府だけが「公共性」の担い手であるという従来の前提が否定されることを意味する。その背後には「公でもなく私でもない」領域の実践の成熟という歴史的事実がある。このように，国内の次元で福祉国家の変容から福祉（多元）社会論という言説的・学問的蓄積がなされることによって，国家と社会の区分というリベラリズムの前提が，そして，国家か市場かという問題設定が止揚されはじまったのである。やがて国際的にも類似の現象が見られるという指摘が現れる。[43]

すなわち，従前の支配的な公共性の理解は国民国家を前提としていたが，今日では諸々の空間の境界がもはや国家に限定されない広がりを見せ始めたという。国際次元での公共性に関するパイオニア的な論文の中で，ラギーは，過去

3世紀の間国際政治における「公共」(the public) は，主権国家，そして，国家間領域 (interstate realm) と同義であったが，いまやグローバル公共財の生成において，国家システムはより広い国境を越えるアリーナに埋め込まれ直されつつあるという。

その新たに出現しつつあるグローバルな公共空間 (a new emerging global public domain) は，もはや国家システムと同心円ではあり得なく，そこには国家のみならず非国家主体が加わり，かつ，国家によって仲介，濾過，解釈，促進されない人間的関心事項が表明され，追求され，それはすでに国境を越える非領域的な空間構成の中に存在し，国家を越える規範，期待，制度的ネットワークに錨を降ろしつつあるという。この新たなグローバルな公共空間は，単なる国家行動へ影響を行使する圧力団体の域を超え，グローバル・ガバナンスの一翼を成すものであるが，国家にとって代わるのでなく，ガバナンス・システムが，今までは存在していなかったより広い社会諸力及び主体からなるグローバルな枠組みに埋め込まれることに留意すべきである[44]。これまで国家か市場かという問題設定で議論されてきた言説が止揚されはじまるのである。

Ⅳ 「市場 vs. 政府」観点から見た国際経済法（学）

それでは，時代ごとの国際経済秩序において国際経済法はどのように展開して来たのか。法は政治の産物であると同時に，時代ごとの秩序の指導原理に内容的に規定されながら所定の役割を果たす[45]。国際経済法とて例外ではあり得ない。以下では，時代ごとの国際経済秩序，そして，そこにおける「市場 vs. 政府」のあり方が，国際経済法の形態及び内容をどのように規定してきたのかを中心に考察する。

1 国際経済法の発生基盤と国際法の出番

「概念」としての国際経済法は，第1次世界大戦後世界恐慌のような高度資

本主義の矛盾の発生により，同質的な市民法体系の下での市場の自動調節作用のみではもはや国民経済の維持発展ができなくなり，国家権力の積極的な介入が要求された戦間期に発生したとされる。[46] まず経済的国家主義に基づいて国内経済法が登場したが，それだけでは期待された役割を果たせず，国際的な場からの解決——国際的な法規制——が要求された。国際法的な規制は，当初各国が貿易統制や為替管理を行う際の相互調整のための国際協定のように，国家統制の補強ないし補足が中心であったが，生産国のみならず消費国をも含めた政府間商品協定のように，国際経済の総体的立場からの規制とみるべきものが登場するようになった。[47]

国際経済法の発生の背景には，「市場 vs. 政府」の振り子が後者に振られ，それによって前面に躍り出た各国の経済主権を調整するために国際法が出番を与えられた事情があったのである。

かつて山本草二は，国際経済活動に対する国際法の古典的立場を，「企業活動が正常に維持されている限りは，これに直接の関心を払わず，ただ，企業の権利が侵害され現地法上の救済で差別されるなど，国家の国際法上の法益が侵害されてはじめて，外交保護権の行使としてこれに介入したにとどまる。すなわち，海外企業活動に対する国際法の関与の仕方は，国家法益との連結を条件としている点で『間接的』であり，また，企業生活に対する相手国の違法な侵害の排除だけを対象にした点で，『消極的』であった」と的確に要約している。[48]

19世紀の上記のような立場の背後には，近代国際法の大前提である古典的経済自由主義が横たわっていた。すなわち，ヨーロッパの近代市民国家の法体系の下では海外企業活動は資本の所有権の結合・移転を中核とし，本来，私法の分野に属する事項であり，国内的には当事者自治に基づく企業活動の自由と自己責任を確立し，対外的には金本位制と技術手段の自動調節作用により，市民的経済活動の展開を保障することによって，市民階級の担う企業利益を国家利益に吸収し，同一化する。国家を媒介としての企業利益の国際的な実現で，

ヨーロッパン先進資本主義国家の国内法の「同質化・普遍化」に基づく「自然発生的な秩序」(spontaneous order) であった。[49]

第2次世界大戦後の通貨・貿易自由化体制は，初めて国際経済活動を「国際利害関係事項」としてとらえ，戦間期に蔓延した経済ナショナリズムに基づいて国際経済活動に対する経済主権の適用を制限し，それを国際法の規律対象としようとすることで，上記の古典的な国際法の関わりの形態を修正し，国際法が直接的，積極的に関わることを意図したのである。それによって，経済分野での国際法は目覚ましい発展をみるようになり，法規制の内容も，従来のような恐慌発生後の事後的治療的措置でなく，事前予防的に自由通商のための条件を作り出す措置に重点が置かれた。国際経済をその総体的立場から統合ないし調整しようとするもので，いよいよ国際経済の法秩序化の本格化にほかならない。[50]

2 「埋め込まれた自由主義」時代の国際経済法

第2次世界大戦後の国際経済秩序は，前述したように，「埋め込まれた自由主義の妥協」に基づいて，意図的に構築された「指向的な秩序」(directed order) で，大西洋を挟んだアングロ・サクソン主導による「限られた」国際協力の産物であった。レスラーの分類を借りれば，[51][52] 通貨の分野は，各国の通貨主権との妥協のため「事実上の規範」(de facto norms) の形態をとらざるを得なかったが，国際通商の場合も，国際規律は各国の通商政策の中でも関税障壁に集中し，確かに「規則」の形式がとられてはいたが，隅々まで国家の裁量を受け止め，必要な場合には国家の義務逸脱を認める例外条項 (safeguards) が散りばめられていた。投資の場合は，国家の主権事項に入っていて，投資保護についての僅かな慣習国際法でさえ，その内容をめぐる南北の激しい対立で，法的決着が棚上げされていた。

(1) 国際通貨分野

まず, 戦後国際経済体制の再構築を議論するために集まった諸国は, 通貨主権の名の下で通貨体制・為替政策に関する行動の自由を手放したくない思惑と, 戦間期の競争的為替切下げによる報復合戦の苦い記憶から一定の国際協力が必要であることの間で葛藤した。戦後構想に深く関与したケインズに「難しいのはどれくらいをルールによって決定し, どれくらいを裁量に残すかである」といわせたわけである。その結果が今や歴史上のものになった「調整可能な固定相場制」(fixed but adjustable exchange rate system: FBAR) であることは周知のことである。しかし, FBAR も, 加盟国が, IMF の反対にもかかわらず, 決行する相場変更が, 義務違反を構成せず, 資金利用の資格を失うに過ぎないという意味では, 規律の性格はあくまでも「事実上の規範」であった。もちろん 1970年代初めトリフィンのいう「流動性のジレンマ」から FBAR が放棄され, 変動相場制に移行し, いわば「(通貨) 制度を有しない制度」(non-system system) になったことから考えると, 戦後の一定の間に FBAR が機能したのは, 「埋め込まれた自由主義」という理念の下でヘゲモニー国である米国による「公共財」供給という時代特性的な政治的・実態的文脈のせいであるといえる。

(2) 国際通商分野

次に, 国際通商分野においては, 「埋め込まれた自由主義の妥協」が充実に反映され, ガット体制という, 各国が国内安定を追求することができるよう保護しながら, 多角的で開放的な通商体制を目指すというコンセンサスに基づく規範構造ができあがった。しかし, そのコンセンサスも, (ⅰ) ガットが, 「先進国間クラブ」として, 途上国の利益が限定的にしか反映されていない, かつ, (ⅱ) 農業と繊維部門の露骨な特別取扱が黙認されるという, 先進国の国内事情を優先する時代特性的な文脈の産物であった。

かつてヒュデックは, ハバナ憲章交渉中に, 戦後の国際経済秩序の法や法的義務のあり方について, 拘束力ある法的義務体系を打ち立てようとする考え方

と，レジーム全体の目的に資する柔軟で両義的な余地を残す法の役割を強調する考え方が併存し，ガット体制は1970年代まで後者を軸に展開したと指摘した[55]。ラングは，このような現象を，経済活動の集合的規制という文脈において，形式的・合理的な法システムから目的的で（purposive）実態的な法への移行として捉え，あるレジーム内部の緊張関係の産物であるより，国内安定を優先せざるを得ない福祉国家の出現という事態を受け止めた，意図的な国際ガバナンスの一形態として考えるべきだという[56]。

そのような目的法としてのガット法システムの構造的特徴としては，（ⅰ）通商外交の枠組の中で機能すること，（ⅱ）公式の条文は全体のガット法システムという規範的宇宙の一部にすぎないこと，（ⅲ）紛争解決は，通商外交の世界における共通合意を生成し，動員するためのメカニズムであること，（ⅳ）法文書においても，パネル報告書においても，ガット法の特徴は柔軟性であり，両義性に満ちていること，（ⅴ）紛争解決の全体的目的は，当事者間の言い分の白黒をつけるより，期待可能性の均衡を調整し，紛争を封じ込め，エスカレートすることを避けることである[57]。

このように「埋め込まれた自由主義」の「精神」が化体された，目的志向的なガット法システムは，東京ラウンドとウルグアイ・ラウンドを通じて，当初のコンセンサスが変容を余儀なくされるに伴い，WTO法体制へ変わっていくのである。

3 新自由主義の到来と国際経済法の不ぞろいな展開

1970年代から1990年代を通じて，国際経済法は，分野別に不ぞろいな展開ではあるが，大きく変貌を遂げた。通貨の分野では，国際協力の必要性と通貨主権との妥協という基本線が維持されつつ，ますます規律の形式と性格が「事実上の規範」とソフト・ロー中心になったのに対して，通商と投資の分野においては，「法化」（legalization）と「司法化」（judicialization）を通じて，目まぐる

しいほど国際規律が拡大した。例えば，通商の分野では国際経済法の規律対象が通商政策から国内政策へ拡大され，一部ではあるが国内法制度を調和する動きも現れ，国際投資分野では，主として２国間投資保護協定による展開とはいえ，一定の実体基準の整備，国家と投資家との投資紛争仲裁の発展により，各国の司法主権が素通りされかねない事態に至っている。

(1) 国際通貨・金融分野

まず，金為替本位体制のFBARの崩壊は，必ずしも時代理念が「埋め込まれた自由主義」から新自由主義へ移行したからでなく，ブレトン・ウッズ体制内外の２つの理由によるものであった。１つは，基軸通貨国とその他の通貨国の間の「非対称性」問題に端を発する覇権国米国による信任放棄であった。米国のドルと金との兌換保障にかかっているFBARの下では，国際流動性の提供が米国の国際収支に直結する。そして，国際収支の赤字が慢性化し，金準備とのバランスが悪化すると，米国は体制をかなぐり捨てる選択をした。もう１つは，1950年代末以来成長した私的な資本市場が国際流動性の創出と管理の主要部分を成してきたことである。資本移動の国際的な自由移動により，資本移動，為替相場の安定及び通貨政策の自立性という３つの政策目標の同時達成は不可能であるという，コーヘンの「不自然な三位一体」定式が現実味を帯び，国際収支や為替レートの不均衡を是正するための広範囲な資本規制が必要になった時，主要国は体制改革より市場に頼る選択肢を選んだ。[58]

それによって，国際通貨制度の番人としてのIMFの役割は大きく変化した。為替の安定及び自由で多角的な決済のための行為基準提供・管理機能の方は弱化を余儀なくされる半面，一時的に国際収支不均衡に陥った国に短中期的な資金を提供する，いわば金融機能が大幅に拡大された。それによって，「事実上の規範」とソフト・ロー中心のIMFの規律形式が維持または拡大される反面，金融機能の拡大によるコンディショナリティーの強化が，義務遵守誘因における国際収支の赤字国と黒字国との非対称性をますます大きくしたのである。[59]

他方で，金融市場のグローバル化は，情報通信技術の革新とそれによる金融商品のリスクヘッジに関する技術の発達，国内金融市場の競争力強化のための先進国における金融規制の自由化及び通商・投資・資本市場の自由化の複合的な帰結であり，金融資本主義の開花が新自由主義の中核をなしてきたことは間違いない。

グローバル化した金融市場（の規律）に関する国際金融法の規範的枠組みは，国境を超える金融取引に関する国家間，あるいは，国家と国際機関間の管轄権配分，会計慣行，開示要件及び貸出慣行等に関する実体的規制，そして，腐敗防止やマネーロンダリングなどの良きガバナンスなど多岐にわたり，そのための国際金融アキテキチュアの構築の必要性が声高く叫ばれ久しい。国際金融アキテキチュアとは，国際金融関係を規律するルール，ガイドライン及び取極及びそれらを形成，監視，執行するさまざまな機構等を包含する概念であるが，現在国際金融のガバナンスは，多角的機構（IMF, BIS, G20），国家及び非国家組織（例えばIASC）に分割され，しかもその規制の形態はほとんどがソフト・ローであるのが現状で，その事態の改善のために，国際金融アキテキチュアだけでなく，国際通貨システムの同時改革が求められている。[60]

(2) 国際通商分野

次に，ガットシステムから，WTO体制への転換こそ，コックスのいう，物質的ケイパビリィティ，諸制度及び理念という歴史構造の三側面の同時展開の所産というべきである。その転換は，いまだ完全には「埋め込まれた自由主義」理念が消えていなかった東京ラウンド（1973-1979年）における妥協的結果を経て，新自由主義の支配的定着が明らかになるウルグアイ－ラウンド（1986-1994年）でWTO体制への転換が固まるという長い道程の産物であった。[61]

1970年代に主要先進諸国に到来した脱工業社会（post-industrial society）は，財貨生産経済からサービス経済への変化と，改革の源泉としての技術的知識の

中心的な役割を構造的特性とする社会であった。ますます多くの人が工場よりサービス部門で労働するにつれて、労働はだんだん「製造された自然に対するゲーム」から「人間の間のゲーム」へ変わる[62]。サービス経済への変化は、たちまちサービス部門についての認識共同体（epistemic community）の形成に結実し、サービス産業の後押しの中、東京ラウンド終了後早々と米国はサービス貿易を次のラウンドのアゼンダーに入れることを画策する。同時に知的技術における革命は、改めて知識を制することの重要性を認識させ、1974年通商法において「不公正貿易」（unfair trade）[63]の概念を再定義することで貿易障壁の外延が著しく拡大されたことによってますます通商政策と国内政策との区分が曖昧になる中、とうとう米国の「知識外交」（knowledge diplomacy）は知的財産の規律までを WTO 法体制へ引きずり込むことに成功した。最後に、規律対象を著しく拡大した WTO 法が自動化し「司法化」した紛争解決手続を通じて「客観化」（formalization）してきたことは周知のことである[64]。

ガットから WTO 体制への転換を考える際には、1980年代後半以後国際投資法分野で起きた変化同様、1980年代の「失われた10年」を経て、「自由主義の勝利」によって、対抗理念の消滅及び南北問題と東西問題の連関の喪失によって、グループとして途上国の対抗力が弱まる中、グラムシ的な意味での先進諸国のヘゲモニーを自発的に受け入れ「体制内化」していった経過を忘れてはならない。

(3) 国際投資分野

その意味で国際投資法の分野は、「埋め込まれた自由主義」の時代から新自由主義時代への転換がもっともストレートに影響した分野である。1960年代から1970年代を通じて、途上国は経済発展のために資源使用の自由と先進国の MNCs の規制強化を目指して先進国と鋭く対立した結果、国有化を中心とする外国人財産の取扱に関する一般（慣習）国際法の法的内容の決着は棚上げを余儀なくされ、投資保護問題はもっぱら1959年から締結され始めた２国間投資

（保護）条約に委ねられていた。そして，1966年に締結されていた ICSID 条約はほとんど利用されずじまいの状態であった。

1990年代以後国際投資法分野においては，（ⅰ）棚上げされていた慣習国際法上の投資保護の問題が2国間またはプルリ条約に「公正かつ衡平な待遇」など慣習国際法上の基準が植えつけられたことを通じて迂回的に解決されるようになり，（ⅱ）1980年代後半から ICSID 体制の復活による膨大な投資仲裁についてのケース・ローの集積，（ⅲ）投資受入れを交渉の対象にする投資の自由化の開始され，FTA/EPS と連動する，という展開になったことについては多くの文献が示している通りである。現在 MNCs の主導するサプライー・チェーンのグローバル化に伴い，BIT/EPA の網の目が張り巡らされ，資本はもはや国境を知らない勢いである。その中で，前述したように，経済的なるものと社会的なるものとの再結合や企業の国際的な社会責任の追及が声高く叫ばれているのである。

4　小　結

そして1930年代を発生基盤とする国際経済法は，コックスのいう歴史構造の変遷，そして，ストレンジのいう4つの構造的権力の変化に伴い，市場から政府へ，政府から市場へと軸足が揺れながらも，分野ごとの不ぞろいな展開ではあるが，目まぐるしい発展をしてきた。

今後国際経済法がいかなる展開を見せるにしても，避けて通れないいくつかのことを挙げておくと，（ⅰ）1999年シアトル閣僚会議以来の WTO 体制の正統性（legitimacy）への挑戦にいかに対応すべきか，（ⅱ）投資法分野においても，通商同様，新自由主義的価値への挑戦を踏まえて，MNCs の社会的責任をいかに規範化して行くか，（ⅲ）国際通商分野に代表されるように，国際規範が国内政策へ浸透する度合いをどこまでにすべきかという deference の問題，及び（ⅳ）従来，南北問題の提起した国際共同体における富の再配分の問題へ

の再関心を，民間部門を含めていかに堀り起こしていくかである。

V　結びに代えて

これまで第2次世界大戦以後の国際経済秩序のあり方を「市場 vs. 政府」の観点から整理し，それをめぐる最近の3つの動きを取り上げてから，時代ごとの国際経済秩序の中に国際経済法がどのように現れてきたのかについて考察してきた。その結果，暫定的に見えてきたことをいくつか記して置こう。

まず，「市場 vs. 政府」の中の後者に振り子が傾いたときに，経済主権の調整のために国際法の出番が与えられた。「埋め込まれた自由主義」の時代には，実質からすれば「事実上の規範」の形態が中核をなしてはいたが，通貨分野においても，通商分野においても，国際法の出番を伴いつつ，国際経済法は新次元を迎えた。新自由主義の時代には，通貨分野の場合は国家の裁量の余地がむしろ大きくなる結果になったが，国際通商と国際投資の場合は「法化」と「司法化」が大きく進んだ。しかし，現在のWTOの機能不全と地域主義の隆盛の共存，投資分野における政治化の兆しなどは目の離せない事態といえよう。

次に，確かに，時代ごとの国際経済秩序の指導理念が国際経済法のあり方へ及ぼす影響を一般的には認められるにしても，分野ごとの「法化」のあり方には，指導理念だけでなく，コックスのいう物質的ケイパビリィティ上の変化か，ストレーンジのいう構造的権力関係の変化，そして，時代ごとのヘゲモニーの存在が重要であり，ガットからWTOへの転換が示すように，レジーム内部の力学も一助したように思われる。ましてや時代ごとの秩序における規範の形式や性格がいかに変化するのかは個別具体的に見る以外ないように思われる。

最後に，国家の衰退をどのように考えるかにもよるが，少なくとも国民経済の維持発展のために政府に求められる機能には，時代ごとの国際経済秩序を通じて一貫したところがある。すなわち，市場の失敗を織り込みながら，市場が円満に機能するための制度的条件の整備という役割である。

(1) Anatole Kaletsky, *Capitalism 4.0: The Birth of a New Economy* (Bloomsbury Publishing, 2010).
(2) P.Khanna, *How to run the world: charting a course to the next renaissance* (Random House, 2011).
(3) 本誌の中の川島富士雄会員の論文を参照。
(4) R.W.Cox, "Social Forces, States and World Orders: Beyond International Relations Theory", *Millennium- Journal of International Studies* Vol.10-2 (1981)126.
(5) S.Strange, *States and Markets* (Pinter Publishers, 1988).
(6) K.Polanyi, *The Great Transformation: the political and economic origins of our time* (Beacon Press, 1944) p.3.
(7) *Ibid.*, p.135.
(8) *Ibid.*, p.209.
(9) Harvey, A *Brief History of Neoliberalism* (Oxford University Press, 2005), pp.9-10.
(10) J. G. Ruggie, "International Regimes, transactions, and change: embedded liberalism in the postwar economic order", in S. Krasner ed., *International Regimes* (Cornell University Press,1983) pp.209 ff.
(11) M.Blyth, *Great Transformations: Economic Ideas and Institutional Change in the Twentieth Century* (Cambridge University Press,2002) p.5.
(12) W.M.Corden, *Trade Policy and Economic Welfare* (Oxford:Clarendon Press, 1974) pp.2-4.
(13) 柳赫秀『ガット19条と国際通商法の機能』(東京大学出版会, 1994年) 128頁。
(14) R.Gilpin, *The Challenge of Global Capitalism: The World Economy in the 21st Century* (Princeton University Press, 2000) pp.68-69.
(15) *Ibid.*,p.56.
(16) Blyth, supra note 11, p.5
(17) その詳しい内容については, *ibid.*, pp.132-135.
(18) 「埋め込まれた自由主義」へ対抗するために動員された ideas は, マネタリズム, 合理的期待説 (rational expectation), サプライサイド及び公共選択理論であった。*Ibid.*, pp.139-146.
(19) Gilpin, *supra* note 14, p.83.
(20) 猪瀬武徳『戦後世界経済史──自由と平等の視点から』(中公新書, 2011年) 282頁。
(21) Kaletsky, *supra* note 1, p.67.
(22) 途上国の「体制内化」の経緯と意義については, 柳赫秀, 「WTO と途上国──途上国の「体制内化」の経緯と意義」『貿易と関税』1998年7月号, 1998年10月号, 2000年7月号, 2000年9月号を参照。
(23) Gilpin, *supra* note 14, p.73.
(24) Kaletsky, *supra* note 1, pp.92 ff.

⑸　*Ibid.*, pp.97ff.
⑹　柳「前掲論文」（注22）参照。
⑺　このプロセスについては，T.G.Weiss, "Governance, good governance and global governance: conceptual and actual challenges", *Third World* Quarterly, Vol.21-5, pp.798-806が詳しい。
⑻　Kaletsky, *supra* note 1, p.2
⑼　*Ibid.*, ch.13.
⑽　Peter Muchlinski, "Multinational Enterprises and International Economic Law: Contesting Regulatory Agendas over the Last Twenty Years",『日本国際経済法学会年報』第21号（2012年）．
⑶　Harvey, *supra* note 9, p.23.
⑿　斎藤純一『公共性』（岩波書店, 2000年）76頁。
⒀　J. Ruggie, "Reconstituting the Global Public Domain – Issues, Actors, and Practices", *European Journal of International Relations*, Vol.10-4 (2004), pp.511ff.
⒁　これについて詳しいことは，Muchlinski, *supra* note 30, pp.27ff.
⒂　Havey, *supra* note 9, p.120.
⒃　東京大学社会科学研究所編『20世紀システム4　開発主義』（東京大学出版会, 1998年）1-4頁。
⒄　"Special Report: State Caitalism", The Economist Jan. 21st 2012, p.3.
⒅　*Ibid.*, p.4.
⒆　*Ibid.*, pp.17-18.
⒇　実際に，アジアNIESの経済成長において政府がいかなる役割を果たしかについて完全な理解の一致があるわけでない。新古典派経済学者たちの間では，東アジアの成長は市場機能を重視する政策，すなわち，物価，利子率，地代などの価格を統制しない，財政赤字を最低限に抑える，安定的な金融政策を目指し外国債務を抑える，行き過ぎた保護主義を回避するといった政策のハーモニーの賜物であるという。それに対して，開発主義をとる政府のリードの下でアジアが発展したという見方も根強い。1993年日本政府が「政府主導による生産性の上昇」のトーンを期待し資金援助して作られた世界銀行報告書の『東アジアの奇跡』においても「政府か市場か」という問題に対する結論は出なかった。おそらく猪瀬のいうように，「市場の働きに全く依存しない経済発展などありえない」反面，それぞれのおかれた歴史的・制度的文脈の下での賢明で実効的な（wise and effective）政府の存在も欠かせないことであろう。猪瀬『前掲書』（注20）254頁以下。さらに，R.Jenkins, "(Re-) interpretating Brazil and South Korea", T.Hewitt et al eds., *Industrialization and Development* (Oxford University Press,1992) pp.167 ff.
㊶　斎藤『前掲書』（注32）72頁以下。
㊷　上野千鶴子『ケアの社会学』（太田出版, 2011年）第1章。
㊸　Ruggie, *supra* note 33, pp.499 ff.

(44) *Ibid.*, p.519.
(45) ラギーは,国際秩序の形式だけでなく,内容（content）がわかるためには,権力だけなく,社会目的に着目する必要を指摘する。Ruggie, *supra* note 10, p.198.
(46) G. Erler, *Grundprobleme des Internationalen Wirtschftrechts* (Verlag Otto Schwartz & Co.,Göttingen, 1956) p.1; 金沢良雄「国際経済法に関する一考察」『国際経済法序説』（有斐閣,1979年）68頁。
(47) 金沢同上。
(48) 山本草二「海外企業活動をめぐる紛争の法構造」『国際問題』No.240（1980年3月号）6-7頁。
(49) 山本同上,8-9頁。
(50) この項については,拙稿「『国際経済法の概念』について」日本国際経済法学会20周年記念論文集『国際経済講座Ⅰ 通商・投資・競争』（法律文化社,2012年）を参照。
(51) 柳「前掲論文」（注22）2000年9月号を参照。
(52) レスラーは,国際経済関係を規律する規範枠組みを,秩序のレベル（「自然発生的な秩序」（spontaneous order）と「指向的な秩序」（directed order）),秩序を構成する規範の存在形式（「規則」（rules）,（目標・目的・理念を設定する）「原則」（principles）),そして,規範の性格・機能（「法律上の規範」（de jure norms）,（慣行,非公式の取極などの超法規的規範である）「事実上の規範」（de facto norms））に分けている。F. Roessler, "Law,De Facto Agreements and Declarations of Principle in International Economic Relations", *German Yearbook of International Law*, Vol.21(1978), 27.
(53) H.James, International Monetary Cooperation since Bretton Woods, (Oxford University Press,1996) p.264.
(54) 柳赫秀「国際通貨・金融に関する法」『法学教室』2004年1月号,99頁。
(55) R.Hudec, *The GATT Legal System and World Trade Diplomacy*, 2nd ed., (Butterworth Legal Publishers, 1990) Part Ⅰ.
(56) A.Lang, *World Trade Law after Neoliberalism* (Oxford University Press,2011), p.202.
(57) *Ibid.* pp.202-205.
(58) 柳「前掲論文」（注54）102頁。
(59) 柳「前掲論文」（注54）103-104頁。
(60) A.H.Qreshi and A. R. Ziegler, *International Economic Law*, 3rd ed., (Sweet & Maxwell, 2011), p.142.
(61) Lang, *supra* note 56.
(62) ダニエル・ベル『脱工業社会の到来（上）』（ダイヤモンド社,1975年）2-6頁。
(63) "Knowledge Diplomacy" という言葉は次の本のタイトルである。M. P. Ryan, *Knowledge Diplomacy: Global Competition and the Politics of Intellectual Property* (Brookings Institution Press, 1988).
(64) WTO体制の客観化については,小寺彰『WTO体制の法構造』（東京大学出版会,

2000年)。
(65) 柳赫秀「国際投資に関する法」『法学教室』2003年12月号,111頁。

(横浜国立大学大学院国際社会科学研究科教授)

論　説　国際経済法における市場と政府

中国における市場と政府をめぐる国際経済法上の法現象と課題
──自由市場国と国家資本主義国の対立？──

川島　富士雄*

Ⅰ　はじめに──国際経済法における「市場と政府」をめぐる変遷と新たな課題──
Ⅱ　中国における「政府と市場」間関係の変遷と現状
　1　共産党政権による国有化と計画経済
　2　改革開放による「社会主義市場経済」
　3　胡錦涛政権による改革開放路線の停滞と国家積極主義
Ⅲ　中国における「市場と政府」をめぐる国際経済法上の法現象
　1　物の貿易その1──米国による対中補助金相殺措置とそれに関するWTO紛争──
　2　物の貿易その2──中国による補助金供与を含む産業政策措置に関するWTO紛争──
　3　投資その1──政府系ファンドに対する投資行動規制──
　4　投資その2──米国モデル二国間投資協定改訂作業──
　5　サービスも含む全般その1──OECDにおける国有企業に関する競争上の中立性枠組み──
　6　サービスも含む全般その2──TPP交渉における国有企業等に関する規律案──
Ⅳ　国際経済法の可能性と限界
　1　法現象の連続性と非連続性
　2　国際経済法上の既存規律の可能性と限界
Ⅴ　おわりに──国際経済法上の課題と展望──

Ⅰ　はじめに──国際経済法における「市場と政府」をめぐる変遷と新たな課題──

　第2次世界大戦後の世界貿易体制を支えた関税及び貿易に関する一般協定（以下「GATT」という。）は，東西冷戦構造の下，社会主義国という異なる経済体制国との共存を前提とした，体制間インターフェイス規律を設けていた。その具体例が，輸入独占の場合の譲許の義務の特則を設けたGATT2条4項，貿易を独占し，かつ政府が国内価格すべてを決定している国家についてダンピ

ングマージン計算に関する特則を設けた同 6 条注釈，国家貿易に関する規律を定めた同17条であり，さらに，ポーランド，ハンガリー等いくつかの非市場経済国のガット加盟時にとり交わされた議定書に盛り込まれた産品別セーフガード規定等もその一環である[2]。

しかし，こうした異なる経済体制間の共存を前提とした制度設計は，旧ソ連崩壊（1990年代初）にともなう冷戦の終結と資本主義と民主主義の勝利により「歴史の終わり」に至るとの主張をも生み出した当時の認識変化の結果[3]，大幅に後退することとなる。1995年に発足した世界貿易機関（以下「WTO」という。）の各協定においても，新自由主義（ネオリベラリズム）の発想に基づき[4]，例えば，補助金及び相殺措置に関する協定（以下「補助金協定」という。）に市場における政府の役割に対し大幅な制約を加える規律が導入されただけでなく，同協定を含む複数の協定に，「市場経済への移行」を前提とする制度設計が盛り込まれた[5]。

しかし，2008年に顕在化した世界金融経済危機以降，急速に自由市場主義への懐疑論が広がり，その自信喪失を反映するかのように，「北京コンセンサス」や「中国モデル」という標語の下，自由市場主義に挑戦する考え方が，新興国を中心に急速に蔓延しつつあるのではないかとの懸念が表立って提起されることとなる。この一環として，欧米を中心に，21世紀は自由市場国対国家資本主義国の対立の時代であるとして，後者に対する警戒を求める議論が，活発に展開されつつある[7]。これらの現象は，移行による経済体制の「収斂」が幻想にすぎず，異なる経済体制の共存がしばらくの間，継続する事実が再認識されつつあり，それに対応して，国際経済法にも新たな課題が発生しつつあることを示唆する。

以上の背景の下，本稿は，Ⅱにおいて，上記で紹介した「国家資本主義」論が主な対象としている中国における「市場と政府」間の複雑かつ特色ある関係の変遷と現状を描写した上で，Ⅲにおいては，中国における特色ある「市場と

政府」関係に起因すると考えられる貿易紛争等を素材に，具体的に「自由市場国と国家資本主義国の対立」を反映するような国際経済法上の法現象が生じているか否か検討する。さらに，Ⅳでは，以上を踏まえ，それらの現象が従来の「市場と政府」をめぐる法現象とどのような連続性や非連続性を有しているのか検証しつつ，この対立に対し現行の国際経済法がどの程度の解決策を提供しているのか，その可能性と限界を探る。最後に，以上の法現象が，国際経済法に対しどのような課題を投げかけているのかを論じて，本稿をしめくくる。

Ⅱ 中国における「政府と市場」間関係の変遷と現状

1 共産党政権による国有化と計画経済

1949年，中国共産党が内戦に勝利し，中華人民共和国が樹立された。1953年，毛沢東が中国共産党の中央政治局拡大会議において「過渡期における党の総路線」を提起し，そこで社会主義への移行を宣言したことで民間企業は公有企業に転換されることとなった。[8] 1960年代までに経済各セクターの国有化が推進され，工業部門の国営企業と農業部門の人民公社を通じた計画経済体制が確立する。この結果，1978年，工業生産額の78％は国営企業が占める状態となった。[9] しかし，経営の非効率性等政府の失敗を経験した中国は，[10] 鄧小平の指導の下，市場経済の要素を導入する方向へ，その経済体制を大きく転換した。

2 改革開放による「社会主義市場経済」[11]

1978年末に導入された改革開放政策は，当初，経済特区導入による部分的開放と経営自主権導入による国営企業改革が中心で，私営経済や市場の役割を認知しつつも，国有企業の私営化は，着手すらされなかった。この時期，部分的に分権的経済システムを取り入れたものの，計画経済体制はなお放棄されておらず，計画と市場の共存（双軌制）を図ろうとしていたと評価される。[12]

しかし，1992年初の鄧小平による南巡講話以降，改革開放政策を継続し，社

会主義市場経済の確立を目標とする方針が打ち出され，1993年11月までに「国家のマクロコントロールの下で，市場に資源配分の基礎的役割を果たさせる」という原則が確立される。第1に，改革開放開始直後の国営企業の経営自主権の拡大及び私営経済の容認等の結果，国営部門内の取引が徐々に市場における取引に取って代わられるようになり，それにともない国家による価格統制の改革が必然的となった。早くも1985年，市場価格が容認され，商品小売総額に占める市場価格の割合は，1979年の3%から，1985年は34%に[13]，さらに2008年には95.7%にまで至った[14]。

第2に，1993年，「国有企業の会社化」が容認され（この頃から国営企業は国有企業と呼称されるようになる。），国以外の出資者の参加，株式上場，ひいては民営化の可能性が開いた。これ以降，中小国有企業を中心とした民営化が推進され，民営経済部門が拡大することとなる。この結果，2009年，国有企業は全生産の約27%，雇用の20%，輸出の15%を占める程度にまで縮小し[15]，国有企業は主に金融，重工業，資源，公益事業等のセクターに集中することとなる。

第3に，第8次5カ年計画（1991～1995年）期，例えば，1994年には，「90年代国家産業政策綱要」に加え，特に「自動車工業産業政策」が公布され，自動車産業を育成するため，高関税，輸入制限，国産化率規制などの政策が列挙されたのに対し，第9次5カ年計画（1996～2000年）期には，WTO加盟交渉の本格化を受け，また，江沢民前国家主席とともに改革開放とWTO加盟を主導した朱鎔基前総理のリーダーシップの下で行われた官庁再編の影響もあり，産業政策の勢いの低下がみられた[16]。

3 胡錦濤政権による改革開放路線の停滞と国家積極主義

現胡錦濤政権（2002年～）に入ってから，国家積極主義（State Activism）ともいうべき次のような政策の展開により，以上の改革開放路線の停滞乃至逆行現象が見られるとの観測が絶えない[17]。第1に，2003年，国有資産監督管理委員

会（SASAC）が新設されると，同委員会が管轄する中央国有企業の民営化の停滞が見られた。[18]2003年に189社あった中央国有企業は2011年末には117社まで数の上では減少した。しかし，ほとんどが国有企業同士の統合の結果で民営化に実質的な進展がないと評価される。[19]

第2に，前政権下では一時，鳴りを潜めていた産業政策は，現政権下ではその再活性化が見られる。[20]例えば，2004年の自動車産業発展政策，2005年の中長期科技発展計画，第11次5カ年計画（2006～2010年）における「自主創新」政策の強調，重点産業指定と支援策といった「網の目のような産業政策」が採用されている。[21]その一環として，直接及び間接の補助金，資本アクセスの優遇，技術移転強制，政府調達等幅広い産業政策手段において国有企業が優遇促進されているだけでなく，[22]国有企業自身によっても国産品又は国産技術の優遇が行われていると批判される。[23]

第3に，2008年の世界金融経済危機の顕在化後，中国政府は緊急の景気対策として，2年間で4兆元（当時の為替レートで約57兆円）の政府財政出動を決定した。これに呼応するように，金融機関（70％強が政府支配下）による融資が（2008年までのGDP13-14％から2009年の29％へ）急拡大し，[24]これらの景気対策や融資のほとんどが国有部門に流れ込み，いわゆる「国進民退」（国有部門が躍進し，民間部門が後退する）現象が発生した。[25]

第4に，2010年10月の国務院「戦略的新興産業の育成及び発展の加速に関する決定」（国務院，2010）及びそれを受けた第12次5カ年計画（2011～2015年）では，省エネ・環境保護産業，新世代情報技術（IT）産業，バイオ産業，高度装備産業（航空機，インフラを含む），新エネルギー産業，新素材産業及び新エネルギー車産業の計7分野が戦略産業に指定され，2030年頃までに世界先進水準に引上げるという目標（GDP比8％）が設定されている。こうした戦略産業において国有企業の支配が増強されているだけでなく，[26]資源確保等のための対外投資の場面においても国有企業の活用現象が見られる。[27]

以上のように，中国の改革開放路線は現政権下で停滞乃至逆行している観があり，なかでも国有企業等の優遇及び積極的活用の方向性が見て取れる。これを受け，中国が私有経済も含めた経済の全体的方向が政府政策の指導を受ける「国家主導型資本主義（state-guided capitalism）」を指向していると評価される[28]。世界金融経済危機後，欧米において一時的な危機対応としての国家積極関与策が採用されたが，すぐに出口戦略を探る動きが始まった。これに対し，中国における国家資本主義乃至国家主導型資本主義は，中国における政治経済的状況を考慮にいれば，過渡的な現象にすぎないとは言い切れず，欧米における一時的な危機対応としての国家積極関与とは一線を画している。

III 中国における「市場と政府」をめぐる国際経済法上の法現象

中国が輸出国としてだけでなく，輸入国，投資先及び投資母国としても，そのプレゼンスが向上しつつある現状において，IIで紹介した，中国の国家資本主義乃至国家積極主義をめぐる国際経済法上の法現象も，以下のように，物の貿易，サービスの貿易及び投資と多岐にわたる。

1　物の貿易その１──米国による対中補助金相殺措置とそれに関するWTO紛争──

2007年，中国産コート紙相殺関税調査過程において，米国商務省が，非市場経済国の産品は相殺関税調査対象としないとの従来の慣行を変更し，中国産品に対する相殺関税調査を是認したことをきっかけとして，その後，米国国内産業による中国産品に対する相殺関税調査要請と同賦課決定が急増した（2012年上半期までで計31件の調査開始，確定的賦課決定24件）[29]。

中国がWTO加盟後，WTO紛争解決手続を申立国として利用した事件は，2012年5月25日現在，計9件である。そのうち，上記の米国による対中相殺関税に関係する事件は，①コート紙に対するアンチダンピング及び相殺関税仮決定事件（DS368），②各種4製品に対するアンチダンピング及び相殺関税賦課事

件（DS379）および③22製品に対する相殺関税調査事件（DS437）と全体の3分の1を占める。①は，米国国際貿易委員会が国内産業への損害がないとの決定を下したため，パネル設置に至らなかったが，②は，パネル及び上級委員会報告まで至り，上級委員会は，米国商務省による中国国有企業の公的機関性の認定等が補助金協定違反を構成するとの判断を下している。③は，米国商務省が開始した22件の相殺関税調査に関し，②の上級委員会による補助金協定違反との判定後も，国有企業の公的機関性について十分な証拠がないにも関わらず調査を開始したとの理由で，補助金協定11.1条等に違反した等と主張し，中国がWTO協議要請を行ったものである。

この分野においては，上記の中国の国有企業を補助金協定1.1条(a)(1)の「公的機関」と認定できるかどうかという争点以外にも，補助金協定14条における補助金額の算定に当たって，中国における市場価格を，その非市場経済性故に「妥当な対価」のベンチマークとして無視し，世界市場や第三国市場といった代替的ベンチマークを採用することができるか等について激しく争われている。

2　物の貿易その2——中国による補助金供与を含む産業政策措置に関するWTO紛争——

従来，中国に対するWTO紛争解決手続に基づく協議要請が行われた件数は同一措置に対するものを1件と数えれば計15件である。そのうち，補助金に関する紛争は，①集積回路増値税還付事件（DS309），②各種税減免等事件（DSDS358及び359），③世界トップブランド補助金等事件（DS387, 388及び390），並びに④風力発電装置補助金事件（DS419）の計4件と，約3割を占める。②及び③では主に輸出補助金が問題とされ，①及び④では，国内産業向け優遇税制及び国内産品優先使用補助金が問題となった。4件ともに，主に米中間協議の結果，中国がこれらを撤廃することを約束しており，パネル設置前，又はパネル審理に入る前に紛争が解決している。

上記4事件から，中国政府が産業政策手段として補助金を活用している実態

が浮かび上がる。これら以外にも，実質的に国産部品使用を優先するローカルコンテント要求が問題となった⑤自動車部品輸入措置事件（DS339, 340及び342），⑥鉱物資源輸出制限事件（DS394, 395及び398），並びに⑥での中国敗訴を受け，類似の輸出制限に対し申立てが行われた⑦レアアース等輸出制限事件（DS431, 432及び433）は，産業政策関連事件と性格付けることができる。これら3件も加えれば，中国被申立事件の15件のうち，5割近くの計7件が産業政策関連事件であることとなる。

米国議会が設置した米中経済・安全保障検討委員会（以下「USCC」という。）は，中国政府補助金の反競争的及び貿易歪曲効果に対処するためWTO上の権利の最大限活用や米国通商代表部（Office of the USTR）によるWTO紛争解決手続の活用等を提言している。今後も，上記のようなWTO紛争はますます増加する一途であると予想される。

3　投資その1──政府系ファンドに対する投資行動規制──

以下に紹介する政府系ファンド（Sovereign Wealth Funds, SWFs）に対する投資行動規制が導入された背景として，米国を中心とする外国投資に関する国家安全保障審査の存在を指摘できる。その具体例として，中国国有（70%）企業である中国海洋石油集団資源公司（CNOOC）によるUNOCAL買収が対米外国投資委員会（CFIUS）の審査手続中に，米国議会からの安全保障上の懸念表明を受け断念された事件（2005年），ドバイ・ポート・ワールドがイギリスのペニンシュラ・アンド・オリエンタル・蒸気船会社（P&O）を買収した際に，米国港湾がアラブ諸国のコントロール下に置かれることに対する懸念が米国議会より表明され，同社がアメリカ6港湾等を売却した事件（2006年）等を挙げることができる。これらの事件の後，米国のエクソン・フロリオ修正法は，2007年外国投資国家安全保障法による改正を受け，国防産品法に組み入れられている。

こうした外国投資に関する国家安全保障審査のリスクの高まりを受け，政府

系ファンド側の保護主義を回避したいという利益と投資受入国側の政府系ファンドによる投資にともなう懸念を解消しつつ、それらによる投資を維持したいという利益のバランスを図るため、国際通貨基金（IMF）の傘下に政府系ファンド国際作業部会が設置された。その結果、特にアラブ諸国のオイルマネー等の運用を担当する政府系ファンドが、2008年、投資行動に関する透明性確保、政治的考慮の排除[41]、民間企業との競争上の中立性（competitive neutrality）の確保等を遵守することを柱とする自主行動基準、いわゆる「サンチャゴ原則」が策定公表された[42]。これと並行するように、同年、米国財務省がシンガポール及びアブダビとの間で類似の政府系ファンド投資原則に関する合意を取り交わしている[43]。

4　投資その2──米国モデル二国間投資協定改訂作業──[44]

　米国オバマ政権は、2009年、中国等との二国間投資協定（以下「BIT」という。）交渉を一旦凍結し、2004年モデルBITの改訂作業を開始した。米国国務省及び通商代表部の諮問を受けた国際経済政策諮問委員会（以下「ACIEP」という。）は、国有企業による対米投資に際し、国家又は国有商業銀行により市場金利以下の金利による融資が行われるなど反競争的な国家補助が行われる懸念に対応し、BITにこれに対処する規律を盛り込むべきか等について突っ込んだ検討を加えた。2009年9月30日公表のACIEP報告書本体は[45]、当該規律の導入を求める積極説と当該規律は投資協定の範囲外であり国内又は国際競争法で対処すべき問題であるとした消極説の両論を併記する形をとった[46]。このうち、積極説グループが、当該規律を具体化した条文案を盛り込んだAnnex Bを提出し、本報告書はこれを末尾に添付している[47]。

　本報告書の提出から2年半を過ぎた2012年4月12日、米国通商代表部は、2012年米国モデルBIT（以下「本モデルBIT」という。）を公表した[48]。本モデルBITは、労働及び環境基準に関する規定を拡充したほか、国家主導型経済

(State-Led economy) に関する懸念に対応する次の3つの規定を新設している。⁽⁴⁹⁾

① 国内開発技術優先購入・使用要求等の禁止（8条1項(h)）
② 投資家に対する技術規格・標準策定過程への無差別参加の確保（11条8項）
③ 政府権限の授権方式に関する脚注（2条2項(a)脚注8）

それぞれ，中国の自主創新政策とそれにともなう政府調達や技術規格・標準策定における国内技術優先政策への対応（①及び②），国有企業等の中国における特殊な地位を考慮に入れ，BITの適用範囲を拡張する必要性への対応（③）と理解可能である。他方で，本モデルBITは，ACIEP報告書Annex Bに盛り込まれた，反競争的国家補助を禁ずるような規定は採用していない。

しかし，米国内では，モデルBITはあくまで他国との交渉をも対象にした一般モデルであり，中国とのBITにおいて十分とは言えず，そこでは，国有企業等の市場における行動に対する規律を導入すべきである，非市場経済国に限定した形で対米投資を審査するメカニズムを（CFIUSとは別に）新規導入すべきであるとの意見がすでに提起されている。⁽⁵⁰⁾さらに，後述6のように，環太平洋経済連携協定（以下「TPP」という。）交渉においては，貿易のみならず投資分野もカバーする形で，国有企業等に対する規律案が米国から提案され，優先交渉分野の1つとして位置付けられている。

5　サービスも含む全般その1——OECDにおける国有企業に関する競争上の中立性枠組み——

経済協力開発機構（以下「OECD」という。）は，すでに2005年，「国有企業のコーポレートガバナンスに関するガイドライン」を公表し，その第1章では，「国有企業に関する法的及び規制上の枠組みは，国有企業と民間部門の会社の競争する市場において，市場歪曲を避けるよう，公平な競技場（a level-playing field）を確保すべきである」等とする原則を謳っていた。⁽⁵¹⁾さらに，これらの原則を具体化するように，2011年，「競争上の中立性と国有企業」と題する報告

書を公表し,例えば,競争法ほかの法律の規制からの適用除外も競争上の中立性を損なう利益享受の一パターンを構成する等と指摘している。[52]

6　サービスも含む全般その2——TPP交渉における国有企業等に関する規律案——

　TPP交渉に向け,2011年2月,全米サービス産業連盟（CSI）及び米国商工会議所が,上記5のOECDにおける国有企業に関する競争上の中立性枠組み等を土台とする規律を提案した。[53] 具体的には,国有企業及び国家支援企業（State-Sponsored Enterprises）に関する透明性確保,民間企業との競争上の中立性確保,競争法制定・執行義務,適用除外禁止,独占的資産又は市場地位の濫用行為の禁止等の義務付けを盛り込んでいる。

　この国内からの提案を受け,米国政府は,2011年10月,TPP第10回ラウンド（ペルー・リマ）において国有企業等に対する規律の強化を求める提案を行った。[54] 本提案はいまだ公表もリークもされていないため詳細は明らかではない。しかし,各種報道を総合すれば,本提案は,2011年2月の国内産業からの上記提案を土台に,国有企業等が,TPPによって与えられた市場アクセスを無効化又は侵害するような優位を持たないよう確保する義務を盛り込んでいる。よって,本提案は,GATT23条1項の「無効化又は侵害」,つまり非違反申立事案（non-violation case）や補助金協定第3部（対抗可能補助金に対する規律）を参照していると考えられる。2012年5月のTPP第12回ラウンド（米国・ダラス）の前に,米国は損害テスト（harm test. 政府からの資金面での貢献がどの程度の損害を民間部門に引き起こせば,TPP規律の適用があるかに関するベンチマークを設定）について従来の提案の欠缺を埋める提案を行った。同損害テストを満たせば,問題の政府は資金面での貢献を停止し,国有企業等は既払いの資金面での貢献を返却することが,それぞれ義務付けられるとされる。[55]

　しかし,2011年8月の内示段階で,すでにベトナム等が米国提案に対し強く反発していると報道され,[56] 難航が予想されていたところ,2012年5月,シンガ

ポール政府系ファンドであるTemasekもこの提案に警戒感を示した。[57]2012年5月現在，本交渉はいまだ予備的段階にあり，提案を各国により理解してもらえるよう米国が努力中であると報道される。[58]

IV 国際経済法の可能性と限界

1 法現象の連続性と非連続性

IIIで紹介した一連の法現象は，21世紀の，そして中国を中心とした「国家資本主義国」に独特の法現象といえるのか。まず第1に，日本における国際経済法研究者にとって，中国の市場と政府をめぐる米国を中心とした批判は，20年ほど前，日米貿易摩擦の全盛期において，日本に対し提起された「日本異質論」と似通った響きをもって聞こえる。[59]事実，当時，キーワードとして用いられた，「産業政策」，「公平な競技場（level playing field）」，「外国資本による買収」等が，[60]中国に対する現在の批判の中でも頻出している。そして，第2に，個々の現象のほとんどは，例えば，政府による補助金を中心とする産業政策とその競争歪曲効果といった従来から議論されてきた問題に分解可能である。他方で，第3に，2008年の世界金融経済危機の顕在化以降，先進国から新興国へと世界経済秩序におけるパワーバランスの過渡期にあるという認識が広まり，その中でも，とりわけ中国は輸出貿易の急速な拡大により莫大な外貨準備を蓄積し，[61]かつ2010年には国内総生産（GDP）世界第2位に躍進し，巨大な国内市場としても存在感を高めている。そうした中国による産業政策等に起因する競争歪曲が，中国市場のみならず，いわば世界市場全体における勝敗を左右しかねない事態に米国を中心とする先進国が極めて神経質になっており，この文脈が，現在の中国に対する批判論や規律強化論に拍車をかけている観がある。第4に，日米貿易摩擦に際しては，政府と民間企業の間の特殊関係に対する批判は頻繁に見られたが，国有企業に対する優遇がその摩擦の主原因となることは少なかった。[62]しかし，現在の中国に対する批判論では，国有企業に対する優遇

策が批判の焦点となっており，その点が大きな特徴である。従来から国営企業等の「独占的輸入者」としての弊害（輸入時の差別取扱いや関税譲許違反等）への対処の必要性は想定されていたが（GATT17条），現在はむしろ国有企業の「競争的輸出者，経営体又は投資家」としての弊害に関心が移りつつある[63]。つまり，国有企業への優遇策が，その国内市場における競争歪曲に留まらず，輸出先及び投資先市場において，当該国の国内企業や第三国企業との間の競争歪曲をも引き起こすのではないかとの懸念を惹起している。

2 国際経済法上の既存規律の可能性と限界

Ⅲで紹介した法現象の高まりを受け，まず国際経済法上の既存の規律がどの程度，そこで問題とされている競争歪曲や政治的考慮等の弊害に対処可能なのか，その可能性と限界を検討する必要があろう。

(1) 物の貿易

物の貿易の分野では，第1に，すでにWTO補助金協定が，直接的な資金の移転のみならず，多様な形態の補助金を広範に規律対象としており（1.1条(a)），かつ，輸出補助金や国産品優遇使用補助金を禁止するだけでなく（3条），他の加盟国に悪影響を与える補助金（対抗可能補助金）に関する規律（第3部）も設けている。さらに，対抗可能補助金に関する規律（相殺関税賦課の許容を含む。）は，補助金交付国市場への輸出に悪影響が及ぶ場合（輸入代替又は輸入妨害）のみならず（5.1条(b)及び6.3条(a)），補助金交付国から他の加盟国に輸出し，当該国の国内産業に損害を与える場合（5.1条(a)）や第三国の輸出産業に悪影響が及ぶ場合（輸出代替又は輸出妨害）をもその射程に入れている（6.3条(b)）。補助金協定の以上のような広範な規律に基づけば，国有企業等に対する優遇策のうち補助金と分類可能なものであれば，それによって惹起される競争歪曲に十分に対処可能であると考えることができる[64]。

これに対し，第2に，国有企業等に対する優遇策のうち，競争法等政府規制

における優遇の多くは補助金と分類することは難しい。しかし，これらの優遇の結果，販売，流通等に関する法令又は要件について，輸入品に対し同種の国産品と比べ不利な待遇を与えていると考えられる場合，GATT3条4項の内国民待遇原則に違反する。ただし，内国民待遇原則の適用範囲は，措置国の国内市場に限定され，政府規制における優遇策の影響が輸出先市場の国内企業や第三国からの輸出に及ぶ場合には有効な法的規律が見当たらない。[65]

第3に，国家貿易企業（排他的権利を与えられた民間企業を含む。）に関する規律（GATT17条）は，無差別原則の遵守及び商業的考慮（価格，品質，入手の可能性，市場性，輸送等の購入又は販売の条件に対する考慮）のみに従った購入又は販売を義務付ける。当該規定は，非商業的考慮（政治的考慮等）に基づく差別の排除という観点からは適用範囲は広い。しかし，カナダ小麦事件パネル及び上級委員会は，当該規定を「競争上の中立性」の確保という観点で活用する余地を否定する解釈を示している。[66]

(2) サービス貿易

サービス貿易の分野では，第1に，上記(1)の物の貿易の場合と異なり，補助金に関する全般的な規律がない。しかし，サービス分野における補助金も，サービス輸入国が問題となっているサービス分野において内国民待遇を約束している場合は，サービス貿易に関する一般協定（以下「GATS」という。）17条の内国民待遇原則の規律の対象となりうる。[67] 同様に，GATS8条1項は，独占的サービス供給者が，GATS2条1項の最恵国待遇原則や同17条1項の内国民待遇原則を含む特別の約束の義務に反する態様で行動しないよう確保するよう義務付けており，かつ同条2項は，独占的サービス供給者が，独占権を与えられているサービス外で，かつ当該国の約束が適用されるサービスにおいて約束に反する態様で行動することにより独占的地位を濫用しないよう確保することも義務付けている。[68] これらの規定を活用すれば，措置国市場における国有企業の優遇や国有企業の独占的地位の濫用に対し一定の規律を加えることが可能であ

ろう。

　他方，第2に，国内で補助金を得た，又は特権を与えられたサービス供給者の輸出に対する相殺措置の許容や対抗可能補助金に対応する規律は現行GATSには存在しない。これについては，GATS15条1項は，補助金によるサービス貿易歪曲を回避するために「必要な多角的規律を作成することを目的として交渉を行う」と規定し，そこでは「相殺措置の妥当性」の検討も想定している。これを受け，WTO設立後，GATS規律に関する作業部会が設置され，この点も含めた議論が長期にわたって行われている。しかし，もはや規律交渉を開始すべきという意見とサービス分野において補助金が貿易歪曲効果を持つとの証拠が欠けたまま，理論的な意見交換を行うことに反対するとの意見が衝突し，交渉開始の目処も立っていない[69]。

(3) 投　資

　さらに第3に，投資の分野では，投資受入国による人為的な競争力の創出乃至競争条件の歪曲の問題は，伝統的な投資協定の枠組み，とりわけ設立後の内国民待遇原則の規律内容や適用範囲によっては，対処可能な場合もあろう。他方，投資受入国が投資母国の創出した人為的競争力を考慮し[70]，投資受入に際し，競争条件を調整する法的規律は従来，見られない。既に存在する各国の国家安全保障に関する投資規制も，国家安全保障を理由とする限り，競争条件の調整という観点からの活用には限界があろう。この点での規律導入の難しさは，上記(2)のサービス分野における補助金相殺措置等の導入の困難さと共通する部分がある。

　また，投資受入国の国有企業が投資家の母国がどこかに基づいて投資受入れ上の差別をし，かつ，当該国有企業の行為を投資受入国に帰属可能な場合は[71]，投資協定上の最恵国待遇原則違反を問う余地もあろう。しかし，設立前の最恵国待遇を約束する投資協定は少数派であり，そのような規律を及ぼす可能性は現実には限定的である。また，政治的考慮等非商業的考慮に基づく投資活動に

ついては，上記Ⅲの3のサンチャゴ原則等や5のOECD枠組みが一定の自主規律を設けているが，これらには拘束力が付与されていない。

Ⅴ　おわりに——国際経済法上の課題と展望——

以上，法現象（Ⅲ）と国際経済法上の既存規律の可能性と限界（Ⅳ）から，国家資本主義国乃至国家主導型資本主義国による国有企業等の優遇策に対応した競争上の中立性確保のための調整規律の全般的な確立が，国際経済法上の喫緊の課題となりつつあることが分かる。こうした調整規律は，物の貿易に関しては既に十分に確立している一方で，サービス及び投資の分野においては必ずしも十分に発達していないという対照的な状況が浮び上がった。

まず，物の貿易においては，補助金協定の既存規律により，この問題に十分に対処できる可能性がある（上記Ⅳ2(1)）。今後は，補助金の立証の困難さ等の問題への対処も含め，その悪影響に適切に対応できるよう改善を進めるとともに，むしろ国有企業の公的機関性認定や代替的ベンチマークの利用といった形での濫用を防止するための規律強化が必要となろう。他方，サービス及び投資分野においては，一部既存規律（内国民待遇等）により対処する余地があるものの，補助金協定に対応する全般的な規律は存在せず，とりわけ国有企業等が母国で優遇を受け，その影響がサービス輸入国・投資受入国市場において同国又は第三国企業に及ぶ場合における規律が未確立である（上記Ⅳ2(2)及び(3)）。そのため，国有企業等の優遇措置に対する懸念が，今後，サービス自由化や投資自由化の交渉を阻害するおそれがあり，EU国家補助規律やWTO対抗可能補助金規律等を土台に国際的規律を新規に導入することが望ましい。TPP交渉における米国による国有企業等に対する規律提案（上記Ⅲ6）は，長期的に中国を規律の対象国に加えることを視野に入れ，主に後者をモデルにこれを実現しようとする試みであると性格付けることができる[73]。

しかし，こうした新たな規律提案は，法技術的な困難さや国家資本主義国側

における国有企業等の政治的影響力の強さ等を考慮すれば，容易に受け入れられるものではなかろう。WTO 等の多国間レベルのみならず，TPP 等の地域統合レベルでも，当該規律の導入は困難を極め，しばらくの間，規律が導入されない余地もある。そうした国際的規律の欠缺が埋められない間，自由市場国側が，国内競争法の独占規制や市場支配力の濫用規制を活用して，国家資本主義国による国有企業等の優遇策のもたらす弊害に対処しようとする，いわば「各国競争法対外国国有企業」という構図が成立する可能性があり[74]，それにともない新たな法的課題も発生しうる。このように自由市場国と国家資本主義国の対立構造は，国際経済法の様々な側面で，その発展方向を規定する潜在性を秘めており，それにともなう法現象と課題について，今後，一層の研究が待たれる。

* 本論文は，科学研究費補助金・基盤研究（B）「東アジアにおける市場と政府をめぐる法的規律に関する総合研究」（研究代表者　川島富士雄，課題番号：24330013）の成果の一部である。

(1) 異なる経済体制間のインターフェイス規律という概念については，次を参照。Jackson, John H., *The World Trading System: Law and Policy of International Economic Relations*, 1st ed. (MIT Press, 1989), pp.280, 291-292.

(2) これらの加盟議定書の特別規定に関する概観として，川島富士雄「中国の WTO 加盟に関する研究・対中国経過的セーフガード規定の WTO 法における位置付け(2)」『金沢法学』45巻2号（2003年）68-70頁及び同上(3)『金沢法学』46巻2号（2004年）3-7頁。

(3) Fukuyama, Francis Y., *The End of History and the Last Man* (Free Press, 1992)（フクヤマ，フランシス（渡部昇一訳）『歴史の終わり（上・下）』（三笠書房，1992年））

(4) 新自由主義の展開については，Harvey, David, A Brief History of Neoliberalism (Oxford University Press, 2005)（ハーヴェイ，デヴィッド（渡辺治監訳）『新自由主義——その歴史的展開と現在——』（作品社，2007年）参照。

(5) 補助金協定29条は「市場経済への移行 (Transformation into a Market Economy)」と題し，同1項は，「中央計画経済から市場自由企業経済への移行過程にある加盟国は (Members in the process of transformation from a centrally-planned into a market, free-enterprise economy)，この移行のために必要な制度及び措置を適用することができる。」と規定し，2項以下が特別の経過期間（例えば，禁止補助金は7年以内に廃止等）を認めている。知的所有権の貿易関連の側面に関する協定（TRIPS）協定65条3項

の類似規定も参照。

(6) See e.g., Halper, Stefan, *The Beijing Consensus: How China's Authoritarian Model Will Dominate the Twenty-First Century* (Basic Book, 2010)（ハルパー，ステファン（園田茂人・加茂具樹訳）『北京コンセンサス――中国流が世界を動かす？――』（岩波書店，2011年））．

(7) Bremmer, Ian, *The End of Free Market* (Portfolio, 2010)（ブレマー，イアン（有賀裕子訳）『自由市場の終焉――国家資本主義とどう闘うか―』（日本経済新聞出版社，2011年））．ブレマーは，国家資本主義国を，「政府が主として政治上の利益を得るために市場で主導的な役割を果たすシステム」と定義し（*Ibid.*, p.43），資本主義を受け入れ，市場を廃止しようとしてはいないが，それを自分たちの目的に沿って利用しようとし（*Ibid.*, p.53），国有企業，民間の旗艦企業及び政府系ファンドを主な手段として用いる国家と性格づけている（*Ibid.*, p.54）。

(8) 大橋英夫・丸川知雄『中国企業のルネサンス』（岩波書店，2009年）42頁。

(9) 渡邉真理子「国有企業改革」『経済セミナー』2010年8・9月号（2010年）56頁，表2参照。

(10) 大橋・丸川『前掲書』（注8）51-54頁。

(11) 改革開放期における経済法制の発展については，川島富士雄「中国における改革開放と経済法の発展――競争法及びWTO加盟にともなう法整備を中心に――」日本国際経済法学会20周年記念論文集『国際経済法講座Ⅰ　通商・投資・競争』（法律文化社，2012年）所収予定。

(12) 中兼和津次『シリーズ現代中国経済1　経済発展と体制移行』（名古屋大学出版会，2002年）137，149頁。

(13) 商品小売総額にしめる政府固定価格と市場価格の割合は，1978年には97％対3％であったが，1985年には47％対34％（残りは政府指導価格）となった。中兼『前掲書』（注12）135頁。

(14) 北京師範大学経済与資源管理研究院『2010中国市場経済発展報告』（北京師範大学出版社，2010年）205頁。

(15) Naughton, Barry, China's Economic Policy Today: The New State Activism, *Eurasian Geography and Economics*, Vol.52, No.3 (2011), p.314. ただし，国有部門の占める割合については，その定義如何により諸説ある。See e.g., USCC (U.S.-China Economic and Security Review Commission), An Analysis of State-owned Enterprises and State Capitalism in China, October 26, 2011, p.25（国有部門の中国全生産額に占める比率を40～50％と試算）．

(16) 丸川知雄「21世紀型の産業政策――中国の事例を中心に――」武田康裕ほか編著『現代アジア研究3　政策』（慶應義塾大学出版会，2008年）216頁。

(17) See e.g., Naughton, *supra* note 15, pp.313-329.

(18) *Ibid.*, p.318.

(19) 津上俊哉「岐路に立つ中国」(日本経済新聞出版社, 2011年) 97頁。
(20) 丸川『前掲論文』(注16) 217-219頁。
(21) 川島富士雄「中国による補助金供与の特徴と実務的課題――米中間紛争を素材に――」『独立行政法人経済産業研究所ディスカッション・ペーパー』11-J-067 (2011年) 5-7, 10頁
(22) USCC, 2011 Report to Congress of the U.S.-China Economic and Security Review Commission, November 2011, p.41-42, 46-47, 62. 国有企業はその政治的影響力の強さから優遇策を獲得可能であるとされる。See Bremmer, *supra* note 7, p.139.
(23) USCC, *supra* note 15, p.92 and USCC, *supra* note 22, p.87.
(24) Naughton, *supra* note 15, p.321. 曽根康雄「金融の対外開放政策と制度」中兼和津次編『改革開放以後の経済制度・政策の変遷とその評価』(早稲田大学現代中国研究所, 2011年) 143頁も参照。
(25) 「国進民退」現象に関する邦文文献における認識の代表例として, 加藤弘之「社会主義の模索と市場移行」加藤弘之・上原一慶編著『現代中国経済論』(ミネルヴァ書房, 2011年) 55頁, 中兼『前掲書』(注24) 3頁, 田中修『2011～2015年の中国経済』(蒼蒼社, 2011年) 215頁及び津上『前掲書』(注19) 77-102頁。
(26) USCC, *supra* note 22, p.48.
(27) 2006年の対外投資の8割が国有部門によるもので, その66％が中央政府管轄の国有企業が占め, その半分は資源関連の投資である。これらの国有企業は潤沢な外貨準備から市場金利よりも有利な融資を受けているとされる。USCC, *supra* note 15, pp.85-86.
(28) *Ibid.*, p.90.
(29) Antidumping and Countervailing Duty: Federal Register Notices and Unpublished Decisions, at http://ia.ita.doc.gov/frn/index.html. 米国・対中国産コート紙 (Coated Free Sheet Paper) 相殺関税調査及びその後2011年上半期までの相殺関税調査については, 川島「前掲論文」(注21) 13-21頁。
(30) Appellate Body Report, *United States – Definitive Anti-Dumping and Countervailing Duties on Certain Products from China*, WT/DS379/R, adopted 25 March 2011. 本件パネル及び上級委員会報告の分析として, 川島「前掲論文」(注21) 26-39頁。
(31) 以上の4件の補助金関連事件の詳細については, 川島「前掲論文」(注21) 10-12, 22-23頁参照。
(32) なお, DS358及びDS359は, 2007年8月, パネルが設置されたものの, 同年12月及び翌年2月, パネル審理に入る前に米中間及び米墨間それぞれで合意に至っている。
(33) 川島富士雄「中国の自動車部品の輸入に関する措置」『ガット・WTOの紛争処理に関する調査 調査報告書XIX』(独立行政法人経済産業研究所, 2009年) 203-225頁。
(34) 中国は各種鉱物資源の輸出制限の目的として環境保護又は資源保存を掲げ, GATT20条b号又はg号による正当化を試みた。川島富士雄「中国による鉱物資源の輸出制限と日本の対応」『ジュリスト』1418号 (2011年) 37-43頁。しかし, パネル及び

上級委員会報告はいずれの正当化も拒絶しており，同輸出制限はむしろ産業政策的目的に基づく疑いが濃厚である。同パネル及び上級委員会報告について，松下満雄「中国鉱物資源輸出制限に関するWTOパネル報告書」『国際商事法務』39巻9号（2011年）1231-1239頁及び同「中国鉱物資源輸出制限に関するWTO上級委員会報告」『国際商事法務』40巻3号（2012年）333-341頁。

(35) これ以外のWTO違反のおそれのある補助金供与については，川島「前掲論文」（注21）注5-6。

(36) USCC, *supra* note 22, pp.129-130.

(37) こうしたWTO紛争とは別に，中国共産党次期総書記兼国家主席に内定している習近平氏訪米時の米中合意（2012年2月13~17日）において，中国政府による輸出信用に対し規律を強化するため，2014年までにガイドラインを合意することを目標として，輸出信用に関する新たな国際作業部会を設置するとの米中約束が取り交わされている。The White House, Joint Fact Sheet on Strengthening U.S.-China Economic Relations, 14 February 2012, para.18.

(38) 政府系ファンドに対する投資行動規制については，中谷和弘「政府系ファンドと国際法」秋月弘子他編『人類の道しるべとしての国際法（横田洋三先生古稀記念論文集）』（国際書院，2011年）623-654頁。*Sea also* Bassan, Fabio, *The Law of Sovereign Wealth Funds* (Edward Elger, 2011).

(39) これらの事例の紹介として，柏木昇「国家安全保障と国際投資――国家安全保障概念の不確実性―」『日本国際経済法学会年報』第18号（2009年）59-63頁。より最近の中国関連の事例として，CFIUSによる異議を受け，ファーウェイ（Huawei）が3COM買収を断念した事例（2008年）及び同社が3Leaf Systemsの売却を決定した事例（2011年）を挙げることができる。

(40) 同上，67-70頁。

(41) 政府系ファンドによる政治的考慮に基づく投資の具体例として，中国の政府系ファンド中国投資有限責任公司（CIC）及び国家外国為替管理局（SAFE）が，台湾との外交関係断絶の見返りとしてコスタリカ国債3億ドル分を購入した事例（2008年）が挙げられる。Bremmer, *supra* note 7, p.138. 中谷「前掲論文」（注38）628頁。

(42) International Working Group for Sovereign Wealth Fund, Generally Accepted Principles and Practices (GAPP) — Santiago Principles, October 11, 2008. 本原則には，中国を含む23カ国が参加署名している。中国に関しては，中国投資有限責任公司が，その規律対象とされている。*Ibid.*, Appendix II.

(43) Treasury Reaches Agreement on Principles for Sovereign Wealth Fund Investment with Singapore and Abu Dhabi, 20 March 2008.

(44) 小寺彰「米国2004年モデルBITの評価――2009年9月30日国際経済諮問委員会（ACIEP）報告書を紹介しつつ――」経済産業省『投資協定仲裁研究会報告書（平成22年度）』（2010年）103-115頁。

(45) *Report of the Advisory Committee on International Economic Policy Regarding the Model Bilateral Investment Treaty* Presented to: The Department of State, 30 September 2009.
(46) *Ibid.*, para.22.
(47) *Ibid.*, Annex B, pp.13-15. 米中投資協定において,国有企業等と民間企業の間の競争上の中立性原則等を導入すべきとの提案として,以下を参照。USCC, *supra* note 22, p.120.
(48) 2012 U.S. Model Bilateral Investment Treaty, 12 April 2012.
(49) Office of the USTR, Model Bilateral Investment Treaty, 12 April 2012, pp.2-3.
(50) Daly, Nova J., Prepared Statement Before the U.S.-China Economic and Security Review Commission Hearing on "The Evolving U.S.-China Trade and Investment Relationship", June 14, 2012, pp.7-8, at http://www.uscc.gov/hearings/2012hearings/written_testimonies/12_6_14/NovaDaly.pdf. デイリーは,2006-2009年,CFIUS のコーディネータ役を務めた元米財務省副次官補である。*See also* Drake, Celeste (AFL-CIO), Testimony regarding the Proposed Trans-Pacific Partnership Free Trade Agreement, Before the House Terrorism, Nonproliferation and Trade Subcommitte, 17 May 2012 (recommending "the consideration of a screening mechanism for SOE investments").
(51) OECD, *OECD Guidelines on Corporate Governance of State-owned Enterprises* (2005).
(52) OECD, *Competitive Neutrality and State-Owned Enterprises: Challenges and Policy Options*, OECD Corporate Governance Working Papers, No.1 (2011). *See also* OECD, Competitive Neutrality: Maintaining a Level Playing Field between Public and Private Business (2012).
(53) Coalition of Services Industries & U.S. Chamber of Commerce's Global Regulatory Cooperation Project, *State-Owned Enterprises: Correcting a 21st Century Market Distortion*, 22 February 2011.
(54) 日本経済新聞2011年10月27日夕刊2面。
(55) U.S. SOE Proposal Raises Ire of Singapore State-Owned Investment Firm, *Inside US-China Trade*, 16 May 2012, p.6.
(56) USTR: U.S. Facing Resistance on TPP SOE Proposal from Other Countries, *Inside U.S. Trade*, 26 August 2011, p.3.
(57) U.S. SOE Proposal, *supra* note 54., pp.1, 5-6.
(58) *Ibid.*, p.6.
(59) 日本異質論の代表例として,ファローズ,ジェームズ(大前正臣訳)『日本封じ込め』(ティビーエス・ブリタニカ,1989年)。
(60) Ⅲ3で紹介した米国大統領に国家安全保障を害すると認める対米外国投資を停止させる権限を与えた1988年エクソン・フロリオ修正法は,1980年代の日本企業による米国有

名企業等の買収を背景に制定されたと言われる。柏木「前掲論文」(注39) 64-65頁。
(61) 2012年3月現在の中国の外貨準備高は約3.3兆米ドルに達している(WTO加盟直後の2002年1月は2174億米ドル)。中国人民銀行2012年貨幣統計概覧(黄金和外匯儲備), at http://www.pbc.gov.cn/publish/html/kuangjia.htm?id=2012s09.htm。これは世界第2位の日本の外貨準備高約1.28兆米ドルの約2.6倍である。日本財務省「外貨準備等の状況(平成24年5月末現在)」(平成24年6月7日), at http://www.mof.go.jp/international_policy/reference/official_reserve_assets/2405.html
(62) その例外の1つが、旧日本郵政公社(現日本郵政)による簡易保険サービス提供をめぐる日米紛争である。この問題は、米国によるTPP交渉における国有企業等に対する規律提案においても、念頭に置かれている。東條吉純「TPP協定交渉におけるサービス貿易自由化」『ジュリスト』1443号(2012年)46頁。
(63) フォーチュン誌の「世界の500社(2011年版)」のうち、61社が中国企業であり、そのうち38社を中国の中央政府直轄の国有企業(以下「中央企業」という。)が占める(WTO加盟直後の2002年には、それぞれ11社、6社)。さらに、同トップ10に中央企業3社(6位 中国石化、7位 中国石油及び8位 国家電網)がランクインしている。
(64) さらに、中国加盟議定書10条2項には、国有企業が不釣り合いに大きな額の補助金を受領している場合などは補助金協定1.2条の特定性要件を満たすとの特別規定が置かれている。Protocol on the Accession of the People's Republic of China, WT/L/432, 23 November 2001, Section 10.2.
(65) 例えば、反競争的行為の黙認であれば、1960年の「制限的商慣習についての協議に関するGATT決定」に基づいて協議要請することは可能である。Restrictive Business Practices: Arrangements for Consultations, Report of Experts, adopted 2 June 1960, L/1015, BISD 9S/170. しかし、同決定はWTO紛争解決手続の対象協定に含まれず、同協議不調の場合もパネル設置要請は認められない。
(66) Appellate Body Report, *Canada – Measures Relating to Exports of Wheat and Treatment of Imported Grain*, WT/DS276/AB/R, para.145.
(67) Council for Trade in Services, 2001 Guidelines for the Scheduling of Specific Commitments under the General Agreement on Trade in Services (GATS), S/L/92, 23 March 2001, para.16. この点についての解釈論として、川瀬剛志「世界金融危機下の国家援助とWTO補助金規律」『独立行政法人経済産業研究所ディスカッション・ペーパー』11-J-065 (2011年) 18-20頁。
(68) GATS8条2項を補完する規律として、電気通信サービスに関する参照文書(Reference Paper)がある。*See also* Panel Report, *Mexico – Measures affecting Telecommunications Services*, WT/DS204/R, adopted 1 June 2004.
(69) Working Party on GATS Rules, Report of the Meeting Held on 1 November 2011, Note by the Secretariat, S/WPGR/M/76, 2 December 2011, paras.15-21.
(70) 例えば、米国議会からの国家安全保障上の懸念のため断念されたCNOOCによる

Unocal買収（2005年）に際し，CNOOCは二番札のシェブロン（166億米ドル）を20億米ドル近くも上回る応札（185億米ドル）を行っている。柏木「前掲論文」（注39）60頁。

(71) 関連の投資仲裁事例の紹介として，，中谷和弘「ロースクール国際法第10回 政府系企業，政府系ファンド（SWF）と国際法」法学教室340号（2009年）154頁及び西村弓「投資紛争における行為の国家への帰属」小寺彰編著『国際投資協定——仲裁による法的保護——』（三省堂，2010年）180-188頁。

(72) EU運営条約107条。*See e.g.*, Bacon, Kelyn, (ed.), *European Community Law of State Aid* (Oxford University Press, 2009).

(73) 東條「前掲論文」（注62）46-47頁。

(74) すでに，ACIEP報告書の消極説（上記Ⅲ4）やCSI及び米国商工会議所の提案（上記Ⅲ6）が，そうした対処の可能性について指摘している。また，各国競争法においても，例えば，欧州委員会競争当局によるロシア国営企業ガスプロム子会社に対する調査開始などこの方向性を示唆する現象が現れ始めている。Antitrust: Commission confirms unannounced inspections in the natural gas sector, MEMO/11/641, 27 September 2011.

（名古屋大学大学院国際開発研究科教授）

論　説　国際経済法における市場と政府

EU の経済ガバナンスに関する法制度的考察
――非対称性問題と欧州債務危機――

庄　司　克　宏

Ⅰ　はじめに
Ⅱ　用語の定義――共同体方式，政府間方式，2 速度式欧州，2 層式欧州――
Ⅲ　救済禁止条項と金融支援枠組みの設立
　　1　救済禁止条項
　　2　金融支援枠組みの設立
Ⅳ　財政規律の強化――安定・成長協定の改正および財政条約の締結――
　　1　安定・成長協定の改正
　　2　財政条約の締結
Ⅴ　結　　語

Ⅰ　はじめに

　2009年秋以降ギリシャの財政問題を契機として発生した欧州債務危機により，EU における経済ガバナンスの脆弱性が露呈した。その背景には，EU の基本条約すなわち EU 条約（TEU）および EU 機能条約（TFEU）に基づく権限配分に由来する制度設計の不備が存在する。それは，経済通貨同盟における非対称性の問題と呼ばれる。

　経済通貨同盟に関する基本条約上の権限配分によれば，まず「通貨をユーロとする加盟国のための金融政策」は EU の排他的権限に属する。その結果，EU の機関である欧州中央銀行（ECB）が，強い独立性の下で単一通貨ユーロに関する排他的権限を付与され，物価の安定を主目標として単一の通貨・金融政策を決定する。

これに対し，経済・財政政策分野では，加盟国が基本条約により決定される取り決めの中で自国の政策を調整することとされている。EUはその取り決めを提供する権限を有するにとどまる。すなわち，基本条約には，「健全な公共財政」という指導原則の下，第1にECBおよび国内中央銀行による加盟国への信用上の便宜供与の禁止，加盟国による金融機関への特権的アクセスの禁止，ならびに，救済禁止条項としてEUおよび加盟国による他の加盟国の債務引受の禁止が規定されるとともに，第2に安定・成長協定により強化された「多角的監視手続」および「過剰赤字手続」に基づく財政規律が定められているにとどまる。[3]

　このように，経済通貨同盟における通貨・金融政策はECBの下で中央集権的な構造を有する一方，経済・財政政策は加盟国の権限として経済財政理事会（およびユーロ圏財務大臣で構成されるユーロ・グループ）で政策調整が行われるという意味で分権的な構造を持つため，両者は非対称的な関係にある。[4]

　以上のような権限配分の中で，経済・財政政策には2つの弱点が存在する。それは，第1に加盟国は健全財政を保ち，市場から資金を調達するという前提の下[5]，EUレベルでは救済禁止条項等と安定・成長協定による危機予防策のみが用意されるにとどまり，危機が発生した場合に備えた危機管理および解決の制度がほとんど想定されていなかったということである。また，第2に財政規律を目的とする安定・成長協定そのものが制度的欠陥のために有効に機能しなかったことである[6]。

　本稿は，EUが欧州債務危機に直面して非対称性に伴う弱点を克服するためにいかなる対応を行っているのかを明らかにし，それを「共同体方式」と「政府間方式」および「2速度式欧州」と「2層式欧州」という視点から法制度的に検証することを目的とする（通貨・金融政策と金融監督・規制は考察の対象外とする）。用語の定義を行った後，第1に救済禁止条項の制約の下で基本条約に必ずしも予定されていない危機管理としての金融支援枠組みがどのように整備

されたのかを明らかにする。第2に安定・成長協定の改正および財政条約の締結により，財政規律の強化にいかなる進展があったのかについて述べる。そのうえで最後に，EU は経済・財政政策分野の政策決定においてどの程度「共同体方式」あるいは「政府間方式」を採用しているのか，また，EU はユーロ参加の有無を基準としてどの程度「2速度式欧州」あるいは「2層式欧州」で進もうとしているのか，について考察する。

Ⅱ　用語の定義──共同体方式，政府間方式，2速度式欧州，2層式欧州──

EU における超国家的協力は通常，「共同体方式」（the Community method）に基づく。それは，第1に独立性を有するコミッション（欧州委員会）が立法・政策の発議権を独占すること（この場合，「提案」と呼ばれる），第2に閣僚級の政府代表で構成される理事会の決定は特定多数決（各国の人口に比例した持ち票合計の約75％で成立するが，2014年秋より国票55％と人口票65％の組み合わせに移行する）によること，また，コミッションの「提案」の修正には全会一致を要すること，第3に直接選挙された欧州議会と理事会との共同決定，第4に EU 司法裁判所による遵守確保，を意味する。そのいずれかが欠けている場合（程度の差はあるが），「政府間方式」（the intergovernmental method）と呼ばれる。それは国家主権に基づく加盟国政府間の協力であり，EU の枠内と枠外という2とおりが存在する。

EU の枠内の政府間方式は，典型的には次のような特徴を帯びる。第1にコミッションの発議権の独占がない（加盟国にも発議権がある）か，または，「提案」ではなく「勧告」による。「勧告」ならば理事会による修正は（決定自体がが特定多数決による場合）特定多数決で足りる。第2に理事会の決定は全会一致による。第3に欧州議会の関与はないか，または，諮問を受けて法的拘束力のない意見を表明するにとどまる。第4に EU 司法裁判所の関与は皆無か，あるとしても極めて限定的である。

EU の枠外の政府間方式では，基本条約とは別に政府間協定が全部または一部の加盟国により締結され，国際法に基づく協力が行われる（EU の機関に一定の役割が付与される場合がある）。その例として，1985年，仏独およびベネルクス3国により署名された「共通国境における検問の漸進的撤廃」に関するシェンゲン協定がある。加盟国が，基本条約の内容と関連し，その目的達成にとって重要な一定の事項を政府間協定により規制することは，原則として可能である。ただし，当該協定の対象が加盟国の権限内にとどまること(10)，また，誠実協力原則(11)（TEU 4 条 3 項）および EU 法優越の原則(12)に基づく義務を尊重することが要求される(13)。

　次に，「2 速度式欧州」（two-speed Europe）とは，EU 基本条約が目指す共通目的を追求するに当たり，意思と能力を有する一部の加盟国が先行して協力を発展させることを言う。他の加盟国は後から追いつくことが前提とされ，両者の相違は一時的に過ぎない。その例として，基本条約に規定される「補強協力」（enhanced cooperation; coopération renforcée）がある(14)。他方，「2 層式欧州」（two-tier Europe）とは，意思と能力を有する一部の加盟国が先行して協力を発展させるが，他の加盟国は政治的に追いつく意思がないかまたは能力的に追いつくことができないため，両者の相違が永続的に続く場合を言う(15)。たとえば，共通安全保障・防衛政策における「常設構造化協力」（permanent structured cooperation）(16)はそれに当たる。

　マーストリヒト条約で導入された経済通貨同盟の規定では，すべての加盟国がやがてはユーロに参加するという前提が存在した(17)。これは 2 速度式欧州を意味する。そのため，すべての加盟国で構成される経済財政理事会が経済通貨同盟の分野における公式の立法・政策決定を行う場とされ，後から追加されたユーロ・グループ（ユーロ圏財務相理事会）はユーロ圏に特有の責任に関わる問題を討議する非公式な会合として位置付けられた(18)。

III 救済禁止条項と金融支援枠組みの設立

1 救済禁止条項

救済禁止 (no-bailout) 条項には, 次のように規定されている。

「連合は, 特定プロジェクトの共同執行のための相互金融保証を損なうことなく, 加盟国の中央政府, 地域, 地方若しくは他の公の機関, 公法により規律される他の団体又は公の事業者の債務を保証し又はこれを引き受けてはならない。加盟国は, 特定プロジェクトの共同執行のための相互金融保証を損なうことなく, 他の加盟国の中央政府, 地域, 地方若しくは他の公の機関, 公法により規律される他の団体又は公の事業者の債務を保証し又はこれを引き受けてはならない。」(TFEU 125条1項)

他方, EU機能条約122条2項は, 救済禁止条項の唯一の例外として, 「加盟国が自然大災害又は制御不能な例外的事態により困難に遭うか又は重大な困難の深刻な脅威に晒される場合, 理事会はコミッションの提案により一定の条件に基づき, 当該加盟国に連合の金融支援を供与することができる」と定めている。この規定は「財政連帯条項」(the financial solidarity clause) と呼ばれることがある[19]。

救済禁止条項により, すべての形態における加盟国債務の肩代わりが排除され, それは債券の買入だけでなく, 貸付, 保証, または, 類似の効果を有する他の措置にも該当する。しかし, 世界金融危機のような異常な事態により加盟国が債務不履行に直面するような場合には122条2項の要件を充たすものとなりうる。122条2項の金融支援は「連合の金融支援」であるため, EU予算を担保とする救済のみが対象となる。また, 金融支援の供与は,「一定の条件の下で」行われるため, 当該加盟国が当該困難を除去しまたは回避するために講じる措置に関する条件が課される[20]。

2 金融支援枠組みの設立

「欧州金融安定化メカニズム」(EFSM) は，EU 機能条約122条2項に基づく2010年5月11日付 EFSM 規則[21]により設立された[22]。EFSM の運営は共同体方式に基づく。EFSM 規則の前文(2)-(7)には，122条2項にいう「制御不能な例外的事態による困難」が前例のない世界金融危機と経済不況を引き起こし，加盟国の財政赤字と政府債務の重大な悪化をもたらしていること，緊急に対応しなければEU 全体の金融安定に対する脅威となり得ること，また，厳格な経済政策上の条件が対象国に課されることを根拠として，EFSM の設立が例外的な事態の期間に限定されて正当化されている[23]。また，EU 予算を担保として（本文2条2項），貸出能力の上限は600億ユーロとされている。

他方，「欧州金融安定ファシリティ」(EFSF) は，EU 枠外の政府間協定に基づいている。EU 機能条約122条2項の適用範囲外で加盟国が支援することは排除されていない[24]。先述したとおり，一部の加盟国が EU の排他的権限に属さない分野に関する条約を締結することは，EU 法に抵触しない限り可能である[25]。EFSF は，ユーロ圏加盟国が比例ベースで保証を行う「特別目的事業体」のルクセンブルク法人として設置され，EFSF およびユーロ圏加盟国との間でEFSF 枠組協定が締結された。それによれば，前文(1)に「ユーロ圏全体及びその加盟国の金融安定を保護する目的で」，EU 機能条約122条2項と同様の文言を使用して「自ら制御不能な例外的状況により引き起こされた困難にあるユーロ圏加盟国に金融支援を行うために」EFSM と並んで EFSF を設置することとされている。なお，両者ともに，強いコンディショナリティに服して国際通貨基金（IMF）と共同で支援することとされた。また，EFSF は2010年6月7日設立されたが，2013年6月末までの一時的措置とされている。4400億ユーロを上限に金融支援を行うこととされ（上限額はその後，約7800億に引き上げられて，実質的に4400億ユーロが確保された），主な業務上の重要決定は各国代表で構成される EFSF 役員会（the board of directors）の全会一致による。EFSF 枠組協定

および非契約上の義務に関してはイングランド法に準拠する。また，枠組協定に関してユーロ圏加盟国の間で生じる紛争は EU 司法裁判所の排他的管轄に服する一方，EFSF とユーロ圏加盟国の間の紛争はルクセンブルクの裁判所の管轄に服する。[26]

次いでユーロ圏加盟国は，条約改正により明確な法的根拠を EU 基本条約に規定し，それを基に恒久的な金融支援枠組みを確立することを目指した。すなわち，2010年12月16-17日の欧州理事会（EU 首脳会議）において，EU 加盟国首脳は，2013年6月までを想定した EFSF および EFSM に代えて，恒久的な機構として欧州安定メカニズム（ESM）をユーロ圏加盟国間で設立することを目的として条約改正を行うことで合意した。[27] 次いで，欧州理事会は，2011年3月25日付決定により，ユーロ圏のための安定メカニズムに関して EU 機能条約136条を簡易手続（TEU48条6項）[28] により改正することとした。[29] 改正案の内容は，ユーロ圏加盟国にのみ適用される136条に次の第3項を追加することであった。

「ユーロを通貨とする加盟国は，ユーロ圏全体の安定を守るために不可欠な場合に発動されうる安定メカニズムを設立することができる。同メカニズムの下で要求される金融支援の供与は厳格なコンディショナリティに服するものとされる。」

この条約改正と併行して，ESM を設立するための政府間協定が2011年7月11日にユーロ圏加盟国により署名され，その後の一部修正のため2012年2月2日に再度署名された。[30] ESM 条約（Treaty establishing the European Stability Mechanism）[31] が発効するためにはすべての出資額の90％に相当するユーロ圏加盟国の批准が必要である。2012年7月からの活動開始が予定されていたが，発足は遅れている。ESM は法人格を有する国際機構としてルクセンブルクに設置される。金融支援の上限額は5000億ユーロである。IMF と密接に協力することとされ，厳格なコンディショナリティの下，金融支援を行うことになっている。主な業務上の重要決定は各国財務大臣で構成される ESM 総務会（the

Board of Governors）における「相互の合意」すなわち全会一致によるが、ユーロ圏の経済的・金融的持続可能性を脅かすおそれがある場合には資本金出資割合の85％による特定多数決が使用される。ESM協定およびそれに基づく法令の解釈または適用に関する問題は、各国総務会メンバーにより任命される代表で構成されるESM理事会（the Board of Directors）に付託され、決定されるが、そのような問題について紛争がある場合は総務会が決定を行う。この決定に不服がある場合は、EU司法裁判所に付託される。以上のようにして、恒久的な金融支援枠組みとしてのESMは、EU基本条約に根拠規定を置きつつも、ユーロ圏加盟国のみの参加による政府間機構として設立される。

IV 財政規律の強化——安定・成長協定の改正および財政条約の締結——

1 安定・成長協定の改正

財政規律に関するEU機能条約121条および126条を実施するため、「安定・成長協定」（SGP）が定められている。それは主に2つのEU規則に基づく。第1にSGPの「予防部門」として、EU機能条約121条3、4項に規定される多角的監視手続（MPS）を補完するために制定された規則1466/97号（MSP補完規則）である。第2にSGPの「是正部門」として、EU機能条約126条に定められている過剰赤字手続（EDP）を運用するために制定された規則1467/97号（EDP運用規則）である。現行のMPS補完規則およびEDP運用規則は「経済ガバナンス関連6法」による改正を受けている。また、同様にして、とくにユーロ圏加盟国を対象として両規則を強化するための規則1173/2011号（ユーロ圏財政監視規則）も制定されている。さらに、ユーロ圏の多角的監視を強化するため、新たに2つの規則が提案されている。

(1) 多角的監視手続の強化

まず、多角的監視手続とは、理事会（SGPの文脈では経済財政理事会を指す）が「加盟国の経済政策の調整の緊密化及び経済動向の持続的収斂を確保するた

め」各加盟国の経済的進展等について多角的監視を行う手段を意味する（TFEU 121条3項）。現行 MPS 補完規則（2-a条）によれば，同手続は各国議会に予算案が送付される前に EU レベルで経済・財政政策を総合的に調整するために導入された「欧州セメスター」(the European Semester) の不可欠の一部と位置付けられている。この現行手続は，コミッションの発議（「提案」または「勧告」）および理事会の決定方式に着目すれば，次のとおりである。

　第1に，加盟国の経済政策が EU の基準に合致しない場合，コミッションは当該加盟国に早期警告を発することができる（TFEU121条4項）。第2に，理事会はコミッションからの「勧告」に基づき，特定多数決により当該加盟国に必要とされる政策措置のための勧告を発することができる。理事会はコミッションからの「提案」に基づき，その勧告を公表することを決定することができる（TFEU121条4項）。第3に，当該加盟国が期限内に適切な行動をとらない場合，コミッションは直ちに，実効的な行動がとられていないことを認定する決定を理事会が特定多数決により採択するよう「勧告」する。理事会が単純多数決によりコミッションの「勧告」から10日以内に勧告を否決しない限り，当該決定は理事会により採択されたものとみなされる（逆単純多数決）。また，ユーロ圏加盟国が対象の場合，コミッションは理事会に対し，有利子供託金（前年度 GDP の0.2％）を供託するよう「勧告」する。理事会がコミッションの「勧告」採択から10日以内に特定多数決により否決しない限り，当該決定は理事会により採択されたものとみなされる（逆特定多数決）。ただし，理事会は特定多数決によりコミッションの「勧告」を修正することができる。なお，以上の特定多数決，「逆単純多数決」，「逆特定多数決」は，当該加盟国がユーロ参加国の場合は同国を除くユーロ参加国のみで投票がなされる一方，当該加盟国がユーロ不参加国の場合は同国を除く全加盟国で投票がなされる[40]。

(2) 過剰赤字手続の強化

　次に，過剰赤字手続とは，コミッションが財政赤字 GDP 比3％および政府

債務 GDP 比60％を基準として，加盟国の財政状態を監視する手段である（TFEU 126条2項）。旧 EDP 運用規則では過剰赤字手続の基準として実際には財政赤字 GDP 比3％だけが使用されてきたが，現行 EDP 運用規則においては，それに加えて政府債務 GDP 比60％（満足のいくペースで十分に減少しかつ基準値に近づいていること）も判断基準（過去3年間に年間平均20分の1減少すること）として使用される。この現行手続は，をとくにコミッションの発議（「提案」または「勧告」）および理事会の決定方式に着目すれば，次のとおりである。

　第1に，理事会はコミッションからの「提案」に基づき，特定多数決により加盟国に過剰赤字が存在するか否かを決定する（TFEU126条6項）。過剰赤字の存在が決定される場合，それと同時に，理事会はコミッションからの「勧告」に基づき，特定多数決によりその状態を終わらせるために当該加盟国に勧告を発する（TFEU126条7項）。設定した期限内に勧告に応じた実効的な行動がない場合，理事会はコミッションからの「勧告」に基づき，特定多数決により当該勧告を公表することができる（TFEU126条8項）。以上の特定多数決および「逆特定多数決」は，当該加盟国がユーロ参加国の場合は同国を除くユーロ参加国のみで投票がなされる一方，当該加盟国がユーロ不参加国の場合は同国を除く全加盟国で投票がなされる。[41]

　第2に，理事会がコミッションの「提案」に基づき，特定多数決により（TFEU126条6項），多角的監視手続の上述の段階において有利子供託金を供託したユーロ圏加盟国に過剰な赤字が存在する旨決定する場合，または，コミッションが SGP に定められた法的な財政政策義務のとくに重大な不遵守を認定した場合，コミッションは理事会が無利子供託金（前年度 GDP の0.2％）を科すよう「勧告」する（前者の場合は有利子供託金から無利子供託金への変更）。理事会がコミッションの「勧告」から10日以内に特定多数決により否決しない限り，当該決定は理事会により採択されたものとみなされる（逆特定多数決）。理事会は特定多数決によりコミッションの「勧告」を修正することができる。なお，

以上の特定多数決および「逆特定多数決」は，ユーロ参加国のみにより行われ，当該加盟国の票を算入しないで行われる。[42]

　第3に，理事会がコミッションの「勧告」に基づき，特定多数決により，加盟国が過剰赤字を是正するための実効的行動をとっていないと決定する場合（TFEU126条8項），EU機能条約126条11項に列挙された制裁とは別に，理事会はコミッションからの「勧告」に基づき，「逆特定多数決」により制裁金（前年度GDPの0.2%相当）を科す決定を行うことができる（上述の無利子供託金が科されている場合はそれを制裁金として没収する）。以上の特定多数決および「逆特定多数決」は，ユーロ参加国のみにより，当該加盟国の票を算入しないで行われる。[43]

(3) 評価

　以上の点を要約するならば，財政規律の分野では，コミッションの発議権は主として「勧告」による。これは，修正に理事会の全会一致を要する「提案」とは異なり，（理事会の決定が特定多数決による場合）理事会は「勧告」を特定多数決により修正することが可能である。他方，多角的監視手続においては理事会の決定方式に「逆単純多数決」および「逆特定多数決」がそれぞれ1箇所導入されるとともに，過剰赤字手続においては「逆特定多数決」が2箇所で採用されている。ただし，「逆特定多数決」においては，それが成立する前に理事会が特定多数決によりコミッションの「勧告」を修正することができることが明文化されているため，「逆特定多数決」が成立する前に理事会がコミッションの「勧告」を修正することによりその内容を骨抜きにすることが可能である。

　また，欧州議会の関与は，多角的監視手続，過剰赤字手続およびそれらを強化するユーロ圏財政監視手続を通じて強化されているが，主として「経済対話」における聴取と討議に限定されている。すなわち，欧州議会の所轄委員会が理事会議長，コミッション，欧州理事会常任議長やユーロ・グループ議長を

招請して，各手続や制裁について討議することができるようになった。また，欧州議会の所轄委員会は理事会勧告の対象となった加盟国と意見交換することも可能となった。さらに，理事会は原則としてコミッションの「勧告」および「提案」に従うかまたは自己の立場を公に説明することが求められる[44]。

さらに，EU 司法裁判所の管轄は限定的である。EU 機能条約126条10項により，過剰赤字手続（同条1-9項の部分）においてコミッションまたは加盟国が EU 司法裁判所に義務不履行訴訟を提起することは明文で排除されている。また，（少なくとも）過剰赤字手続において理事会がコミッション「勧告」を採択しないことは，取消訴訟の対象とはならない（不作為訴訟を提起できる可能性はある）[45]。なお，統計操作に対する制裁について EU 司法裁判所に審査権が付与されている[46]。[47]

このように，財政規律の分野では共同体方式は十分に採用されておらず，「逆特定多数決」という特徴が見られるものの，理事会（加盟国）主導の政策決定過程となっている。それは，EU 枠内の政府間方式ということができる。

2　財政条約の締結

次に，2012年3月2日，欧州理事会において，SGP をさらに強化する目的で，「経済通貨同盟における安定，調整及びガバナンスに関する条約」（Treaty on Stability, Coordination and Governance in the Economic and Monetary Union : TSCG，以下では財政条約（the Fiscal treaty）と略称）[48]が，イギリスおよびチェコを除く25カ国により署名された（2013年1月1日発効予定）。当初は EU の基本条約の改正として採択することを目指していたが，イギリスの拒否権発動により実現不可能となったため，政府間協定として制定されることとなった。以下では，財政条約の主な特徴を3点挙げる。

第1に，政府予算が「均衡又は黒字」であることを数値基準（一般政府の構造的赤字が GDP 比0.5％を超えないこと）で義務づける「黄金律」（前掲多角的監視

EUの経済ガバナンスに関する法制度的考察　159

手続では，それぞれ，「均衡に近いか又は黒字」，GDP比1％とされている），および，それから逸脱する場合の自動的是正メカニズムを，「債務ブレーキ」条項として，「可能ならば憲法により又は他の手段により国内財政過程を通じて完全に尊重されかつ遵守されることが保障された，拘束力を有しかつ永続的な性格の規定」（3条2項）により国内法として施行する義務を課している(49)。これ(50)は，前掲多角的監視手続を強化することが目的である。

第2に，同じく多角的監視手続を強化する目的で，債務ブレーキ条項の国内法化を確保するため，財政条約はEU機能条約258-260条の義務不履行訴訟と類似の訴訟手続を，同273条(51)の意味における締約国間の特別協定として導入している（8条）。それによれば，（イ）コミッションは各国による債務ブレーキ条項の国内法化義務に関する報告書を締約国に提出する。（ロ）コミッションが当該国に自己の見解を提出する機会を与えた後に同国が義務に従っていないと報告書において結論する場合，または，他の締約国が独自の判断で同様の結論に達する場合，締約国は義務違反国をEU司法裁判所に提訴することができる。（ハ）司法裁判所の判決は当事国を拘束する。当事国は司法裁判所により決定される期間内に同判決に従うために必要な措置をとらなければならない。（ニ）締約国は独自の評価またはコミッションによる評価に基づき，他の締約国が司法裁判所の先の判決に従うために必要な措置をとっていないとみなす場合，あらためて司法裁判所に提訴し，金銭的制裁を科すよう求めることができる。（ホ）司法裁判所は，当該国が先の判決に従っていないと判断する場合，同国のGDPの0.1％を超えない額の履行強制金または一括制裁金を科すことができる(52)。

財政条約の第3の主な特徴として，過剰赤字手続における「逆特定多数決」化が見られる。過剰赤字手続を一層強化するため，財政赤字GDP比3％の基準についてのみ，締約国はコミッションが同手続においてユーロ圏加盟国を対象とする「勧告」または「提案」を行う場合に，それらを支持することを「確

約」(commit) している。ただし，ユーロ圏の財政条約締約国が「逆特定多数決」（対象国の票は算入されない）により反対するときは除外される（7条）。これは，EU機能条約126条6－11項における特定多数決をすべて「逆特定多数決」に実質的に修正するものと言える。このようにして，ユーロ圏加盟国17カ国がすべて財政条約の締約国であるとした場合，過剰赤字手続の対象となっているユーロ圏締約国を除く16カ国の間で「逆特定多数決」が成立しない限り，たとえば赤字削減の措置を所定期間内にとるよう通告する理事会決定（TFEU 126条9項）は確保される。このような結果，過剰赤字手続が準自動的に適用されることになる[53]。しかし，政府間協定によりEU基本条約上の通常の特定多数決を実質的に「逆特定多数決」に変更することは誠実協力原則（TEU 4条3項）に反するのではないかという指摘がある[54]。なお，上述のSGPの改正により導入された「逆特定多数決」は追加的なものであり，基本条約規定の修正ではない。

以上のように，財政条約は，基本条約に規定される多角的監視手続および過剰赤字手続を，EU枠外の政府間協定を通じて，黄金律を含む債務ブレーキ条項の国内法化，コミッションの一定の役割およびEU司法裁判所の管轄，「逆特定多数決」の適用などにより強化するという変則な形をとっている[55]。

V 結　語

単一通貨ユーロを維持するためには，EUは長期的に「財政同盟」の実現に進まざるを得ない。それは，法制度的には大幅な条約改正を行い，EUと加盟国の権限関係を根本的に変容させることを意味する。全加盟国で合意できない場合には，EUの枠外での「共同体方式」ということも考えられる。すなわち，ユーロ圏の中核的な国々が新たな統合体を設立し，財政統合およびそれを運営するための政治統合を行うというシナリオである[56]。

しかし，ユーロ圏加盟国は，過渡的な対応として基本的に政府間方式に基づ

き，必要ならばEU枠外の政府間協定も活用しながら，恒久的な金融支援枠組みを伴いつつ財政規律の強化を進めることにより，経済通貨同盟における非対称性を克服しようとしている。

　しかも，ユーロ圏のこれまでの対応は，中期的に見るならば，現行の基本条約の下で経済通貨同盟が当初予定していた2速度式欧州を変容させ，2層式欧州を出現させる可能性を孕んでいる。EU機能条約136条により一定範囲でユーロ圏加盟国に特有の措置（たとえば，上述のSGPにおけるユーロ圏財政監視手続）を採択することができるようになるとともに，ユーロ・グループは次第に実質的な政策決定機関の性格を帯び，また，ユーロ圏首脳会議もユーロ圏の事実上の最高意思決定機関として開催されるようになった（財政条約12条により非公式会合として制度化された）。それに加えて，EUの枠外における政府間協定として財政条約がユーロ圏を中心とする25カ国により締結された。それは発効から5年以内にEU法の枠内に編入することが予定されているが（財政条約16条），基本条約の改正により実行することは事実上困難である。また，財政条約10条には，経済政策の緊密な調整のためにEU機能条約136条に加え，先述した「補強協力」を規定の趣旨に反して実質的にユーロ圏だけで統合を進めるために活用する意図が示されている。さらに，欧州安定メカニズム（ESM）はユーロ圏加盟国により政府間国際機構として設立される。

　このように，ユーロ圏と非ユーロ圏の距離はますます拡大する傾向にあり，当初の前提にあったEU枠内の2速度式欧州ではなく，EU枠外の協力強化を含む2層式欧州の様相を強めているように思われる。しかも，ESMからの金融支援が財政条約の批准を前提条件としていることに見られるように，ユーロ圏内の協力がEU枠外で政府間協定に基づき行われる場合，その協定を批准できない国は取り残されることになり，ユーロ圏の内部でも二層構造が生じる可能性も否定できない。さらには，そのような国が債務不履行によりユーロ圏から事実上離脱せざるを得ない事態が発生するかもしれない（2012年4月29日脱稿）。

＊本稿は平成23年度慶應義塾慶應義塾大学学事振興資金（個人研究 特B）による研究成果の一部である。
(1) 庄司克宏「リスボン条約とEUの課題」『日本EU学会年報』31号（2011年）16-23頁。
(2) TFEU3条1項，127条1項，130条。庄司克宏「EU経済通貨同盟の法的構造」『日本EU学会年報』19号（1999年）10-28頁。他方，資本移動および金融規制・監督は共有権限事項であるが，EU立法が国内法に優越する。庄司克宏「EU法の展開と課題──EU統合の三角形モデル──」『ジュリスト』1418号（2011年）16，17頁。
(3) TFEU 119条3項，121条3，4項，123条1項，124条，125条1項，126条。庄司克宏『EU法　政策篇』（岩波書店，2003年）93-99頁，須網隆夫「欧州経済通貨同盟の法的側面」『早稲田法学』74巻4号（1999年）114-132頁。
(4) 庄司『前掲書』（注3），92，93頁。
(5) Antonis Antoniadis, "Debt Crisis as a Global Emergency: the European Economic Constitution and other Greek Fables" in Antonis Antoniadis, Robert Schütze and Eleanor Spaventa (eds.), *The European Union and Global Emergencies* (Hart Publishing, 2011), p.178.
(6) Francis Snyder, "EMU — Integration and Differentiation: Metaphor for European Union" in Paul Craig and Gráinne de Búrca (eds.), *The Evolution of EU Law* (Oxford University Press, 2011), p.693, 694, 712, 713.
(7) 庄司克宏『EU法　基礎篇』（岩波書店，2003年）43，77-98頁，同「リスボン条約（EU）の概要と評価」『慶應法学』10号（2008年）231，232頁。
(8) Paolo Ponzano, "Community and intergovernmental method: an irrelevant debate?," *Notre Europe Policy Brief*, No.23 (2011), at http://www.notre-europe.eu/uploads/tx_publication/Bref23-Ponzano-EN.pdf, accessed April 24, 2012, p.3.
(9) Case C-27/04 *Commission v. Council* [2004] ECR I-6649, paras.76, 80, 91. 理事会がコミッション「勧告」に基づいて勧告を採択した場合，コミッションは過剰赤字手続において発議権を有するゆえに，理事会は後になってコミッションからの新たな「勧告」なしに当該「勧告」を修正することはできない（*Ibid.*, para.92）。Imelda Maher, "Economic Policy Coordination and the European Court: Excessive Deficits and ECOFIN Discretion," *European Law Review*, Vol.29, No.6 (2004), pp.831-841; Dimitrios Doukas, "The Frailty of the Stability and Growth Pact and the European Court of Justice: Much Ado about Nothing?," *Legal Issues of Economic Integration*, Vol.32, No.3 (2005), pp.293-312 および須網隆夫「過剰財政赤字手続きの意義」『貿易と関税』53巻3号（2005）69-75頁参照。
(10) TEU4条，5条2項。庄司克宏「EU条約・EU機能条約コンメンタール・6　EU条約第4条（上）」『貿易と関税』60巻2号（2012年）35頁。
(11) TEU4条3項。庄司「前掲論文」（注10）37-39頁。
(12) 庄司克宏「EU条約・EU機能条約コンメンタール・7　EU条約4条（下）」『貿易

と関税』60巻4号（2012年）62-68頁。
(13) 後法優越は適用されない。Bruno de Witte, "Using International Law for the European Union's Domestic Affairs" in Enzo Cannizzaro, Paolo Palchetti and Ramses A. Wessel (eds.), *International Law as Law of the European Union*, Martinus Nijhoff Publishers, 2012, p.145, 146.
(14) TEU 20条，TFEU326-334条。庄司「前掲論文」（注7）236, 268, 269頁。
(15) Jean-Claude Piris, *The Future of Europe: Towards a Two-Speed EU?*, Cambridge University Press (2011), p.6, 7.
(16) TEU 42条6項，46条。
(17) Jean Pisani-Ferry, André Sapir and Guntram B. Wolff, "The Messy Rebuilding of Europe," *Bruegel Policy Brief*, 2012/01 (2012), at http://www.bruegel.org/download/parent/719-the-messy-rebuilding-of-europe/file/1566-the-messy-rebuilding-of-europe/, accessed April 24, 2012, p.2.
(18) ユーロ・グループに関する議定書14号。
(19) Phoebus Athanassiou, "Of Past Measures aand Future Plans for Europe's Exit from the Sovereign Debt Crisis: What is Legally Possible (and What is Not)," *European Law Review*, Vol.36, No.4 (2011), p.560.
(20) Christian Calliess und Matthias Ruffert (Hrsg.), *EUV/AEUV: Das Verfassungsrecht der Europäischen Union mit Europäicher Grundrechtecharta Kommentar* (4. Auflage), Verlag C. H. Beck, München, 2011, S. 1584, 1585, 1590, 1591; Athanassiou, *supra* note 19, pp.560-565; Jean-Vitor Louis, "Guest Editorial: The No-bailout Clause and Rescue Packages," *Common Market Law Review*, Vol.47, No.4 (2010), pp.976-985. より慎重な見解として，M. Ruffert, "The European Debt Crisis and European Union Law," *Common Market Law Review*, Vol.48, No.6 (2011), pp.1785-1788.
(21) Regulation (EU) No 407/2010 establishing a European financial stabilisation mechanism [2010] OJ L 118/1.
(22) Athanassiou, *supra* note 19, p.565.
(23) Calliess und Ruffert (Hrsg.), *supra* note 20, S.1585.
(24) *Ibid.*, S. 1584. 第一次ギリシャ支援枠組みもそのような場合に該当する。Antoniadis, *supra* note 5, pp.171-173.
(25) Steve Peers, "Future EU Treaty Reform? Economic Governance and Democratic Accountability," Statewatch Analysis (2011), at http://www.statewatch.org/analyses/no-155-econ-governance.pdf, accessed April 24, 2012, p.9.
(26) EFSF 枠組協定前文第(1)(2)，本文2，10，16条，EFSM 規則前文(5)，本文3条。
(27) Conclusions of the European Council (16-17 December 2010), at http://www.consilium.europa.eu/uedocs/cms_data/docs/pressdata/en/ec/118578.pdf, accessed April 24, 2012, paras.1, 2.

⑱ EU機能条約3部の規定を改正する場合であってEU権限の増大を伴わないときには，欧州理事会は欧州議会，コミッションおよび（金融政策分野における機構的変更を伴う場合は）ECBに諮問した後，全会一致により決定を採択すれば，全加盟国の批准により効力を発生する。条約改正のための諮問会議や政府間会議を回避することができる。

⑲ European Council Decision amending Article 136 of the Treaty on the Functioning of the European Union with regard to a stability mechanism for Member States whose currency is the euro [2011] OJ L 91/1.

⑳ EUの枠外でESMを設立することを民主主義原則に照らしてEU法上疑問視する見解として，M. Ruffert, *supra* note 20, pp. 1788-1790.

㉑ At http://www.european-council.europa.eu/media/582311/05-tesm2.en12.pdf,accessed February 3,2012.

㉒ ESM条約4-6，12，31，32，37，48条。「集団行動条項」（Collective Action Clauses）に関する規定（12条3項）も置かれている。

㉓ SGPの詳細について，Ludger Schuknecht, Philippe Moutot, Philipp Rother and Jürgen Stark, "The Stability and Growth Pact－Crisis and Reform," *ECB Occasional paper series*, No.129 (2011), at http://www.ecb.int/pub/pdf/scpops/ecbocp129.pdf, accessed April 24, 2012参照。

㉔ Regulation (EC) No 1466/97 on the strengthening of the surveillance of budgetary positions and the surveillance and coordination of economic policies [1997] OJ L 209/1, amended by Regulation (EC) No 1055/2005 [2005] OJ L 174/1 and Regulation (EU) No 1175/2011 [2011] OJ L 306/12.

㉕ Regulation (EC) No 1467/97 on speeding up and clarifying the implementation of the excessive deficit procedure [1997] OJ L 209/6, amended by Regulation (EC) No 1056/2005 [2005] OJ L 174/5 and Regulation (EU) No 1177/2011 [2011] OJ L 306/33.

㉖ http://ec.europa.eu/economy_finance/economic_governance/index_en.htm, accessed April 24, 2012 参照。EUにおける経済ガバナンスの強化のために2010年10月21日欧州理事会に提出されたタスクフォース報告書の内容は「経済ガバナンス6法」によりほぼ実現されている。"Strengthening Economic Governance in the EU," Report of the Task Force to the European Council, 21 October 2010, at http://www.consilium.europa.eu/uedocs/cms_data/docs/pressdata/en/ec/117236.pdf, accessed April 27, 2012.

㉗ MPS補完規則およびEDP運用規則とも，その制定および改正はコミッションの「提案」に基づく（TFEU121条6項，126条14項）。

㉘ Regulation (EU) No 1173/2011 on the effective enforcement of budgetary surveillance in the euro area [2011] OJ L 306/1.

㉙ 同上。

㊵ TFEU121条3，4項，139条4項，MPS補完規則6，10条，ユーロ圏財政監視規則1条2項，4，12条。

⑷1) TFEU 126条 6-8, 13項, 139条4項, EDP 運用規則2条1a項, 3条3-5項。これに加え, 過剰赤字の存在および実効的行動の欠如が認定される場合 (TFEU 126条6-8項), EU 域内の経済的・社会的格差是正のために設立された「結束基金」からの支援は, 理事会の特定多数決によりその全部または一部を停止される (Regulation (EC) No 1084/2006 establishing a Cohesion Fund [2006] OJ L 210/79, Article 4)。

⑷2) TFEU 126条6項, EDP 運用規則3条3項, ユーロ圏財政監視規則1条2項, 5, 12条。

⑷3) TFEU 126条8項, 139条4項, EDP 運用規則4条, ユーロ圏財政監視規則6条。

⑷4) MPS 補完規則2-ab条, EDP 運用規則2a条1項, ユーロ圏財政監視手続3条。

⑷5) Commission v. Council, cited *supra* note 9, paras.34-36.

⑷6) この背景として, 庄司「前掲論文」(注1) 21-23頁参照。

⑷7) MPS 補完規則10a, 11条, ユーロ圏財政監視規則6a条。

⑷8) 条約テキストは, http://www.consilium.europa.eu/media/1478399/07_-_tscg.en12.pdf より入手できる。財政条約の分析および条約本文仮訳として, 庄司克宏「EU 財政条約とユーロ危機」『貿易と関税』60巻3号 (2012) 26-38頁。また, Valentin Kreilinger, "The Making of a New Treaty: Six Rounds of Political Bargaining," *Notre Europe Policy Brief*, No.32 (2012), at http://www.notre-europe.eu/uploads/tx_publication/NewTreaty_V.Kreilinger_NE_Feb2012.pdf, accessed April 24, 2012, pp.1-6; Renaud Dehousse, "The 'Fiscal Compact': Legal Uncertainty and Political Ambiguity," *Notre Europe Policy Brief*, No.33 (2012), at http://www.notre-europe.eu/uploads/tx_publication/FiscalPact_R.Dehousse_NE_Feb2012.pdf, accessed April 24, 2012, pp.1-4参照。

⑷9) これは, ドイツ憲法の財政規定をモデルとしており, すでにスペイン, ポーランド, オーストリアも先行実施している。Peadar o Broin, "The Euro Crisis: The Fiscal Treaty – An Initial Analysis," *Working Paper* (the Institute of International and European Affairs), No. 5, at http://www.iiea.com/publications/the-euro-crisis-the-fiscal-treaty--an-initial-analysis, accessed April 24, 2012, p.8.

⑸0) 庄司克宏「前掲論文」(注48) 29頁。

⑸1) 「司法裁判所は, ［基本］条約の内容に関連する加盟国間の紛争が当事者間の特別協定に基づき付託される場合, 管轄権を有する。」

⑸2) 庄司克宏「前掲論文」(注48) 29頁。財政条約8条に関する手続の詳細が, Minutes of the signing of the Treaty on Stability, Coordination and Governance in the Economic and Monetary Union (at http://www.europolitics.info/pdf/gratuit_en/310236-en.pdf,accessed March 5, 2012) に定められている。

⑸3) 庄司克宏「前掲論文」(注48), 29, 30頁。"A Fiscal Compact for a Stronger Economic and Monetary Union", *Monthly Bulletin*, ECB, 05/2012, available at http://www.ecb.int/pub/pdf/mobu/mb201205en.pdf., accessed August 25, 2012, pp. 79-94 at 90, 91.

⑸4) Broin, *supra* note 49, p.9, 10.

(55) 庄司克宏「経済教室 ユーロ危機克服はみえたか㊦ 財政条約で加盟国二分も」『日本経済新聞』2012年4月5日, 25面。
(56) Piris, *supra* note 15, pp.121-142参照。

(慶應義塾大学大学院法務研究科教授, ジャン・モネ・チェア)

論　説　国際経済法における市場と政府

国際経済法秩序の長期変動
――国際政治経済学の観点から――

飯　田　敬　輔

I　はじめに
II　覇権の定義と計測
III　仮　　説
　　1　キンドルバーガーの理論
　　2　クラズナーの理論
　　3　コヘインの理論
IV　仮説の検証
　　1　金融の不安定性
　　2　最後の貸し手
　　3　貿易の閉鎖性
　　4　地域主義・二国間主義
　　5　レジームの変動
　　6　覇権への挑戦
　　7　小　括
V　将来の展望
VI　おわりに

I　はじめに

　過去数年の間，国際経済秩序は激動の時期を経てきた。住宅バブルに端を発した米国金融危機，その世界的伝播，欧州の財政危機と，世界経済は混乱を極めた。この影響で世界貿易機関（WTO）における多国間交渉は完全に停滞し，国際通貨基金（IMF）も大きな変革を迫られている。グローバル・ガバナンスの枠組みとしてはこれまでのG7・G8に代わってG20が登場しその重みを増し

つつある。これまでの動きは、国際経済秩序が一大転機を迎えているのではないかという予感を感じさせる。もう少し踏み込んでいえば、これまでのような米国（あるいは欧米）中心の国際経済秩序が崩壊し、異なるシステムに移行するのではないのか、あるいは新たなシステムに完全に移行する前に旧秩序が崩壊し、混沌状態が訪れるのではないかという不安もある。

国際政治経済学ではこのような長期的国際経済秩序の変動について長きにわたって研究がなされてきたため、その知見を使って今日の国際経済法秩序の不安定性を説明することができるかどうかについて検討したい。そのための道具として国際政治経済学で「覇権安定論」と呼ばれる理論を援用する。本理論は1970年代に考案されたもので、以降多数の実証研究が行われた結果、その有用性と限界についてはかなりよく理解されているからである。本稿でもその有用性と限界が明らかとなる。

II　覇権の定義と計測

覇権安定理論とは端的に言えば「国際経済秩序の安定性には覇権が必要である」という理論である。またやや乱暴になるが、覇権は一定の循環のパターンを示すため、「歴史は繰り返す」と要約してもよい。

理論の解説に入る前に、まず覇権を定義する必要がある。コヘインによると覇権とは「物質的な資源の優位性（preponderance）」とされ、さらに物資的資源の中身として①原材料②資本③市場④高付加価値財生産の優位性、を挙げている。[2]

また覇権の計測には全般的（分野横断的）覇権力と分野特定的覇権力があり、全般的覇権力を測る場合よく用いられている方法は世界における経済規模のシェア、つまり世界のGDPにおける覇権国の占有率で、この指標により米国覇権を測ると以下のようになる。[3] 第二次世界大戦直後の米国のシェアは40％くらいであったと言われるが、1960年代の初頭には30数％になり、直近では25％

を下回っている。したがって、米国の全般的覇権の衰退は緩慢ではあるが確実に進行している。力あるいはパワーという概念は相対的なものであるため、二番手、三番手との比較も問題となる。アメリカの GDP は1980年代後半から1990年代前半にかけて日本の２倍を下回った。また1990年代以降、中国に急激に追い上げられている。しかし、まだ両国に対して２倍以上の差を保っている。

これに対し分野特定的覇権力の定量化には、貿易では世界貿易における覇権国のシェア、通貨では覇権国の外貨準備高がよく用いられる。まず米国の貿易のシェアであるが1950年代には世界の15％くらいを占めていたのが、直近では11％まで下がっている。しかしその推移は極めて緩やかである。代わりに米国の貿易額と日独中の３カ国の貿易総額の比をとると世界貿易全体に対してよりも、急速に勢力を落としていることがわかる。

次に通貨覇権であるが、まず米国と現在世界最大の外貨準備保有国となっている中国および日本のそれぞれの外貨準備高の推移を見ると、米国の外貨準備高は1990年代には日本及び中国に追い越され、現在では取るに足りない量になっており、中国が世界最大の外貨準備国、日本が第２位である。

各国の外貨準備がどの国の通貨で構成されているかも重要な指標である。ネットワーク外部性により通貨は取引が１つの通貨に集中する傾向があるが、特に米ドルはブレトンウッズ体制のなかで特殊な役割を担っていた関係で、長らく基軸通貨としての地位を保ち続けてきた。最盛期にはドルの世界外貨準備における構成比は70％以上であったと言われているが、現在は約60％で、若干下がってきてはいるものの、大きく落ち込んでいるとはいえない。米ドルが今日でも基軸通貨と称されるゆえんである。

しかし外国によるドル建て資産の保有は、米国が外国に対して多額の借金を抱えていることを意味する。これを測ったのが純資産ポジションで、米国は1980年代に純債務国に転落し、現在では世界最大の債務国である。これに対し、日本は世界最大の債権国で、さらに中国が猛追してきている。また中国はいず

れ世界最大の債権国になるとみられている。

　最後に世界の人々の主観的認識について世論調査を見てみる。ピュー研究所では，世界数十カ国で外交問題に関する世論調査を行っているが，2011年の調査によると，現在の世界で主導的な経済大国（leading economic power）を挙げてもらったところ，欧米諸国では，米国を挙げた回答率に対し，中国との回答率がいずれの国でも上回った。一方，アジアでは中国も含め，まだ米国との回答率が高い。

　以上をまとめると，①世界的な米国覇権はなだらかに衰退している②次点の国との比較ではさらに急速に衰退している③貿易面では米国はもはや覇権国とは呼びがたい④通貨・金融面では，指標により解釈が異なるが，外貨準備，対外純資産などの面では大幅に衰退している⑤欧米諸国では，米国に代わり中国がすでに経済覇権国であるとの認識が強まっている，ということができる。

Ⅲ　仮　　　説

1　キンドルバーガーの理論

　覇権安定論が「国際経済秩序の安定には覇権が必要である」と主張する根拠を説明しよう。キンドルバーガーは戦間期の不安定性は「英国が指導力を発揮できず，米国は指導力を発揮する意思がなかった」ことが原因であると説明したが，覇権的リーダーシップが欠如している場合には，不可避的に国際経済秩序は不安定化するということになる。なぜリーダーシップが必要かといえば，キンドルバーガーの他の著作からも判るように，国際金融システムは不安定性を常に内包していると考えられているからである。つまり不安定性が常態で，安定しているのは特殊な場合に限られるということである。特殊な場合とは覇権国が存在し，かつその国が有効にリーダーシップを発揮している時期だということになる。また覇権国は国際システム安定のためにさまざまな機能を担うが，とりわけ重要なのは国際的な「最後の貸し手」としての役割であると思わ

れている。以上をまとめれば以下のようになる。

仮説1　覇権国が存在しない時，あるいは衰退して有効にリーダーシップを発揮できない場合，国際金融危機が発生しやすい

仮説2　覇権国衰退期に不安定性が増すのは，覇権国の安定化機能（特に「最後の貸し手」としての機能）が弱まるからである

2　クラズナーの理論

　キンドルバーガー理論は主に国際金融を念頭に置いたものであるが，これを貿易に引き付けて論じたのがクラズナーである[9]。彼は，まず先進的覇権国は自由貿易により裨益するところが大きいため，自由貿易体制を構築し貿易自由化を推進しようと努めるのに対し，中間的な地位の国は保護貿易を志向する傾向があるとする。もし覇権国の力が圧倒的であるか，あるいは覇権国が台頭している間は自由貿易が盛んになるが，覇権国が衰退期にはいると次第に自由貿易が崩れていくとしている。

　クラズナーは貿易の閉鎖性について2つの側面に言及している。特に，閉鎖的な貿易システムでは，二国間主義・地域主義が横行するとしているが，これは主に戦間期の閉鎖的貿易ブロックのことを念頭に置いているからだと思われる。しかし各国の貿易政策が閉鎖的であることと，二国間主義・地域主義はイコールではないため，これを2つに分けて考えた方がよい。

仮説3　覇権衰退期には各国の貿易政策は閉鎖的になる

仮説4　覇権衰退期には二国間主義・地域主義が増加する

3 コヘインの理論

　コヘインはキンドルバーガーやクラズナーの理論を更に一般化し，覇権安定論の一般命題を「覇権国の国力の変化に伴い，国際レジームを構成するルールも変化する」こととしている[10]。そしてレジームの変遷は，全般的覇権力だけではなく，分野特定的な力によっても決定されるとする。パワーの変動の幅が分野ごとに大きく異なるとした点もコヘインの理論の特徴である。また覇権下で構築された国際レジームが衰退する原因について，二番手の国々（secondary states）が力をつけると共に，自律性や地位を重んじるようになり，次第に発言力を強めるようになる。それに伴って，覇権国のリーダーシップに疑問符が付くようになるためであると説明している[11]。つまり既存の秩序に対して次点の国が挑戦をしかけるようになるということである。よってコヘインの理論も次の2つにまとめることができる。

仮説5　覇権衰退期には覇権下で構築されたレジームが弱体化する

仮説6　覇権衰退期には既存のレジームに対する挑戦が増加する

Ⅳ　仮説の検証

1　金融の不安定性

　ではこれまで述べた仮説について特に近年の動向に着目しながら逐一検証していく。仮説1は覇権衰退期における国際金融システムの不安定化を予測する。米国覇権が長期的衰退途上にある中，それに伴って国際金融システムが一層不安定化しているといえるであろうか。まずアイケングリーンとボルドーによると，先進国では英国覇権の時期（1880-1913年）よりも英国衰退期（1919-1939年）の方が格段に金融危機の数が増加し，また米国覇権期（1945-1971年）よりも米国衰退期（1973-1997年）の方が危機の頻度が上昇していることを確認し

ている。途上国については英国覇権期よりは英国衰退期の方が危機の数が減っているものの、米国覇権期と衰退期の対比では理論通り危機の数が増えている。

より多数の国および長期間にわたって金融恐慌、金融危機について見たデータでも、全体としてのパターンは変わらず、ブレトンウッズ期は非常に金融危機が少なかった一方、ブレトンウッズ体制崩壊後の時期に危機が急増している。

2 最後の貸し手

次に覇権衰退期に金融危機が増加する原因は覇権国が世界全体に対する「最後の貸し手」としての役割を放棄するからだとされている（仮説2）。米覇権に関していえば、ブレトンウッズ期は米国が覇権国として「最後の貸し手」の役割を果たしていたからこそ、システムの安定が確保されたことになる。しかし欧州諸国の通貨の交換性が回復されたのちは必ずしも米国が一方的に「貸し手」となることはなくなった。むしろ、G10などにより、協調的に融資を行うことが多くなった。覇権衰退以後（1970年代以降）の時代では、いうまでもなくIMFが中心的な最後の貸し手として登場した。IMFは近年になるにつれて貸出が増えているが、これは世界的な金融危機の多発を反映したものである。いずれにしても単純に「最後の貸し手」が不在であるため、金融危機になるとはいえないように思われる。

また、覇権の役割を終えたはずの米国も今般の金融危機では主要国の中央銀行とスワップ協定を結び、大量のドル資金を供給したことから、「最後の貸し手」として一定の役割を果たしているように見える。各中央銀行は確保したドル資金を入札方式で民間の金融機関に貸し付けたことにより、当該国における金融機関でひっ迫していたドル需給がかなりの程度緩和されたといわれている。つまり、仮説2は検証されたとはいえないようである。

3 貿易の閉鎖性

次に覇権衰退期に貿易システムが閉鎖的になるというクラズナー説（仮説3）を検証してみよう。彼は閉鎖性を，関税率，貿易の対 GDP 比，および RA 指数（地域主義の指標）で測定している。まず関税率および貿易の対 GDP 比であるが世界各国の平均実行関税率の長期的推移を見てみると若干の出入りはあるものの全体として長期的に実行関税率は下がってきている。したがって，貿易システムが漸次閉鎖的になっている傾向は見られない。また貿易の対 GDP 比でも主要国については長期的に開放度が下がっている趨勢は認められない。いずれにしても貿易システムが覇権の衰退とともに閉鎖的になっているとはいえない。

ちなみに世界大恐慌の際には貿易が極度に閉鎖的になった経緯があるため，今回の金融危機の発生に伴って，主要国は一致団結して保護主義に対して対抗していく姿勢を見せ，その一環として WTO は主要国の保護主義的措置を監視してきた。WTO によって報告された主要20カ国（G20）の新規貿易制限措置の件数を見ると，2011年5月に発表された報告書での件数が過去最高を示している。一方，かかる貿易制限措置が影響を及ぼしている世界貿易の比率は一貫して1％以下であり，1929年〜1933年の間に貿易量が3分の1まで縮小した世界大恐慌の時代とは比べ物にならない。したがって仮説3はこの点からも棄却することができる。

4 地域主義・二国間主義

しかしクラズナーの覇権安定論では，閉鎖性の一部として地域主義の台頭を含めている。現在の国際通商体制の中では地域的貿易協定は認められており，かならずしも開放的通商システムと矛盾するものではない。まず，クラズナーは，覇権衰退期に米国，フランス，英国，ロシアが，それぞれにつきラテンアメリカ諸国，（旧）フランス領アフリカ諸国，英連邦諸国，東欧諸国と貿易的

結び付きを強めているかどうかを検証したが，米国について同じ分析を現在まで延長してみると，米国衰退期には（1970年代以降）結び付きは緩やかながら強まっていることがわかる。同じ分析を日本と東アジア（ASEAN＋中国，香港，韓国），ドイツとドイツ以外のEU諸国について行うと，日本の輸入に東アジア諸国が占める割合は急激に増加している一方，東アジア諸国にとっては1970年代初頭をピークにそれ以降，日本の比重は下がってきている。欧州については，長期的に徐々に地域主義が強まっていることが確認できる。

また現在の貿易レジームの特徴として，二国間の自由貿易協定（FTA）が急増していることが挙げられる。WTOに通報されている特恵的貿易協定（PTA）の件数を見ると，特に過去10年間の間にFTAの数が急増している。つまり貿易は域内貿易の比重も高まるとともに，域外の特定国との貿易が増えていることになる。これを閉鎖的と見るかどうかは疑問である。

ちなみに二国間主義の傾向は投資保護の面でも表れている。1990年代以降，二国間投資協定の件数が急増し，2008年末の時点で累計件数は2,676件であった。[19]しかし締結のピッチからいうと最も二国間投資協定の締結が盛んだったのは1990年代で，年平均で140件あまりが締結されていた。以上をまとめれば，仮説4にいう地域主義や二国間主義の傾向が強まっていることは確かに確認できる。

5　レジームの変動

コヘインの理論では，レジームの長期的な変動も覇権の権力移行（パワーシフト）により影響されるとされている。またそれは覇権国の全般的力だけでなく，それぞれの問題領域に特定なパワーのシフトにも左右されるとされている。最も理論と整合的なのは，通貨レジームで，概ね英米の覇権の変動と相関している。特に若干のタイムラグはあれ，基軸通貨と覇権は密接な関係があり，英国覇権の時代には英ポンドが，米国覇権の時代には米ドルが基軸通貨の役割を

担ってきた。米ドルについては，覇権の衰退と共にブレトンウッズ体制（固定相場制）の秩序は崩壊したものの，実質的な米ドルの存在感は温存されている。

次に通商体制であるが，覇権の衰退期に一部パワーの変遷とは異なる動きもみられるが，長期的には理論と整合的である。しかしすでに述べた通り，今日の状況は，理論と整合的である面（仮説4）と非整合的である面が同居している（仮説3）。WTO多国間交渉（通称ドーハ・ラウンド）の停滞は理論と整合的である一方，WTOの監視によりなんとか保護主義の台頭が食い止められている点は非整合的である。

最後に理論と最もかい離していると思われる銀行規制レジーム，特にバーゼル規制にも言及しておこう。この体制は米国覇権が衰退の方向に向かうと，規制が強化される方向に動いている。つまり米国覇権が揺らいだ1980年代後半に構築され，一時的ではあるが金融における米国の勢力が復活した際（1990年代～2000年代前半）にバーゼルIIとして若干弛緩を示した。しかし今回の危機を受けて，覇権が衰退しているにもかかわらずバーゼルIIIとして強化の方向に向かっている。もともとバーゼル体制が邦銀の台頭を抑え込む目的で造られたことからもわかるように，レジームが挑戦抑制型のレジームであるため，このように理論とは不整合的な動きを見せるのであると思われる。

6　覇権への挑戦

では最後に二番手，三番手の国が，次の覇権を狙って，現行の覇権国にさまざまな挑戦をつきつける点（仮説6）について今回の危機に照らして検討しよう。例えば，近年の中国によるSDR（特別引き出し権）基軸通貨構想などもそのような挑戦の一例かもしれない。2009年3月，中国の中央銀行である人民銀行は突如国際通貨体制の改革に関するペーパーを発表した。周小川総裁名で書かれたそのペーパーは，SDRをドルに代わる基軸通貨にしていこうとするもので，なぜ中国が突如このような構想を打ち出したのかについてはさまざまな

憶測がなされているものの真偽のほどはよくわかっていない。いずれにせよ米国は米ドルが基軸通貨であるおかげで，不当な便益を享受しているという考え方は中国だけでなく多くの国で共有されており，かなり以前からそれに対する異議は唱えられてきている。ドルに代替する基軸通貨を模索するということ自体はそれほど奇異なことではない。さらに，2009年4月のロンドンG20で中国はIMFへの資金拠出をSDRで行うとし，IMF理事会は7月1日，初めてSDR建ての債券を発行することを正式に決定し，中国はそれを500億ドル買い取る意向を示した。また中国はSDRに人民元を組み入れることも企図しているようである。現在，SDRは米ドル，英ポンド，ユーロ，および日本円のバスケットで構成されているが，中国の経済力上昇を見越して人民元をSDRに組み入れてはどうかという考え方はしばらく以前からあった。2010年6月，ドミニク・ストロスカーンIMF前専務理事は，人民元のSDR構成通貨への組み入れを「検討すべき」とした。[20]このように，中国によるSDR基軸通貨構想は着々と前進しているかに見えるが，まだ萌芽段階であり，今後の見通しは予断を許さない。

　またレジームの変遷は必ずしも挑戦国の思う方向（意図する方向）へ変動するとは限らないことにも留意する必要がある。例えば，上述のようにバーゼル体制（バーゼルI）は一部ではあるが，日本（邦銀）の台頭に対する英米の対応という見方が可能である。[21]邦銀は，バブル期にこぞって欧米諸国に進出し，円高で膨らんだ資産力を武器に次々と物件を買い占めた。これが脅威と認識されたことは確かである。このため邦銀の弱みである自己資本の薄さを矯正することが必要であると見られたことは当然といってよい。この結果，バーゼルIが1988年に決定され，その後バブルの崩壊と不良債権の重荷も加わって，このレジームが邦銀の足かせとなったことは間違いない。このようにレジームの変化は単に，挑戦国による挑戦とそれに沿った変化だけではなく，挑戦国が意図していない方向に変化することも当然ありうる。前者は挑戦国受容型レジーム，

後者は挑戦国抑制型レジームと呼ぶことができる。

仮説6について結論をいえば，確かに覇権衰退に伴って挑戦，あるいはそれらしきものが増えているが，それに呼応する形でレジームが変化するとは限らないということが言える。

7. 小 括

以上の分析を要約すれば（表を参照），近年の動向を見る限りにおいては，覇権安定論の予測通り，米国覇権の衰退に伴い①金融の不安定性は増加し，②貿易・投資における二国間主義・地域主義が高揚し，③覇権に対する挑戦も増加している。これに対し，理論の予測とは異なり①貿易が漸進的に閉鎖的になっているとはいえず，②覇権国が「最後の貸し手」の役割を放棄したともいえない上，③国際レジームは却って強化されている面もある。このように覇権衰退による負の面と必ずしも負でない面が複雑に錯綜しているというのが現状である。なぜこのように錯綜した状況が生まれるのかについての論考は他の機会に譲りたい。

表：検証結果

仮 説	仮説の概要（いずれも覇権衰退期に関して）	検証結果	解 釈
1	金融の不安定化	○	
2	最後の貸し手の不在	×	不安定性はその他の要因による
3	通商体制の閉鎖性	×	WTOの保護主義抑制効果など
4	二国間主義・地域主義の台頭	○	
5	レジームの弱体化	△	銀行規制レジームは例外
6	既存体制への挑戦の増加	○	

V　将来の展望

正確な時期は予測が難しいが，21世紀前半には経済規模で中国が米国を追い抜き，21世紀後半にはインドも米国を追い抜くと見られる。したがって，いず

れは中印2カ国の覇権の時代が到来するのはほぼ確実である。それまでの間，世界の経済秩序はどうなるのか。通商については，新興国が米国に相当譲歩する姿勢を見せない限り，ドーハ・ラウンドの終結は難しい。するとデフォルトとして，現在のFTAや地域主義の傾向が続くと思われる。

通貨体制については中印の覇権が確立された際には人民元・ルピーの基軸通貨体制になるものと思われるが，その中間段階として中国が望むようなSDR基軸通貨体制が構築されるのか，それともスターリングが米ドルにとって代わられた時のように平和裏に交代がおこなわれるのかも今後の中印両国の動向次第であろう。

Ⅵ　お わ り に

最後に市場と国家との関係についても一言触れておきたい。従来の米国（あるいは欧米）を中心とした国際経済体制は，市場と国家との力関係という点では，国際的取引においては市場の役割を重視し，政府はそれが円滑となるような枠組みを整えるという考え方であった。これに対して中国など，必ずしもそのような思想とは相入れない国が市場経済に参入してきて，そのインターフェースをどうするか，あるいは今後は国際経済秩序がそういう方向へ向かうのかが議論されている。[23]

これについて一言いえば，上記のような考え方は単純すぎるといえよう。米国覇権下でも市場対国家の関係は大きく振れてきた。例えば，現在の変動相場制を見ると，確かに市場重視のように見えるが，米国覇権の最盛期は固定相場制がとられ，国家がかなり市場に介入し，国際資本移動にも相当な規制が加えられていた。通商についても，GATTの時代は「埋め込まれた自由主義（embedded liberalism）」[24]といわれるように，国内で福祉政策や雇用政策が実行できるよう大きな裁量を認めていた。より教条的な自由主義（「新自由主義」）が支配的になってきたのは1990年代以降のことである。ある意味では，新自由主義

は米国の失地挽回のための最後の手段と見ることも可能であるが，それは今回の危機を機に一時的にではあれ大幅に後退している。いずれにせよ，米国覇権＝市場主義（逆に，米覇権衰退＝市場主義後退）という構図はやや単純にすぎよう。

同様に，中国は「国家資本主義」であるからといって，現在のWTO体制に反対であるともいえない。WTO加盟後，中国はすさまじい勢いで輸出を伸ばし，高成長を維持してきた。したがって，単に自国の制度とやや齟齬があるといって，WTO体制を完全に変更するとか，破綻に追い込むという無謀なことを考えているとは思えない。それどころか中国は今後WTO存続のための最大の担い手となりうるといっても過言ではない。しかし，それには他の途上国，新興国との関係が問題になる。この点で大きな問題となるのは人民元問題である。すでにブラジルは通貨問題をWTOで扱う提案をし[25]，通貨安操作をする国に対しては貿易制限を加えるべきだと提案している[26]。このようにすでに新興国間で亀裂が生じており，これによりWTOがさらなる混乱に巻き込まれる可能性も否定できない。このような動向にも注視していく必要がある。

(1) 本稿では「体制」，「システム」，「法秩序」，「秩序」，「レジーム」などの言葉をほぼ同義として扱っているが，実際には若干の異同があることに留意されたい。
(2) Robert O. Keohane, *After Hegemony: Cooperation and Discord in the World Political Economy* (Princeton University Press, 1984), pp.32-33; ロバート・コヘイン著，石黒馨・小林誠訳『覇権後の国際政治経済学』（晃洋書房，1998年）35頁．本文では石黒・小林訳に従ったが，原語（"preponderance"）の語感から考えると，「圧倒的優位性」とした方がより忠実な訳となろう。
(3) コヘインは世界トップ5の主要経済国の中での米国のシェアが1960年から1975年にかけて67％から51％に低下したとしている。Robert O. Keohane, "The Theory of Hegemonic Stability and Changes in International Economic Regimes, 1967-1977," in Ole R. Holsti, Randolf Siverson, and Alexander George, (eds.), *Change in the International System* (Westview, 1980), reprinted in Robert O. Keohane, *International Institutions and State Power: Essays in International Relations Theory* (Westview, 1989), p.85.
(4) 実際クラズナーはそのような方法で測っている。Stephen D. Krasner, "State Power

and the Structure of International Trade," *World Politics* Vol.28, No.3 (April 1976), pp.332-335.

(5) 2020年に中国の資本輸出は世界全体の4割にも達するとの予測もある。Arvind Subramanian, *Eclipse: Living in the Shadow of China's Economic Dominance* (Peterson Institute for International Economics, 2011), Table 5.3, p.103.

(6) *China Seen Overtaking US as Global Superpower: 23-Nation Pew Global Attitudes Survey* (Pew Research Center, 2011), p.16.

(7) Charles P. Kindleberger, *The World in Depression, 1929-1939* (University of California Press, 1973).

(8) 例えば，Charles P. Kindleberger, *Manias, Panics, and Crashes: A History of Financial Crises*, 3rd ed., (John Wiley, 1996).

(9) Krasner, supra note 4.

(10) Robert O. Keohane and Joseph S. Nye, Jr., *Power and Interdependence: World Politics in Transition* (Little, Brown, 1977), p.43; Keohane, supra note 3, p.75.

(11) Keohane and Nye, *Ibid.*, pp.45-46.

(12) Barry Eichengreen and Michael D. Bordo, *Crisis Now and Then: What Lessons from the Last Era of Financial Globalization?* NBER Working Paper No.8716 (2002).

(13) Carmen M. Reinhart and Kenneth S. Rogoff, *This Time is Different: Eight Centuries of Financial Folly* (Princeton University Press, 2009), Appendix A.4のデータから算出。

(14) Barry Eichengreen, "The Hegemonic Stability Theories of the International Monetary System," in Richard N. Cooper, *et al.*, *Can Nations Agree? Issues in International Economic Cooperation* (Brookings, 1989), p.279.

(15) 米連邦準備制度理事会（FRB）は2007年12月12日に欧州中央銀行（ECB）およびスイス国立銀行と，総額670億ドルの米ドル供給のためのスワップ協定を結んだのを皮切りに，翌年9月から10月にかけて，日本，英国，カナダ，豪州，スウェーデン，ノルウェー，デンマーク，ニュージーランド，ブラジル，メキシコ，韓国，シンガポールとも同様のスワップ協定を結んだ。また枠も10倍の6200億ドルに引き上げたほか，ECB，スイス，日本，英国の4中央銀行については枠を無限大とした。2008年12月10日のピーク時にはスワップ融資残高は5800億ドルに達しており，当時のFRBの総資産の25%に相当する。一連のスワップはいったん2010年2月に失効したが，ギリシャ財政危機に端を発した欧州の金融危機の再燃に伴い，2010年5月には，ECB，カナダ，スイス，日本，英国の各中央銀行とドル・スワップ協定を再締結した。2011年8月1日には失効するはずだったが，欧州の金融危機は収束していないため，2012年8月1日までの延長が決定された。

(16) Michael J. Flemming and Nicholas J. Klagge, "The Federal Reserve's Foreign Exchange Swap Lines," *Current Issues in Economics and Finance* (Federal Reserve Bank of New York), Vol.16, No.4 (April 2010), pp.1-7.

(17) WTO, *Report on G20 Trade Measures (Mid-October to April 2011)* (May 2011), p.4.
(18) *Ibid.*, p.5.
(19) UNCTAD, *Recent Developments in International Investment Agreements (2008-June 2009)*, IIA Monitor No.3 (2009), p.2.
(20) 『朝日新聞』2010年6月30日付朝刊13面.
(21) Thomas Oatley and Robert Nabors, "Redistributive Cooperation: Market Failure, Wealth Transfers and the Basel Accord," *International Organization* Vol.52, No.1 (1998), pp.35-54.
(22) Dominic Wilson and Roopa Purushothaman, *Dreaming with BRICS: The Path to 2050*, Global Economics Paper No.99. (Goldman Sachs, 2003); 榊原英資編著『インド・アズ・ナンバーワン』(朝日新聞出版, 2011年) 42頁。懐疑的な見方については, Barry Eichengreen, Donghyun Park, and Kwanho Shin, *When Fast Growing Economies Slow Down: International Evidence and Implications for China*, NBER Working Paper No. 16919 (2011).
(23) イアン・ブレマー著, 有賀裕子訳『自由市場の終焉――国家資本主義とどう闘うか――』(日本経済新聞社, 2011年)。
(24) John Gerard Ruggie, "International Regimes, Transactions, and Change: Embedded Liberalism and the Postwar Economic Order," *International Organization* Vol.36, No.2 (1982), pp.379-415.
(25) "Brazil Proposal to Discuss Currency at WTO Likely to Meet with Friction," *Inside U.S. Trade* Vol.29, No.18 (May 6, 2011); WTO Working Group on Trade, Debt and Finance, *The Relationship between Exchange Rates and International Trade*: Submission by Brazil, WT/WGTDF/W/53(13 April 2011); WTO Working Group on Trade, Debt and Finance, *Report of the Meeting of 10 May 2011*, WT/WGTDF/M/22 (9 June 2011), paras 16-21.
(26) 『日本経済新聞』2011年9月20日付夕刊3面。

(東京大学大学院法学政治学研究科教授)

論　説　　国際知財法の新しいフレームワーク

座長コメント

茶　園　成　樹

　2011年10月30日午前に学習院大学において行われた，本学会20周年記念大会セッション（Ⅱ）「国際知的財産法の新しいフレームワーク」では，泉卓也氏，山名美加氏および鈴木將文氏による3つの報告が行われた。

　国際知的財産法は，従前，主として1883年の「工業所有権の保護に関するパリ条約」および1886年の「文学的及び美術的著作物の保護に関するベルヌ条約」によって形成されてきたが(1)，GATT ウルグアイ・ラウンドにおいて，知的財産が貿易と結びつけられ，1994年に WTO 設立協定の附属書1C として TRIPS 協定（知的所有権の貿易関連の側面に関する協定）が採択されたことによって大きく変わった。TRIPS 協定は，パリ条約やベルヌ条約に定められていた知的財産権の保護水準を相当に引き上げ，また，加盟国間の紛争解決のために WTO の紛争解決方法を利用可能とした(2)。

　知的財産権のライセンス等の取引を不当に制限することは，知的財産権の保護を実質的に損なうこととなる(3)。もっとも，TRIPS 協定においては，知的財産権の取引に関する明示的な規定はわずかである。この点に関し，泉卓也「技術取引の自由化」は，国際的な知的財産保護の観点から特許やノウハウを対象とする技術取引の自由化を考察し，第三者権利侵害保証責任とノウハウ提供契約の秘密保持期間制限を例として，自由な技術取引機会の確保における TRIPS 協定の貢献について検討している。

　TRIPS 協定採択後，知的財産保護を強化する動きとして，1996年にパリ条

約やベルヌ条約を管理する WIPO（世界知的所有権機関）において，インターネットの普及等に対応する WCT（著作権に関する世界知的所有権機関条約）と WPPT（実演及びレコードに関する世界知的所有権機関条約）が採択されたほかは，アメリカや EU 等の先進国は，2ヶ国間または複数国間の FTA（自由貿易協定）等の中に，TRIPS 協定が定める水準を上回る保護を義務づける規定を設けるようにしている。いわゆる TRIPS-plus である。また，2011年に主として先進国が参加した交渉によって ACTA（偽造品の取引の防止に関する協定）が成立した。現在は，わが国が参加を求めている TPP 協定（環太平洋パートナーシップ協定）交渉の行方が特に注目される。

他方，TRIPS 協定ないし同協定によって構築される国際的な知的財産保護に対して，激しい批判が向けられている。TRIPS 協定により，知的財産保護は，特に発展途上国において，経済・社会に大きな影響を及ぼすこととなり，人権や環境保護等との関係が問題となっているのである。この点に関する出来事として最もよく知られているのが，医薬品に対する特許が，HIV に対する抗レトロウイルス薬のアクセスを制限し，患者の健康に対する権利を害しているという批判を受けて，2001年に WTO 閣僚会議において「TRIPS 協定と公衆衛生に関する宣言」，いわゆるドーハ宣言が採択され，2003年に WTO 一般理事会において「TRIPS 協定と公衆衛生に関するドーハ宣言のパラグラフ6の実施」についての決定が行われ，さらに，2005年に TRIPS 協定改正議定書が採択されたことである。

そして，知的財産保護を巡る問題は，人権等に係わる問題として取り上げられ，WTO や WIPO だけではなく，CESCR（国際連合社会権規約委員会），WHO（世界保健機関），FAO（国際連合食糧農業機関）といった，人権等を担当する機関等においても議論されるようになっている。また，環境保護に関しては，1992年の CBD（生物の多様性に関する条約）との関係が問題とされ，特に CBD に定められている遺伝資源・伝統的知識の保護について，WTO や WIPO の

ほか，CBDのCOP（締約国会議）においても検討が行われている。2010年に名古屋で開催されたCOP10（第10回締約国会議）では，名古屋議定書（「生物の多様性に関する条約の遺伝資源の取得の機会及びその利用から生ずる利益の公正かつ衡平な配分に関する名古屋議定書」）が採択された。この点に関し，山名美加「遺伝資源・伝統的知識の保護と知的財産制度——『財産的情報』をめぐる新しいフレームワークの考察——」は，遺伝資源・伝統的知識に関する問題，特にこれらへのアクセスおよび利益配分（Access and Benefit-Sharing: ABS），これらを利用した発明の特許出願における出所明示義務の問題について詳しく検討している。

知的財産保護を巡る問題が様々なフォーラムにおいて議論されるようになっていることは，発展途上国等の知的財産保護を批判する側の動きだけによるものではない。先進国側も知的財産保護の強化のために異なるフォーラムを求めている。そもそもTRIPS協定が成立したのは，WIPOにおいてパリ条約やベルヌ条約を改正することが南北対立によって膠着状態に陥ったことから，先進国側が知的財産の問題をGATTのラウンド交渉に持ち込んだためであった。ACTAの交渉がWTOやWIPOにおいて行われなかったのも，これらの機関における南北対立が知的財産保護を強化する議論を困難としたためであろう。

鈴木將文「著作権に関する国際的制度の動向と展望」は，著作権関連の国際的制度に関し，最近のACTAやFTAに至る歴史的展開を概観したうえで，理論面の最近の動向を紹介し，今後の著作権制度の検討において重要な視点ないし課題となりそうな事項を考察している。

以上のように，TRIPS協定によって大きな変化を遂げた国際知的財産法は，複雑な様相を呈しているが，読者が，泉氏，山名氏および鈴木氏の3つの論文によって，その一端を理解し，国際知的財産法の新しいフレームワークの構想の手掛かりを得ていただけることを期待している。

(1) これらの条約は数度の改正を経ており，最新の改正条約は，パリ条約については1967年のストックホルム改正条約であり，ベルヌ条約については1971年のパリ改正条約である。
(2) WTOにおけるTRIPS協定に関連する紛争に関しては，WTO法研究会「WTOにおけるTRIPS関連紛争の概要（第1回～第4回）」，『知財研フォーラム』58号（2004年）28頁，59号（2004年）32頁，60号（2005年）52頁，61号（2005年）51頁，鈴木將文「ECの地理的表示制度を巡るWTO紛争に係るパネル報告書の分析」『AIPPI』51巻8号（2006年）2頁，鈴木將文「中国の知的財産制度のTRIPS協定整合性──WTOパネル報告書の分析──」『Law & Technology』44号（2009年）30頁，WTO法研究会「WTOパネル報告書（知的財産権の保護及び執行に影響する中国の措置）の分析（第1回～第3回）」『知財研フォーラム』79号（2009年）34頁，80号（2010年）30頁，82号（2010年）41頁参照。
(3) また，経済産業省通商政策局編『不公正貿易報告書──WTO協定及び経済連携協定・投資協定から見た主要国の貿易政策──〈2012年版〉』（日経印刷，2012年）406頁は，「外国企業との技術ライセンス契約に対して，不当な契約期間の制限や，契約期間満了後の守秘義務の禁止等を課し，かつ権利者の正当な権利行使を制限することは，外国からの投資や技術移転を萎縮・阻害させ，国内の技術発展を低下させるのみならず，結果として関係国や世界経済にも悪影響を及ぼすこととなる。」と述べる。
(4) 鈴木將文「地域経済統合と知的財産制度──『TRIPsプラス』条項の検討を中心に──」中山信弘先生還暦記念『知的財産法の理論と現代的課題』（弘文堂，2005年）539頁，鈴木將文「地域貿易協定（RTAs）における知的財産条項の評価と展望（RIETI Discussion Paper Series 08-J-005）」（2008年）〈http://www.rieti.go.jp/jp/publications/dp/08j005.pdf〉参照。わが国の動きについては，小山隆史「経済連携協定（EPA）における知的財産分野の交渉（1～6・未完）」『国際商事法務』38巻12号（2010年）1627頁，39巻1号（2011年）42頁，2号（2011年）200頁，40巻6号（2012年）867頁，7号（2012年）1043頁，8号（2012年）1227頁参照。
(5) 山本信平＝近藤直生「模倣品・海賊版拡散防止条約（ACTA）」『特許研究』51号（2011年）39頁，近藤直生＝吉田敦子「模倣品・海賊版拡散防止条約（ACTA）について──デジタル環境に関する規定を中心に──」『コピライト』601号（2011年）29頁。
(6) 中川淳司「TPPで日本はどう変わるか？（第5回）：TPPの内容(3)知的財産，競争政策，電子商取引」『貿易と関税』2011年12月号48頁，鈴木將文「TPPにおける知的財産条項」『ジュリスト』1443号（2012年）36頁参照。
(7) Annette Kur (ed.), *Intellectual Property Rights in a Fair World Trade System: Proposals for Reform of TRIPS* (Edward Elgar, 2011) は，TRIPS協定の具体的な改正提案を行っている。
(8) 山根裕子『知的財産権のグローバル化──医薬品アクセスとTRIPS協定──』（岩波書店，2008年），加藤暁子「TRIPs協定における医薬品特許の保護と公衆衛生の保護の

均衡点」『国際法外交雑誌』107巻1号（2008年）77頁参照。
(9) Kal Raustiala, "Density and Conflict in International Intellectual Property Law," *U.C.Davis Law Review*, Vol.40 (2007), p.1021 ; Laurence R. Helfer, "Regime Shifting: The TRIPs Agreement and New Dynamics of International Intellectual Property Lawmaking," *Yale Journal of International Law*, Vol.29 (2004), p.1参照。人権に関しては，茶園成樹「産業財産権と人権」日本国際経済法学会20周年記念論文集『国際経済法講座Ⅱ──取引・財産・手続』（法律文化社，2012年）参照。
(10) WTOにおいて，TRIPS協定とCBDとの関係が検討されているが，意見対立が解消されず，議論は収束していない。"Issues related to the Extension of the Protection of Geographical Indications provided for in Article 23 of the TRIPS Agreement to Products other than Wines and Spirits and Those related to the Relationship between the TRIPS Agreement and the Convention on Biological Diversity: Report by the Director-General", WT/GC/W/633, TN/C/W/61, 21 April 2011.
(11) WIPOでは，2000年に設置が決定されたIGC（「知的財産並びに遺伝資源，伝統的知識及びフォークロアに関する政府間委員会」）の場で検討されている。
(12) 磯崎博司ほか編『生物遺伝資源へのアクセスと利益配分──生物多様性条約の課題──』（信山社，2011年），森岡一『生物遺伝資源のゆくえ──知的財産制度からみた生物多様性条約──』（三和書籍，2009年），山根裕子「環境保護条約と知的財産権（上・中・下）」『貿易と関税』2010年9月号61頁，10月号48頁，2011年3月号4頁，鈴木將文「生物多様性条約と知的財産制度」『ジュリスト』1409号（2010年）21頁参照。
(13) 名古屋議定書については，磯野弥生「名古屋議定書に関する論点と内容－名古屋議定書はABSの課題をどのように解決したか」『ジュリスト』1417号（2011年）8頁，井原宏「生物多様性条約COP10におけるABS名古屋議定書の概要と課題」『NBL』946号（2011年）25頁，田上麻衣子「伝統的知識の保護──名古屋議定書における進展と今後の課題──」『東海法学』45号（2011年）158頁等。
(14) Susan K. Sell, "TRIPS was Never Enough: Vertical Forum Shifting, FTAS, ACTA, and TPP," *Journal of Intellectual Property Law*, Vol.18 (2011), p.447参照。
(15) Peter K. Yu, "Six Secret (and Now Open) Fears of ACTA," *SMU Law Review*, Vol.64 (2011), p.975, 988-998参照。

（大阪大学大学院高等司法研究科教授）

論　説　国際知財法の新しいフレームワーク

技術取引の自由化

泉　卓　也＊

I　はじめに
II　国際的な技術取引を巡る議論
　　1　知的財産としての保護
　　2　ライセンス可能性
　　3　技術取引の契約内容への制約
III　TRIPS協定の貢献
　　1　第三者権利侵害保証責任
　　2　ノウハウ提供契約の秘密保持期間制限
IV　さらなる技術取引の自由化のための方向性
V　おわりに

I　はじめに

　海外市場において，廉価な模倣品や海賊版を排除し，高付加価値製品を適正価格で販売する機会を確保するために，国際的な知的財産保護が必要とされている。模倣品・海賊版の貿易規模は2007年に2500億ドル（世界貿易額の2％）に達したと推計されていることから明らかなように(1)，模倣品・海賊版の拡散は，正当な貿易に深刻な影響を与えている。2010年10月に大筋合意した「偽造品の取引の防止に関する協定（Anti-Counterfeiting Trade Agreement）」は，知的財産権に関する効果的な権利行使の確保のための国際的なメカニズムを提供するものであり(2)，高付加価値製品の国際競争力を高める取組みとして位置づけられる。

　新興国等の途上国が生産拠点としての地位を築いている今日では，国際分業戦略において，自国で生産するとともに最適な国際市場を活用して調達・販売

を行うという貿易戦略だけではなく，海外市場において特許製品の生産やノウハウの使用を認める特許やノウハウに関するライセンス戦略や最適な国際市場において生産・販売を行う直接投資やジョイント・ベンチャーによる海外投資戦略が重要さを増している。国際的な知的財産保護の枠組について，今後は，海外における模倣品・海賊版対策だけではなく，ライセンス戦略に対する貢献も求められることになる。

　新興国等の途上国の中には，自由な技術取引を制限している国がある。中間層・富裕層が拡大し，消費水準が高まっている新興国への海外展開では，生産コストの低減を狙ったものから市場獲得を目的としたものへと進化しており「現地」における稼ぎを本国に還流することは重要な通商政策課題である。[3] 優れた技術は特許権やノウハウといった知的財産として海外でも保護され，現地企業にライセンスされることを通じて，ロイヤリティ収益を生み出す。現地のロイヤリティ収入の拡大により，海外からの特許等収入は拡大傾向であり，近年は2兆円を超えている。[4] このような拡大傾向は，国境を越えた技術取引が活発になってきていることを示していると考えられる。技術取引のさらなる活性化のためには，特定の技術を必要としている者がその技術を効率よく取得できるようにすべきであり，原則として，自由な技術取引が認められるべきである。しかし，今のところ，自由な技術取引機会の確保は，先進国と途上国の双方が共有する価値とまでは言えない。

　本稿では，国際的な知的財産保護の観点から技術取引の自由化を考察する。第Ⅱ節では，国際的な技術取引を巡る議論を整理することにより，技術取引の自由化に向けた大きな流れがあることを示す。第Ⅲ節では，いくつかの技術取引規制を例にして，自由な技術取引機会の確保におけるTRIPS協定の貢献について論じる。第Ⅳ節では，さらなる技術取引の自由化のための方向性について考察し，第Ⅴ節で本稿をまとめる。

II 国際的な技術取引を巡る議論

　国際的な技術取引は様々な視点から議論されている。多国籍企業の行為規範を確立しようしたUNCTADの技術移転コード案のような国際的な技術取引に対する規制に関する議論がある一方で，技術ライセンスに対する競争法の適用に関する議論もある。知的財産保護が環境技術移転の障壁になっているとして強制実施権等の積極的活用が議論されることもある。

　本稿では，国際的な技術取引を巡る議論を3つの領域に分けて整理する。第1の領域は，取引の対象となる知的財産の保護である。例えば，ある発明が特許権として保護されないとすれば，技術取引しなくても使用できるため，特許ライセンスを結ぶ必要はない。知的財産として保護されていることが，ライセンス締結の前提条件である。第2の領域は，ライセンスが可能か否かという問題である。技術ライセンスから収益を得ようと考えたとしても，ライセンス自体が認められないとすれば，ライセンスによる収益機会は確保されない。ノウハウがライセンス対象になることは当然であると考える国がある一方で，ノウハウに関するライセンス契約を認めない国もある。第3の領域は，技術ライセンスの契約内容への制約である。技術ライセンスに対する競争法の適用を通じて契約内容が一定程度制約されることがある一方で，反競争行為規制とは異なる観点から当事者に特定の契約内容を強いる規制も存在する。このような場合には，知的財産として保護され，ライセンス可能であったとしても，十分な収益機会を確保したことにはならない。

1　知的財産としての保護

　知的財産は各国の法令に従って保護されるが，古くからパリ条約等の知的財産保護に関する条約を通じて，各国の法令は国際的に調和されてきている。その中でも，知的財産保護水準を高めたと評価されている条約がTRIPS協定で

ある。特許権を例に挙げると，一部の例外設定は可能であるものの，基本的に全ての技術分野における保護を義務づけた[5]。また，権利行使，すなわち，エンフォースメントに関しても多くの規定が盛り込まれた[6]。

知的財産は投資財産という側面からも保護を約束される場合がある。投資協定のほとんどが二国間協定であるが，現在までに2700余り締結され，公正・衡平待遇義務などの規定に関して標準化が進んでいるために，多数国間条約が作成されたのと同じような状況が生まれている[7]。このような投資協定のほとんどにおいて，投資財産の定義に特許権等の知的財産権が含まれているため，知的財産は，一定の条件に従わない収用から保護され，公正・衡平待遇義務に従った扱いを受ける[8]。

知的財産に関する条約は，知的財産保護に関して，国際経済分野における国際公共利益の実現を目指すものと考えられるが，他の国際公共利益の実現を妨げるものとして修正等を迫られることがある。公衆衛生と環境保護が代表的な分野である。公衆衛生分野については，特許権がエイズ薬へのアクセスを阻害しているとして関心が高まり，2001年11月には，TRIPS協定解釈の柔軟性を確認する「TRIPS協定と公衆衛生に関する宣言」がドーハ閣僚会合で採択されたことがよく知られている[9]。

国際的な技術取引への影響という観点からは，近年は環境保護という国際公共利益との調整が極めて重要である。気候変動に関する国際連合枠組条約には，先進国は，適当な場合に，環境上適正な技術（environmentally sound technologies）を移転するために，実施可能な措置を取らなければならないという規定がある[10]。2007年12月に開催された気候変動に関する国際連合枠組条約の第13回締約会合では，長期的な協力を通じた条約の効果的な実施を可能とするプロセスを立ち上げることに合意し，そのプロセスにおける検討事項には，環境上適正な技術に対する途上国のアクセス促進のための技術移転の障壁の除去に関する効果的なメカニズムが含まれた[11]。新興国を含む途上国は，2009年12月にコペ

ンハーゲンで開催された第15回締約国会議に向けた特別作業部会において、知的財産が技術移転の障壁であることを前提にして、知的財産保護の弱体化と技術移転の障壁除去とを関連づけ、例えば、技術移転を制限したり、妨げたりするような国際的な知的財産条約の解釈を禁止するといった提案や環境上適正な技術を特許対象から除外するといった提案が出された。[12]このような提案は合意に至っていないが、2020年以降の新たな法的枠組みについて2015年までに合意するという「ダーバンプラットフォーム」に基づく交渉では、技術移転が重要な論点になると見込まれるという指摘がある。[13]地球温暖化への対処という地球規模の課題が共有されている限り、技術移転の阻害を問題視し、知財保護を弱めようとする主張は続くだろう。[14]

2 ライセンス可能性

特許権者やノウハウ保持者が他者に対して特許技術の実施やノウハウの使用を許可すること、すなわち、特許権やノウハウをライセンスすることは、国際的に広く行われている。しかし、ノウハウがライセンスの対象になることは、多数国間で確立されているとは必ずしも言えない。ガット・ウルグアイラウンドでは、ノウハウはライセンス可能な権利と考えられていないため、途上国の多くの法令ではノウハウ提供契約に対して「ライセンサー」や「ライセンシー」という文言は使用されず、提供者（supplier）や受領者（recipient）という表現が使用されているとの指摘があった。[15]ブラッセルドラフトには、ノウハウのライセンスに関する条項案が残されていたが、[16]TRIPS協定にはノウハウのライセンスに関する条項は存在しない。ノウハウがライセンス可能な知的財産であることについて、WTO加盟国間に明確な合意はない。

ブラジルでは、特許権をライセンスすることは可能であるが、ノウハウをライセンスすることはできず、譲渡のみが認められる。[17]ノウハウは特許権のような権利ではなく情報であるところ、ノウハウを特定の相手に提供した後にその

情報を相手から取り上げることは不可能であり，かつ，持っている情報を使えないとすることは不合理であるから，ノウハウのライセンスは認められないというのがブラジルにおける理解である。特許権は特許発明に関する排他的な権利であるから，特許発明の使用を一定期間許可することは当然に認められるが，ノウハウは特許権と異なり，特定の技術を相手に使用させない権利ではないので，ノウハウのライセンスは認められないということである。

しかし，ノウハウのライセンス可能性を否定することが，国際的に活発に議論されてきたわけではない。ノウハウのライセンスへの政府の介入を制限するというガット・ウルグアイラウンド時の提案に対して，途上国はノウハウの財産権的性格を認めることを暗に意味すると指摘した[18]。ガット・ウルグアイラウンドでは，ノウハウをTRIPS協定交渉の対象とするか否かが大きな争点であったところ，ノウハウのライセンスを認めることがノウハウの知的財産的性格を認めることにつながることを恐れた途上国が，自分たちの主張を弱めないために，ノウハウのライセンスに言及する条項を否定したと評価することが妥当である。実際，ガット・ウルグアイラウンド時にノウハウはライセンス可能な権利ではないと主張したインドでも，ノウハウのライセンスは可能である[19]。ノウハウのライセンスが禁止される方向に国際的な議論が進むとは考えにくい。

3 技術取引の契約内容への制約

国際的な技術取引の契約内容への制約については，政府の規制が緩和され，技術取引の主体である民間企業等の自由な合意を尊重する方向に変化してきている。UNCTADの技術移転コードに関する交渉の失敗，TRIPS協定交渉とその合意内容がそのような変化を表している。

技術取引規制に関する国際的な試みは，UNCTAD技術移転コードに関する交渉で最高潮に達した。この技術移転コード案では，グラントバック条項，有効性の不争条項，輸出制限条項などを制限的取引慣行としていた。この交渉の

背景には，技術取引市場においては，技術を持っている強者と持っていない弱者の間に潜在的な不均衡があるため，その不均衡を解消するためには政府の規制が必要であるという考えがあった。技術移転コードが交渉された時期は，中南米諸国が，国境を越える技術取引に対して規制を導入した時期でもあった。[21]しかし，1970年代後半から80年代前半の景気減速に伴う直接投資の落ち込みに対処する際に，技術取引規制が緩和されていった。[22]また，米国が技術ライセンス契約における9種類の制限を当然違法としたナイン・ノー・ノーズから決別した時期でもあった。[23]このような状況の変化を背景として，UNCTADの技術移転コードの交渉における途上国グループと先進国グループの溝は深まり，1985年を最後に交渉会合は開催されていない。[24]

ガット・ウルグアイラウンドにおいても制限的取引慣行規制は議論された。UNCTADの技術移転コード案における14の制限的取引慣行（例えば，グラントバック条項，有効性の不争条項，輸出制限条項）を反競争行為とみなすことができるという途上国の提案は，ブラッセルドラフトに選択肢として存在した。しかし，合意したTRIPS協定40条は，WTO加盟国に対して，特定の制限的取引慣行を当然に反競争行為とみなすように義務づけてはいない。[25]TRIPS協定は，知的財産の私権的性格を重視し，多国籍企業の自由な技術取引を許容するとともに，技術取引が反競争行為と評価されれば規制されるべきとの考え方を採用したと評価されている。[26]国境を越える技術取引は自由化の方向に進んでいる。

Ⅲ　TRIPS協定の貢献

このような技術取引の自由化の流れにもかかわらず，反競争行為とは関係ない技術取引に対する規制が問題として指摘されている。例えば，中国には，技術ライセンス契約における第三者権利侵害保証責任の取り決めに関して内外差別的規制が存在し，ブラジルには，海外送金に関連して技術移転契約における秘密保持期間に上限が設けられていると指摘されている。[27]これらの措置を例に

して，自由な技術取引機会の確保への TRIPS 協定の貢献について考察する。

1 第三者権利侵害保証責任

　改良発明に関する特許権が基本発明に関する特許権と利用関係にある場合には，改良発明に関する特許権に関してライセンスを得るだけでは特許技術の実施が他者の権利と抵触しないことを保証しない。そのため，技術ライセンス契約時には，ライセンシーがライセンス技術を利用して第三者の特許権を侵害した場合に，ライセンサーとライセンシーの何れがその責任を負うかについて交渉されることがある。技術ライセンス後のライセンシーの具体的な事業活動やその結果生じるリスクについては，ライセンシーの方がよく知る場合があるため，第三者の権利を侵害した場合の保証責任は，ケースバイケースで決められるべきである。[28]

　中国は第三者権利侵害保証責任に関して差別的なルールを設けている。中国国内技術について特許ライセンス契約を締結する場合には，第三者の権利侵害の責任の分担について，特許ライセンサーとライセンシーで協議して決めることができる。[29] 他方，外国技術を中国国内に輸入するライセンス契約においては，そのような取り決めは認められず，常に特許ライセンサーがライセンシーによる第三者に対する権利侵害の責任を負うという措置になっていると理解されている。[30]

　TRIPS 協定との関係では，この措置が内国民待遇義務に整合的か否かが問題となり得る。知的財産保護に関する内国民待遇は TRIPS 協定3条1項に規定されており，「EC の農産品及び食品の商標及び地理的表示の保護」のパネルは，TRIPS 協定の内国民待遇違反を立証するためには，知的財産保護に関する措置であること，及び，外国民に対して内国民よりも不利な待遇を与えていること，を示す必要があると述べた。[31] 外国技術を中国国内に輸入する場合のライセンサーは中国国民以外であることが通常であると想定されるところ，本

稿では第三者権利侵害保証責任の取り決めに関する措置が知的財産保護に関する措置に該当するか否かを論じる。

　TRIPS協定3条1項は，その脚注で「この条……に規定する「保護」には，知的財産権の取得可能性，取得，範囲及び行使に関する事項並びにこの協定において特に取り扱われる知的財産権の使用に関する事項を含む」と規定しているように，「保護」を広く定義している。TRIPS協定28条2項が「特許権者は実施許諾契約を締結する権利を有する」と規定しており，特許ライセンスはこの協定で特に取り扱われている使用に該当すると考えられることから，技術ライセンス契約における第三者権利侵害保証責任条項に関する措置が「この協定において特に取り扱われる知的財産権の使用に関する事項」に該当するか否かが重要な論点になる。

　「この協定において特に取り扱われる知的財産権の使用に関する事項」には，使用自体ではなく使用に影響を与える事項が含まれる。TRIPS協定3条1項の脚注は"protection shall include matters affecting …… the use of intellectual property rights specifically addressed in this Agreement"と規定されているように，日本語訳の「関する」に対応する英語は"affecting"である。このTRIPS協定の"affecting"の文言を解釈したWTOの先例はないが，GATT3条4項の内国民待遇義務に関する規定，当該規定について検討したGATTパネルやWTO上級委員会の判断が，重要な文脈を提供する。GATT3条4項は，国内の「販売，販売のための提供，購入，輸送，分配又は使用に関する（affecting）すべての法令及び要件」について内外無差別義務を課している。Italy-Agriculture事件のGATTパネルは，"affecting"について，この文言が選択された含意は，国内販売等の条件を直接規律（govern）している法令等だけではなく，内国産品と外国産品の競争条件に影響を与える法令等も含まれると述べた。また，WTO上級委員会は，GATTパネルの判断である"affecting"の広い解釈を支持している。ガット・ウルグアイラウンド交渉では，"affecting" が "govern" よりも広く解釈された先例が存在する状況で，TRIPS 協定の交渉者は "matters governing" ではなく "matters affecting" という文言を選択した。このことは TRIPS 協定 3 条の脚注における "affecting" が "governing" より広く解されるという考え方を支持している。つまり，TRIPS 協定 3 条の脚注における "matters affecting the use" には，特許ライセンスを直接規律する措置，すなわち，特許実施権を付与する規定だけではなく，特許ライセンスに影響を与える措置も含むと解釈されるべきである。ライセンシーによる権利侵害の責めをライセンサーが負うというリスクがあるために，技術ライセンス契約の締結に至らないことは現実的に想定される事態であり，第三者権利侵害保証に関する措置が「この協定において特に取り扱われる知的財産権の使用に関する事項」に該当すると判断される可能性は高い。

そして，外国技術を中国国内に輸入する場合のライセンサーは中国国民以外であることが通常であると考えられるため，TRIPS 協定の内国民待遇義務に関して，第三者権利侵害保証に関する取り決めが許容されている中国国民の方が外国国民よりも有利な待遇を与えられていると判断される可能性がある。そのように判断される場合には，内国民待遇義務を確保するために，内国民に与えられた待遇を悪化させるよりは，外国民にも同様の待遇を与えることを選択することが予想される。その限りにおいて TRIPS 協定は技術取引の自由化に貢献する可能性がある。

2　ノウハウ提供契約の秘密保持期間制限

ブラジルでは，技術移転契約に基づくロイヤリティ収入を海外に送金するためには，ブラジル特許庁に技術移転契約を登録しなければならないが[36]，「外国資本及び海外送金に関する法律」によって，ノウハウ提供契約に基づくロイヤリティ支払いの税額控除期間の上限が原則 5 年と定められている[37]ことに関連付けて，ブラジル特許庁は 5 年を超える期間のノウハウ提供契約の登録を認めな

いことがあると指摘されている[38]。そして，ノウハウ提供契約に5年を超える秘密保持期間条項が含まれている場合には，秘密保持期間も5年に限定しなければ登録されないことがあるという[39]。他方で，秘密保持期間の合意は原則として当事者の合意に従い，ブラジル特許庁に登録しない場合には，そのような期間制限は受けないと言われている[40]。このような秘密保持期間の制限に関するブラジル特許庁の実務は法令に明記されていないため，かかる実務がいかなる場合に行われているかは明らかではないが，技術取引の自由化に対するTRIPS協定の貢献を考えるために，海外送金のためにする技術移転契約の登録の際に政府がノウハウ提供契約において定める秘密保持期間を5年に修正させるという措置を想定し，かかる措置がTRIPS協定に整合的か否かを検討する。

　TRIPS協定39条2項は，秘密であること，商業的価値があること，秘密保持の措置をとっていること等の要件を満たしている情報は，ノウハウとして保護しなければならないと規定している。契約により複数の者が秘密保持している場合でも，かかる複数の者以外の者がノウハウを不当に入手することを排除できるようにしなければならないと考えられる[41]。他方，TRIPS協定39条2項は，ノウハウの保護期間については何ら言及していない。そのため，秘密であること，商業的価値があること，秘密保持の措置をとっていること等の要件を満たしていれば，無期限に保護されるという解釈があり得る一方で，期間を制限することは禁じられていないという解釈もあり得る。

　TRIPS協定39条1項において「不正競争からの有効な保護を確保するため」にノウハウを2項に従って保護すると規定されていることから，ノウハウ保護の目的は，事業者の間で不当に情報を入手することを防止することであると考えられる。そして，ノウハウ提供契約の秘密保持期間を制限する政府の措置は，競争者の行為ではないため，期間を制限したとしても，競争者による不当な情報入手を防止できると評価できる措置を政府が採用していれば，不正競争から有効に保護していると言える可能性がある。また，ガット・ウルグアイ

ラウンドの1990年7月時点の交渉テキストには，秘密であること，商業的価値があること，秘密保持の措置をとっていることの要件を満たしている限り，ノウハウ保護に関して，期間制限してはならないという規定が選択肢として残されていたが，かかる規定は合意には至っていない。この交渉経緯は，秘密保持期間に制限を設けることは許容されるという解釈を支持している。秘密保持期間を5年に制限することはTRIPS協定39条2項に整合的ではないとの主張は受け入れられない可能性がある。

ここで想定している措置については，秘密保持期間に対する制限自体のTRIPS協定整合性だけなく，内国民待遇義務に整合的か否かを議論することも可能である。上述した通り，TRIPS協定の内国民待遇違反を立証するためには，知的財産保護に関する措置であること，及び，外国民に対して内国民よりも不利な待遇を与えていること，を示す必要がある。後者については，ノウハウの提供者のうち海外送金に関係する者のほとんどが外国民であることは明らかである。他方，秘密保持期間の制限が，知的財産保護に関する措置か否かという論点については整理が必要である。

上述した通り，TRIPS協定3条の脚注には「この条……に規定する「保護」には，知的財産権の取得可能性，取得，範囲及び行使に関する事項並びにこの協定において特に取り扱われる知的財産権の使用に関する事項を含む」と規定されている。5年という秘密保持期間の上限規制は，秘密保持契約に従って複数の者でノウハウとして管理している知的財産について，保護を受けることができる時期に制限を課すものである。特許権の保護期間に関するTRIPS協定33条に "The term of protection available shall not end ……" と規定されているように，時期的な保護可能性は取得可能性（availability）の問題である。したがって，秘密保持期間を5年間に制限する措置は知的財産の取得可能性（availability）に影響を与える事項であり，知的財産保護に関する措置と考えるべきである。

そして，第三者権利侵害保証責任における議論と同様に，TRIPS 協定に基づいて秘密保持契約期間に関する内外差別的な規制を撤廃させることができる可能性はあり，その限りにおいて，技術取引の自由化に TRIPS 協定が貢献する可能性がある。

Ⅳ　さらなる技術取引の自由化のための方向性

さらなる自由な技術取引を国際的なルールにより確保していくための2つのアプローチを考察する。第1のアプローチは内外無差別原則の適用範囲の拡大である。TRIPS 協定3条1項の脚注には「この条……に規定する「保護」には……この協定において特に取り扱われる知的財産権の使用に関する事項を含む」と規定されているため，TRIPS 協定で取り扱われていない知的財産権の使用には内国民待遇義務は課せられない。技術取引においては，特許ライセンスに加えてノウハウライセンスが極めて重要であり，場合によっては意匠ライセンスも関係してくる。今後の EPA 等の国際的なルール作りにおいては，TRIPS 協定と同様の内国民待遇義務規定とともにノウハウのライセンスや意匠ライセンスに関する規定を盛り込むことが1つの方向性である。

このような規定の効果は，ノウハウや意匠を内外差別的にライセンス可能とすることにとどまるものではない。中国における第三者権利侵害保証責任の負担に関する内外差別について TRIPS 協定整合性を議論することが可能であることは第Ⅲ節で論じた通りである。TRIPS 協定と同様の内国民待遇義務規定と同時にノウハウのライセンスや意匠ライセンスに関する規定を EPA 等で約束できれば，ノウハウや意匠のライセンス機会の確保のみならず，そのようなライセンスに影響を与える事項について，機会の事実上の内外平等を確保できると期待される。そして，内国民に有利な待遇を与えている状況において，機会の平等を確保しようとする場合には，内国民に与えられた待遇を剥奪するよりは，外国民にも同様の待遇を与えることを選択することが期待されるため，

内外無差別原則の適用範囲の拡大は，技術取引の自由化を促進する効果があると考えられる。

　第2のアプローチは，市場主導の技術取引機会の確保である。技術習得に必要な知識は，公知の文献に記載されている場合もあれば，企業内でノウハウとして保持されている場合もある。技術習得に必要な知識のほとんどを公知の文献から入手できる場合もあれば，多くの情報を技術保持者から得なければならない場合もある。技術取引における対象技術や取得条件等は，技術分野，技術習得に必要とされる期間などの個々の状況に応じて柔軟に決定されるべきであり，個々の状況を最もよく知る者は技術移転を求める者と技術移転に応じる者であることが通常であるから，技術取引に一律な制限を加えるべきではない。政府等の公的機関の役割は，基礎的な科学技術の知識習得の支援や反競争行為規制などに留め，技術取引は市場に任せるべきである。

　上述した通り，TRIPS協定は市場における技術取引を前提にしつつ，反競争行為規制を許容している。TRIPS協定40条は，反競争行為とみなす類型を特定していないため，UNCTADの技術移転コード案と比較して市場主導の技術取引を尊重していると評価できる。特定の行為が知財財産の濫用に該当するか否か，及び，競争に悪影響を与えるか否かを判断することをTRIPS協定40条はWTO加盟国に求めており，そのような判断なしに特定のライセンス条件等を反競争行為であると事前指定することはできない[43]。しかし，同条で認められている反競争行為規制に関して，日米欧の競争法適用のガイドラインに示されているような具体的な考え方が新興国等の途上国と共有されているとは限らない。現在，中国が競争法の知的財産分野への適用ガイドラインを策定していると言われている[44]。新興国の中国が技術取引への制限について，先進国のようなガイドラインを定めるかもしれないし，異なる考えを示すかもしれない。今後の動きを注視し，意見募集等の機会を通じて，市場主導の技術取引機会が確保されるようにしていく必要がある。

自由な技術取引への干渉を少なくするためには，技術取引のあるべき姿を国際的に共有していく必要がある。TRIPS 協定は技術取引に関するルールを一定程度規定しているものの，例えば，先述したようなノウハウ取引における秘密保持期間の制限は，TRIPS 協定の規律範囲を超えると判断される可能性がある。新興国の技術水準が向上し，イノベーションがオープン化している現状からみて，技術取引に関する国際ルール作りは今後益々必要とされてくると予想されることから，TRIPS 協定の貢献と限界を整理しつつ，必要に応じて，新たなルールを提案していくことが求められる。[45]

そのような試みとして APEC における「実効的，無差別かつ市場主導型のイノベーション政策の推進」がある。2011年11月の APEC 首脳会議は，実効的，無差別かつ市場主導型のイノベーション政策を推進するために政策を促進すると宣言した。そして，「実効的，無差別かつ市場主導型のイノベーション政策の推進」と題する附属文書 A において，技術移転の条件，生産工程及びその他の財産的情報（proprietary information）が，WTO ルールに従い，企業間の合意に委ねられることを確保することなどの原則が合意された。

ただ，知的財産の国際ルールにおいて100年以上の歴史のある内外無差別原則と比べ，市場主導型の技術取引について法的拘束力のある国際的な合意に達することは容易ではない。技術取引の自由化が途上国の経済開発や持続可能な発展に資することを示しつつ，上述の APEC の取組のように，国際的に共有されるべき価値であることを少しずつ確認していくことが重要である。

V　おわりに

本稿は国際的な知的財産保護の観点から技術取引の自由化を論じた。第 II 節では，国際的な技術取引を巡る議論を概観した。特に環境保護分野においては，取引の対象となる知的財産の保護に制限を加えるべきとの議論がある一方で，技術ライセンスの契約内容への規制は緩和される方向であることを述べた。

第Ⅲ節では，技術取引の自由化にも関わらず，技術ライセンス契約内容への規制が残存しているところ，そのような規制撤廃に TRIPS 協定が一定程度貢献する可能性があることを示した。第Ⅳ節では，さらなる技術取引の自由化のための方向性として，内国民待遇を確保しなければならないライセンス対象の拡大と市場主導の技術取引ルールの国際的な共有について述べた。

　海外市場において，優れた製品を模倣から守るために，知的財産の保護水準を国際的に向上させていくことが重要であり，したがって，国際的な知的財産保護ルール構築において TRIPS プラスを要求していくべきであるとの意見はよく聞かれる。しかし，知的財産の保護強化やエンフォースメント強化など，物で稼ぐことを念頭においた主張がほとんどであり，技術で稼ぐために TRIPS プラスを追及すべきとの意見はあまり聞かれない。エンフォースメント強化等はこれからも重要な課題であるが，優れた技術資産を活かすために，技術取引に関しても TRIPS プラスを求めていく必要があると思われる。

　　＊2009年7月から2012年6月まで経済産業省通商政策局通商機構部参事官補佐としてTRIPS 協定等の知的財産を担当。2012年7月より特許庁特許審査第一部にて特許審査に従事。なお，ここに示す内容は，個人の見解であり，過去に所属した組織・現在所属する組織の見解ではない。
(1) OECD, *MAGNITUDE OF COUNTERFEITING AND PIRACY OF TANGIBLE PRODUCTS: AN UPDATE* (2009).
(2) 経済産業省『偽造品の取引の防止に関する協定に交渉参加した国による共同プレス・ステートメント』, at http://www.meti.go.jp/press/2011/10/20111001001/ 20111001001-2.pdf (as of 14 April 2012).
(3) 経済産業省『通商白書 2011』171-178頁。
(4) 同上，180，182頁（財務省・日銀「国際収支統計」に基づく）。
(5) TRIPS 協定27条。
(6) TRIPS 協定41条-61条。
(7) 小寺彰，奥脇直也「多数国間条約体制の意義と課題」『ジュリスト』1409号（2010年10月）8頁。
(8) 小寺彰「投資協定の観点からの分析」『「国際知財制度研究会」報告書』（2011年2月）61-71頁。

(9) Doha WTO Ministerial 2001, *Ministerial Declaration on the TRIPS agreement and public health*, WT/MIN(01)/DEC/2, adopted on 14 November 2001.
(10) 気候変動に関する国際連合枠組条約4条5項。
(11) UNFCCC, Conference of the Parties (COP), *Report of the Conference of the Parties on its thirteenth session, held in Bali from 3 to 15 December 2007. Addendum. Part Two: Action taken by the Conference of the Parties at its thirteenth session*, FCCC/CP/2007/ 6 /Add.1, Decision 1/CP.13 (Bali Action Plan), 1(d)(i).
(12) Bolivia, *Ideas and proposals on the elements contained in paragraph 1of the Bali Action Plan* (17 September 2009).
(13) 東京大学公共政策大学院 科学技術と公共政策研究ユニット TECUSE研究プロジェクト『「エネルギー・環境分野における技術移転と国際競争力」研究報告書』(2012年3月31日) 2頁。
(14) UNCTADの技術移転コードの交渉においては技術取引自体に規制を加えようとしたのに対し，気候変動に関する国際連合枠組条約下の交渉では知的財産が技術移転の障壁になっていることを前提にして知的財産の保護を弱めようとしている。このような途上国のアプローチの変化に留意すべきである。
(15) Multilateral Trade Negotiations Uruguay Round, *Standards and Principles Concerning the Availability Scope and Use of Trade-Related Intellectual Property Rights Communication from India*, MTN.GNG/NG11/W/37 (July 10, 1989), paras.46-47.
(16) "PARTIES shall not discourage or impede voluntary licensing of undisclosed information by imposing excessive or discriminatorily conditions on such licenses or conditions which dilute the value of such information." という案が残されていた。
(17) 新日本製鐵株式会社知的財産部「ブラジル，インド，中国における実施許諾制限の実例紹介」『国際知財制度研究会』報告書』(2011年2月) 54頁。日本機械輸出組合『投資協定に関する国際的な最新動向（技術移転・資金回収）分析のための調査報告書』(2011年3月) 96頁。
(18) Negotiating Group on Trade Related Aspects of Intellectual Property Rights, including Trade in Counterfeit Goods, *MEETING OF NEGOTIATING GROUP OF 16 AND 22 OCTOBER 1991, Note by the Secretariat*, MTG.GNG/TRIPS/3 (8 November 1991), para.9.
(19) 新日本製鐵株式会社知的財産部 「前掲論文」（注17）60頁。
(20) UNCTAD, *Transfer of Technology, UNCTAD Series on Issues in International Investment Agreements* (2001), p.44.
(21) Susan K. Sell, "Negotiations on an International Code of Conduct for the Transfer of Technology," *in* Surendra J. Patel, Pedro Roffe and Abdulqawi Yusuf (eds.), *International Technology Transfer – The Origins and Aftermath of the United Nations Negotiations on a Draft Code of Conduct*, (Kluwer Law International, 2001), pp.152-57.

⑵ *Ibid.*, p.168.
⑶ Abbott B. Lipsky. Jr., *Current Antitrust Division Views on Patent Licensing Practices, Antitrust Law Journal November 5, 1981/November 6, 1981 (1981)*.
⑷ Sell, *supra* note 21, p.168.
⑸ TRIPS協定40条2項は「実施許諾等における行為又は条件であって，特定の場合において，関連する市場における競争に悪影響を及ぼすような知的所有権の濫用を特定することができ，そのような行為又は条件を防止するために，この協定に適合する措置をとることができる」と規定する。
⑹ UNCTAD, *supra* note 20, pp.44-45.
⑺ 経済産業省『不公正貿易報告書2012』65，188頁。その他，三菱UFJリサーチ&コンサルティング株式会社『「国際知財制度研究会」報告書』(2011年2月)，日本機械輸出組合「前掲報告書」(注17)。
⑻ Brian G. Brunsvold and Dennis P. O'Reilley, *Drafting Patent License Agreements 5th Ed.* (BNA Books, 2004), pp.179-81.
⑼ 中国契約法353条。
⑽ 中国技術輸出入管理条例24条3項。なお，技術輸入契約の場合，中国の「契約法355条により，契約法よりも技術輸出入管理条例が優先的に適用されることになるが，技術輸出入管理条例の保証義務規定についても，それが強行規定であるか否か（つまり，当事者間の契約によって，法律規定とは異なる定めを有効に締結することは許されないのか否か）につき，明確な結論が確立されているわけではない」との見解もある（遠藤誠「中国における技術契約に関する法的諸問題」『知財管理』61巻2号（2011）157頁）。
⑾ Panel Report, *European Communities-Protection of Trademark and Geographical Indications for Agricultural products and Foodstuffs-Complaint by the United States-*, WT/DS174/R, adopted 20 April 2005, para.7.125.
⑿ TRIPS理事会における中国の法令レビューにおいて，第三者権利侵害保証責任に関する待遇は内外差別的であると日本は指摘したが，中国は第三者侵害保証責任に関する措置はTRIPS協定3条1項の範囲外であると回答している(Council for Trade-Related Aspects of Intellectual Property Rights, *REVIEW OF LEGISLATION Responses from China to questions posed by the European Communities and their member States, Japan, Korea and Switzerland (Addendum)*, IP/C/W/374/Add.3 (19 May 2003), p.9.
⒀ Carlos M. Correa, *Trade Related Aspects of Intellectual Property Rights – A Commentary on the TRIPS Agreement* (Oxford University Press, 2007), p.62.
⒁ GATT Panel Report, *Italian Discrimination Against Imported Agricultural Machinery*, L/833, adopted 23 October 1958, para.12.
⒂ Appellate Body Report, *United States - Tax Treatment for "Foreign Sales Corporations", Second Recourse to Article 21.5 of the DSU by the European Communities*, WT/DS108/AB/RW, adopted 14 March 2006, para.210.

(36) Normative Act INPI No.135/97（技術移転やフランチャイズの契約の登録方法に係るブラジル特許庁総裁通達）。
(37) 「外国資本及び海外送金に関する法律」12条3項。
(38) 三菱UFJリサーチ＆コンサルティング株式会社「前掲報告書」（注27）50-52頁。
(39) 同上。
(40) 同上。
(41) Nuno Pires de Carvalho, *The TRIPS Regimes of Antitrust and Undisclosed Information* (Kluwer Law International, 2008), p.233.
(42) TRIPS協定の内国民待遇の判断基準は，機会の事実上の平等であるとのパネル報告書がある（Panel Report, *supra* note 31, para.7.176）。
(43) Daniel Gervais, *The TRIPs Agreement – Drafting History and Analysis, 3rd Ed.* (Thomson Reuters, 2008), p.433.
(44) 藤井康次郎，濱野敏彦，孫櫻倩「特許権等の効力の制限に関する中国法制等について」『「国際知財制度研究会」報告書』（2010年2月）154頁。
(45) このような方向性は新規なものではない。ガット・ウルグアイラウンド交渉において，ロイヤリティ料率への制限やノウハウライセンス期間への制限など，ライセンス契約に対して政府が課す制限について，日本は問題点として挙げていた（Negotiating Group on Trade Related Aspects of Intellectual Property Rights, including Trade in Counterfeit Goods, *Submissions from Participants on Trade Problems Encountered in Connection with Intellectual Property Rights*, MTN.GNG/NG11/W/7 (29 May 1987)。また，日本は，政府は特許ライセンスに不当又は差別的な制限を課してはならないという条項を提案したことがある（Negotiating Group on Trade-Related Aspects of Intellectual Property Rights, including Trade in Counterfeit Goods, *Submission by Japan (Addendum)*, MTN.GNG/NG11/W/17/Add.1 (23 September 1988).

（特許庁特許審査第一部審査官）

論　説　国際知財法の新しいフレームワーク

遺伝資源・伝統的知識の保護と知的財産制度
――「財産的情報」をめぐる新しいフレームワークの考察――

山　名　美　加

I　はじめに
II　生物多様性条約（CBD）
　1　その背景
　2　自国の天然資源に対する主権的権利
　3　原住民（先住民）の伝統的知識
III　遺伝資源・伝統的知識の出所開示義務をめぐって
IV　名古屋議定書と今後の課題

I　はじめに

　1998年2月12日，米国でターメリック（ウコン）に関する特許（特許番号5,401,504）が無効となった。インド亜大陸で太古から利用されてきたとされる植物，薬草，それらの利用に関わる原住民（先住民）の知識（伝統的知識）が国外に持ち去られ，それらに基づく発明の特許が出願されるというケースに対して，インド最大の国立研究機関がCSIR（The Council of Scientific & Industrial Research）が"bio-piracy"（生物資源への海賊行為）であるとして，その特許性に異議を申し立てていたケースに対してインド側の主張が最初に認められた事例，すなわち，先進国で取得された特許の有効性が途上国の「伝統的知識」の存在を根拠に否定された最初の事例が，本事例であった。

　本ケースを皮切りに，インド政府はCSIR（The Council of Scientific & Industrial Research）をはじめとする諸団体，世界各地のNGO（非政府組織）との連携

をはかりつつ，一丸となってニーム（インドセンダン），アユールベーダが伝えてきた数々の薬草類から，バスマティ米(1)に至るまで，インドに存する多くの生物資源及びその利用に関する伝統的知識に由来した欧米の特許の有効性を争う姿勢を示し始めた。(2)このように途上国の研究組織，NGO等が，出願された特許について，「伝統的知識」の存在を基に異議を唱えるケースは，その後はインドだけでなく，東南アジア(3)，南米(4)，アフリカ(5)と世界各地に波及する勢いを見せた。もちろん，この種の紛争だけではなく，「伝統的知識」を活用しての産官学連携が実を結び，現地の経済の活性化にある種の希望を与えているケースの存在は否定しがたい。(6)

　しかしながら，各地での紛争により，資源に関わる伝統的知識を日常生活で活用し続けている途上国側からの不満は高まりの一途を見せた。そして，「自国の天然資源に対して各国が主権的権利を有する」と定めた生物多様性条約（CBD）という枠組み条約だけには満足しない途上国は，伝統的知識に関わる紛争（途上国側でいう"bio-piracy"）を効果的に解決する国際的制度（IG: International Regime）創設を求めて，数々の国際交渉に臨んできた。そして，途上国側からすると，まだまだ満足とは言えないまでも，2010年10月の第10回生物多様性条約締約国会議（COP10）においては，一定の条件の下で利用国に対し，提供国の法令順守確保措置を講じる義務を課す名古屋議定書の採択が実現した。

　ところで，途上国側でいう"bio-piracy"という行為は，実のところ，2つの行為体系を総称して論じられることが多いように思われる。1つ目は，前述したターメリックはじめ伝統的知識の存在から見て，特許性がないにもかかわらず特許が付与されてしまう（「誤った特許の付与」）事例である。この行為を阻止するためには，伝統的知識をデータベース化し，各国審査官がそれにアクセス可能な状況を整備する必要性がある。(7)そして，2つ目は，遺伝資源を無断で，すなわち，生物多様性条約にいう，資源へのアクセスにあたっての事前の情報に基づく同意（prior informed consent:PIC）を得ずして，利用してしまう行為で

ある。後者に対する批判は，資源保有国に無断で資源が利用され，利益配分 (benefit sharing) がなされない点にある。このような行為を阻止するために，途上国側が主張してきたのが，特許出願時における遺伝資源等の出所開示の義務化による利益配分システムの確立である。

しかしながら，この問題が従来の南北問題と同列に割り切れない点は，先進国の一部，特に EU においては，遺伝資源等の出所開示の問題について，途上国と同じベクトルを示す主張を行い，また，自国の国内法制の改正に乗り出す国が登場し始めた点である[8]。

さらに，本問題は，EU が求める地理的表示をめぐる多国間通報登録制度や，地理的表示の追加的保護の拡大ともリンクし始め，途上国が EU の要求を支持する方向性を打ち出す流れに対応して[9]，EU も，途上国から要求されてきた TRIPs 協定を改正して，特許出願に遺伝資源及び関連する伝統的知識の出所開示を義務付け，当該出所開示が完了しない場合には，特許出願手続きを進めないようにするという案を支持し，共同提案（WTO における W/52提案）[10]に加わったこと，すなわち，EU が，特許制度における遺伝資源の出所開示により明確なスタンスを示し始めた点は，特筆すべきであろう。

そして，「いかに遺伝資源・伝統的知識を保護するのか」，という課題は，知的財産法制そのものにも大きな転換を迫るものとなっている。すなわち，これまで「情報」は有体物中心の近代法・現代法においては「公共財」的な扱いをうけ，法概念としては認知されてこなかったが，「情報」というものも「囲い込み」がなされ，誰もが自由にアクセス・利用できないものとなり，囲い込まれることで，より価値を高める情報が生まれ始めたこと，そして，「財産的価値」を高めた情報が，知的財産と法的にはかなり共通した性質を持ち始めたと言えるだろう。そのため，知的財産法制の在り方も大きな岐路に立たされていると言えるだろう[11]。例えば，「営業秘密」について，わが国の不正競争防止法における定義は，「「営業秘密」とは，秘密として管理されている生産方法，販

売方法その他の事業活動に有用な技術上又は営業上の情報であって，公然と知られていないもの」（不正競争防止法2条6項）となっている。つまり，知的財産である「営業秘密」は，詰まる所「情報」である。わが国を含めて先進国において，「情報」が知的財産法の保護対象に吸収されていく中で，遺伝資源・伝統的知識における価値ある「情報」の保護に対して，国際社会はどのような体制を構築しうるのだろうか。「情報」を知的財産諸法で保護し始めた先進国に対する途上国側からの問題提起である。

本稿では，知的財産に関わる国際制度の今後の展開にも大きな影響を与えうると考えられる遺伝資源・伝統的知識（財産的情報）に関わる国際条約の動向を振り返りつつ，この問題が，既存の知的財産法制に投げかける課題について考察するものである。

II 生物多様性条約（CBD）

1 その背景

遺伝資源・伝統的知識と知的財産制度めぐる問題を論じるにあたって，欠かすことができない条約，それが，1993年12月29日に発効した「生物の多様性に関する条約（生物多様性条約）」である。本条約は，「気候変動に関する国際連合枠組条約」とともに，リオ・デジャネイロで開催された国連環境開発会議（UNCED）の地球環境サミットの主要な成果の1つとして締結された条約である。[12]

そして，本条約によって，それまでの環境保全のあり方は，大きな転換を遂げることになった。つまり，従来の「生物資源の保護」とは，稀少品種，絶滅の危機に瀕する種のリストアップ化から始まり，それらの個別的な保護が通常であった。しかし，元来の方法による種の保護では，これら絶滅していく多くの確認されていない種までを保護することはできなかった。また，新薬開発の大きなヒントが自然資源に潜むと考えられていることはもとより，途上国では，

人々の80％は通常の健康管理を野生の植物と動物を直接の医薬品とする伝統的な医療に頼っていると言われることからも，人類がその生態を十分に解明している種だけでなく，未確認の生物種をも含めた，地球上の全生物種が織り成す，相互に複雑で緊密なネットワークの結びつきそのものの潜在的可能性が指摘され，その迅速な保全の必要性が唱えられるようになった。そして，その生物多様性保全にあたっては，生物多様性の生息地でもある途上国自身が保全を行う政策を選択できるように，何らかのインセンティブを途上国にも与える必要性が認識され始めたのである。かかる問題意識を背景として，生物の保護を目的とする既存の国際約束を補完し，生物の多様性の包括的な保全及び生物資源の持続可能な利用を行うための国際的な枠組みとして，CBD は採択されたのである。

2　自国の天然資源に対する主権的権利

　CBD の目的は「生物の多様性の保全，その構成要素の持続可能な利用及び遺伝資源の利用から生ずる利益の公正かつ衡平な配分を実現すること」（1条）である。本条約の目的として「生物多様性の保全」，「生物資源の持続的利用」とともに定められた，「利益の公正かつ衡平な配分」は，何世紀にもわたって遺伝資源を保持し，先進国に無料で提供し続けてきたのにもかかわらず，その研究成果からは何ら利益配分を受けることのなかった途上国が，それら研究成果が特許化され法外な価格の下に輸入されてくる現状や，依然として特許保有者の大半が先進国企業によって占められているという現状に対するアンティテーゼでもあった。

　そして，この主張は15条1項の締約国が「自国の天然資源に対して主権的権利を有する」という文言にも結実される。すなわち，本条約によって，生物資源はそれまでのような人類共通の遺産（common human heritage）」ではなく，諸国の主権の下に服する資源として認識されることになった。そして，15条1

項の後段が定めるように,「遺伝資源の取得の機会につき定める権限は,当該遺伝資源が存する国の政府に属し,その国の国内法令に従う」のであるから,締約国は,国内法令により,自国の遺伝資源へのアクセスを規制することができ,遺伝資源のアクセスに関する法を整備することが可能となった。しかし,アクセス規制には,「他の締約国が遺伝資源を環境上適切に利用するために取得することを容易にするような条件を整えるよう努力し,また,この条約の目的に反するような制限を課さないよう努力する」(15条2項) との規定もあり,遺伝資源を利用する側の利益に対する配慮も見られる。

だが,本条約の交渉過程において,先進国と途上国は「技術移転」をめぐり,「知的財産権の役割」をめぐり,そして,「遺伝資源の利用から生ずる利益の公正かつ衡平な配分」をめぐって対立した。先進国側は結局,「特許権その他の知的所有権によって保護される技術の取得の機会の提供及び移転については,当該知的所有権の十分かつ有効な保護を承認し及びそのような保護と両立する条件で行う」(16条2項2文) こと,また,「遺伝資源を利用する技術(特許権その他の知的所有権によって保護される技術も含む。)について」も,「相互に合意する条件」で移転が行われること (16条3項),そして,「成果・利益」の配分についても,「相互に合意する条件」で行われること (15条7項,19条2項) を規定に盛込むことに成功した[17]。

一方で,途上国は,重要な争点が結局は「相互に合意する条件」の下,すなわち遺伝資源提供者と利用者間の契約によって決定される現実において,先進国が優越的地位に立つことを懸念した。さらに,契約では当事者しか拘束されない点,不法行為法や慣習法は第三者の不正行為には有効であるものの,現実にはそれほどの効果が期待できない点,かといって現行の知的財産法では保護要件が充足されえない点を挙げて,固有の新法による遺伝資源の保護を求める国も登場してきたのである[18]。

もちろん,遺伝資源取得機会から配分に関することがらすべてを固有の法に

よって直接規制してしまうことは，すべての資源並びにすべての資源利用者に一律の条件を適用するため，柔軟性を欠き，ひいては利用者側の資源利用を逆に阻害してしまう可能性もある。そもそも，遺伝資源の商業的開発の確率は極めて低く，その開発にも多くの時間，労力，資本を要する。それ故に，価値が比較的顕在化している化石燃料等の資源と同様に厳格な直接規制を課することは，開発の阻害に繋がり，結果的には，資源提供国の利益配分にも悪影響を及ぼすのではないか，という懸念もあった。[19]

各途上国において，アクセス規制法の制定までを行うかどうかは別として，CBD の下で自国の天然資源に対する主権的権利が認められたことで，遺伝資源へのアクセス及びその利用に関する利益配分について，途上国諸国がその権利を主張し始めたことは，それまでの先進国企業の研究・開発のあり方に大きな転換を強いるものとなった。[20]

3 原住民（先住民）の伝統的知識[21]

そして，遺伝資源へのアクセス及び利益配分に加えて，途上国にとってのCBD のもう１つの大きな成果は，同条約が生物の多様性と共生する原住民（先住民）の知識・慣行を尊重し，その利用がもたらす利益を公正かつ衡平に配分することこそが，生物多様性の保全と持続可能な利用にとっては重要であるとの立場を認めたことである。

CBD 8 条(j)においては，締約国が「自国の国内法令に従い，生物の多様性の保全及び持続可能な利用に関連する伝統的な生活様式を有する原住民の社会及び地域社会の知識，工夫及び慣行を尊重し，保存し及び維持すること，そのような知識，工夫及び慣行を有する者の承認及び参加を得てそれらの一層広い適用を促進すること並びにそれらの利用がもたらす利益の衡平な配分を奨励すること。」が定められている。

伝統的知識の保護と利用に関する利益配分は，CBD の下，各国の国家主権

に服することとなった遺伝資源の保護の問題とともに，途上国がその悲願を国際条約に結実させたという点においては，根を共通させるものではあるが，利益配分を受ける受益者の問題もあるために，条約上は，後者とは別の規定に定められている。[22]

しかし，伝統的知識の保護といっても，これらが，既存の知的財産権法制に馴染むとは考えにくいし，そもそも個人的な権利の保護を前提においているこれらの法制によって，より広い，集団の知識である伝統的知識を保護することにはかなりの無理がある。それに，何世代にもわたって，記録で又は口承で伝えられてきたそれらの知識そのものが，特許の要件である新規性や，進歩性を満たすとは言い難であろう。

だが，伝統的知識が，製品やプロセスの開発にとっての有用な道標となる可能性があること，伝統的知識が存することで，バイオテクノロジーの研究開発における時間や投資といったものが効率的に行われるとするなら，伝統的知識は潜在的には商業的利益に結びつくもの，財産的価値を有する「財産的情報」であると言うことはできるだろう。だからこそ，それらを何らかのシステムにより保護してほしい，また，伝統的知識の保有者に対しても，利益配分が行うべきであるという主張がなされるのである。

III 遺伝資源・伝統的知識の出所開示義務をめぐって

そして，この利益配分という問題は，途上国側でいう"bio-piracy"という行為の2つ目のパターンに繋がる。2つ目の"bio-piracy"は遺伝資源・伝統的知識を無断で，すなわち，CBDにいう，事前の情報に基づく資源提供国の同意（PIC）を得ずして，利用してしまう行為である。もちろん，「誤った特許の付与」という1つ目のパターンの阻止にもつながるが，特に2つ目のパターンの行為に対しての利益配分をより確実にするために，資源提供国側は，遺伝資源及び伝統的知識を利用した発明の特許出願においては，遺伝資源・伝統的知識

の出所を開示すること，それらにアクセスする際の PIC の取得の証拠を開示すること，そして，それらの利用に関する利益配分の証拠を開示することを義務化して，その義務違反に対しては制裁が課せる国際的なシステムを確立すべきであると主張してきた。

　この問題は，CBD 締約国会議でも議論が繰り広げられてはきたが，WIPO（世界知的所有権機関）においても，1999年9月の第3回特別法常設委員会（Standing Committee on the Law of Patent: SCP）における特許法条約（Patent Law Treaty: PLT）の検討の際，コロンビアが特許明細書における遺伝資源の出所開示と合法的アクセス証明を法的に義務付ける提案を行い，それ以降，議論が続けられてきた。しかしながら，先進国のスタンスは，出所開示は，具体的な特許要件に関することであり，手続的事項，方式事項の調和を目指す PLT の規定をもって対応することは，適切でないとして，出所開示には反対するものであった。

　その後，2000年4月開催の知的財産と遺伝資源会合（Meeting on Intellectual Property and Genetic Resources）では，コロンビアが修正案を提示し，再度，PLT への出所開示条項の盛り込みを試みたものの，最終的には，PLT 自体の締結を優先する必要から，出所開示問題は，PLT と別の政府間委員会創設で議論することで合意に至り，2000年9月開催の第26回 WIPO 一般総会で「知的財産並びに遺伝資源，伝統的知識，フォークロアに関する政府間委員会（Intergovernment Committee on Intellectual Property and Genetic Resources, Traditional Knowledge and Folklore: IGC）が設置され，現在に至るまで IGC において議論が行われている。しかしながら，出所開示問題はもとより，遺伝資源，伝統的知識に対しての現行の知的財産制度による保護の可能性や，特別の制度（sui generis 制度）創設をめぐる具体的な妥協策は見出せていない。

　一方で，WTO においては，2006年5月29日，インド，ブラジル等の途上国が TRIPs 理事会に対し，TRIPs 協定改正案を提出した。つまり，この問題を

TRIPs 協定改正によって，解決しようとするものであり，多くの途上国がこれに支持を表明した．同改正案は TRIPs 協定に新たな条項を設け，特許出願における遺伝資源等の出所・原産国，PIC の証拠及び利益配分の証拠の開示を義務化するとともに，義務違反に対し，特許無効等の制裁を課すというものであった．[23]

　日本，米国は協定改正案に基づく議論は時期尚早，実際の事例に基づいた基礎的な議論を行うべきだと主張した．そして，特に日本は2006年6月13日，TRIPs 理事会に "The Patent System and Genetic Resources" という独自の文書を提出した．[24] そこでは，日本においては，「遺伝資源へのアクセス手引き」の作成等，生物多様性条約の目的を達成するための取り組みが具体的に図られていること，また，途上国が懸念する "bio-piracy" については，そもそも遺伝資源等の出所開示要件と特許性は関係ないため，この問題は出所開示制度の導入ではなく，遺伝資源等のデータベースの改善をもって図るべきであること，また，遺伝資源の直接の取得者ではなく，多くの場合が間接的な取得者である出願人に制裁を科す制度を導入しても，途上国が求める利益配分の根本的な解決にはならず，逆に，特許制度に混乱（遺伝資源の定義，利益配分の相手先の特定，発明が遺伝資源を利用したか否かの判断基準等，不明確な点が多いため）をもたらすと主張した．一方で，米国は，この問題は当事者間，すなわち資源提供国と利用国の契約問題で処理すべきというスタンスを示した．

　それに対して，EU は TRIPs 協定改正案自体については，態度を留保し続けてきたものの，従来から遺伝資源等の問題には日米とは異なる独自のスタンスを維持し続けている．[25] 特に，2003年12月に公開されたボンガイドラインの[26] EU 域内履行のための作業文書においては，遺伝資源等の出所開示に関して共同体法規を制定することの可能性（調整案）を示した点（ただし，示された案はあくまでも EU 域内に限った自立的な義務，すなわち，非遡及でかつ事実上も法律上も追加的方式要件や実体要件とはしない義務であり，法的拘束力をもつ義務化には，今後

国際的議論に参加する用意があるという態度である）は途上国との妥協案をEUが独自に示したものであると言えるだろう。[27]

表：出所開示についての各国の意見

日本	米国	欧州	アフリカグループ	ブラジル・インド
出所開示に反対（出所開示要件と特許性は関連性がないため）	出所開示に反対（契約の問題で処理できるため）	出所開示の義務化（北欧，スイス，ドイツ，イタリア等）ただし，欧州においては，出所が不明の場合は，その旨を出願書類に記載すればよいという規定を設ける国が多い。	出所開示の義務化（TRIPs協定改正を求める）	出所開示の義務化（出所開示＝無効理由，TRIPs協定改正を求める）

　その後も，EUは2004年12月には，WIPOに対してさらに踏み込んだ案「特許出願における遺伝資源及び関連した伝統的知識の原産国または出所の開示に関する提案」を提出している。[28] EUの一連の姿勢は，特許の実体的側面での制度調和（SPLT）に関するWIPOのSCP，IGCにおける出所開示問題に絡んだ対立を，何とかEUが率先して収拾しようとする姿勢の表れと見られている。しかし，言い換えれば，それは，遺伝資源等の開示要件に関わる国際ルール作りの行方が，既にSPLT等，知的財産の国際的なハーモナイゼーションの行方とも既に一体化し始めていることを示すものではないだろうか。[29]

　また，欧州においては，スイスも独自の姿勢を示す国の1つである。スイスは2004年10月のPCTリフォーム作業部会に文書を提出し，PCTを改正して，PCT出願の国内段階で出願人に遺伝資源及び伝統的知識の出所開示を要求するとともに，国際段階においても出所の開示を行うことができるようにする提案を行っている。[30] そして，スイスとともに，この問題に積極的な姿勢を見せて

きたのが，ノルウェー，スウェーデン，デンマークといった北欧の諸国であった。スイスにあっては，2007年の特許法の改正において，自らが提案してきたPCT規則改正に沿う形で，出所開示を義務化することが盛り込まれたが（49条a），[31] ノルウェー，スウェーデン，デンマークにおいては，2003年にノルウェー特許法（8条(b)）そして，2004年にスウェーデン特許法5a条，2009年デンマーク特許規則（3条5項）において，出所が義務付けられている。いずれの国とも に，原産地が分からない場合には，その旨を出願に書類に記載すればよく，それが特許の有効性には影響しないという柔軟な定めがある点は，インド（2002年の特許改正法10条4項）やブラジル（2001年　暫定措置法2186-16），南アフリカ（2005年特許改正法3A及び3B条）等，適切な出所が行われない場合は特許取消しの対象とする等，より厳格な扱いを行う途上国の特許法とは異なる扱いである。

しかしながら，欧州諸国における出所開示を義務づける法制の相次ぐ導入（既に導入している国として，上記以外に，ドイツ（特許法34a条），イタリア（法律第78号5.2条及びイタリア知的財産法実施規定33），さらには，前述したように本問題が，EUの求める地理的表示をめぐる多国間通報登録制度や，地理的表示の追加的保護の拡大ともリンクし始め，EUが従来のCBD交渉で示していた出所開示をめぐるスタンスを明確に変え始め，途上国が求めてきたTRIPs協定における出所開示の義務を認める共同提案（WTOにおけるW/52提案）に加わったことは，本問題がもはや従来の南北問題という構図のみでは切り分けられない特徴を示していると言えるのではないだろうか。[32]

IV　名古屋議定書と今後の課題

2010年10月のCOP10において締結された名古屋議定書においては，上述してきた特許出願時における出所開示の義務化までは明確に条文に盛り込むことにはできなかった。[33] しかしながら，締約国は自国管轄内で利用される遺伝資源

が資源提供国のABS法令が定めるPICや相互に合意する条件（Mutual Agreed Term：MAT）を満たしていることを確保するため、適切で効果的、かつ均衡のとれた立法上・行政上又は政策上の措置をとらなければならない（議定書15条1項）として、利用国に対しても、提供国の法令順守確保措置を講じる義務を課し、そのためのチェックポイントの設置を義務付けることになった（議定書17条1項）。本議定書は、現時点では未発効ではあるが、それまでバラバラであった資源提供国と利用国の国内法が、「遺伝資源への迅速なアクセス、利益配分（ABS）の促進」という側面で、協働するフレームワークが提示されたと言える点では大きな意義があったと言えるだろう。だが、「利益の公正かつ衡平な配分」を求め続ける資源締約国としては、出所開示の義務化を国際的な制度に具体化すべく、CBDあるいは他の国際交渉の場で、今後も動き続けることは必至であり、今後どのような展開に至るのか注目すべき点であろう。

さらに、伝統的知識については、名古屋議定書においては、PICやMAT、利益配分については、遺伝資源と同様の既定が導入されてはいるものの、「伝統的知識」や「伝統的知識の利用」に関わる概念、定義が明確に示されておらず、また、チェックポイントに関する具体的規定もないため、具体的措置に対する各国の裁量の幅は、遺伝資源以上に大きいと思われる。一方で、現在、WIPOのＩＧＣでは、伝統的な文化的表現、フォークロアの表現（Traditional Cultural Expressions/ Expressions of Folklore）保護に関わる規定案の議論が進められている。CBDの枠組みだけでなく、WIPOでも並行して議論がなされている伝統的知識であるが、遺伝資源に関連する伝統的知識だけではなく、文化的表現やフォークロアを含めたより幅広い範囲の伝統的知識に関わる保護をどのように考えていくのかも、今後の大きな課題でもあると言えるだろう。

WTO発足から17年、多くの途上国がTRIPs協定に基づいて、先進国と同水準の知的財産法制の確立に動いた。そして、先進国型の知的財産制度の整備を前提とした上で、新たに遺伝資源、伝統的知識といった「財産的情報」の保

護を求めて声を上げている。だが，その「財産的情報」は，「知的財産」と性質を一にするかにも見える側面を持つ一方で，既存の知的財産法制を以てしては，十分な保護が行えない側面も有している。そして，「財産的情報」の保護は，先進国，途上国を問わず，現代の国際社会における共通の課題である環境保全，経済格差の是正，知識経済（ナレッジエコノミー）への転換とも連動し始めている。知的財産制度も，新たな時代に即した視点での編成が求められていると言えるのかもしれない。

(1) 独特の香りを有するバスマティ（basmati）米は，Panjab, Haryana, Uttar Pradesh といったヒマラヤ山麓において，何世紀にもわたって栽培されてきた種である。インドは，"バスマティ"という名前自体が，インド及びパキスタンにおいて栽培されるバスマティに対してのみ利用できる呼称であり，テキサス州の Rice Tech 社がバスマティの品質基準を満たさない米国米に "American basmati" や "Tesmati" なる呼称を付けることは，バスマティ米の輸出を行うインド及びパキスタンの経済にも大きな打撃を与えるものであると反発してきた。バスマティ米については地理的表示の保護を求める声も強く，この声を反映して，インドは，1999年12月30日，製品の地理的表示法（the Geographical Indications of Goods Act 1999）を施行した。さらに，バスマティ米の原産種を基にしたハイブリッド米に関する米国特許のについても，インド政府は，その特許性を争った経緯がある。(V K Gupta,"Basmati Rice Lines and Grains- Gist of the UP Patent No5,663,484", Journal of Intellectual Property Rights, Vol3 May, 1998, p.127., IP Profiles, 1999, p.47., Danielle Knight, "Groups Take Legal Action to End US'Biopiracy'" <http://www.twnside.org.sg/ title/legal.htm>)

(2) mustard, ginger, castor,amla, jaramla, anar, salai, dudhi, gulmendhi, bagbherenda, karela, erand, rangoon-ki-bel, vilayetishisham, chamkura 等に対しても，"bio-piracy" であるとして特許の無効を求める動きがあった。(The Hindu, July 28, 1999))

(3) 日本企業に関わる例では，インドネシアの NGO であるペスティサイド・アクション・ネットワーク（Pesticide Action Network; PAN）からの告発に基づき，資生堂がインドネシア原産の薬草や植物からの抽出物に関する特許申請を取り下げたケースがある。PAN の主張によれば，資生堂が特許申請した抽出物は，どれもインドネシア現地の伝統的な生薬である「ジャムー」（Jamu）を利用しており，現地の伝統的知識を盗用しているものであるという。(『日経バイオビジネス』2002年8月号45頁。)

(4) 例えば，南米にあっては，エクアドルで祈祷師達が病気治療に使うとされるアヤワスカについて，米国の植物特許が取得されたことに対する原住民団体からの抗議の事例がある。Commission on Intellectual Property, Integrating Intellectual Property Rights

and Development Policy, London, 2002, p.76.
(5) 例えば，不眠症や胃腸の不調，アレルギー，皮膚病等に優れた効果を発揮する万能茶として知られる南アフリカの「ルイボス（rooibos）茶」について，その米国における商標登録に対し，米国薬草産品協会や南アフリカの輸出業者 Rooibos 社他，いくつかのルイボス茶販売会社が商標の無効を求めた事例がある。結果としては，「ルイボス（rooibos）茶」は，単なるお茶を示す語として，南アフリカにおいて広く知られている一般名称であり，米国における取引者も普遍的に利用している名称であるとして，当該商標は無効となった。(The Republic of Tea, Inc. v. Burke-Watkins, Case No.03-CV-01862 (E.D. Mo. 2005))森岡一『生物遺伝資源のゆくえ――知的財産制度からみた生物多様性条約――』（三和書籍・2009年）176-177頁。
(6) 例えば南アフリカでサン族が食用してきたサボテンの一種である Hoodia からダイエット食品が開発された事例。開発者である国立研究機関（CSIR）は，1997年に特許を取得したが，2003年に South Africa San Council（サン族の団体）と利益配分契約を締結，伝統的知識保有者の合意を得た上での国際的な販路拡大を目指している。Vinesh Maharaj, "Combining Modern Sciences with Ancient Knowledge: New Products from Medicinal Plants"（関西大学3研究所合同シンポジウム「南アフリカ・インドにおける「知」とイノベーション――伝統的知識の保護・活用と経済発展」2011年7月16日における報告。
(7) 伝統的知識データベースの代表的なものとしては，インドにおける TKDL（伝統的知識電子図書館）がある。インド政府との合意に基づき，EPO（欧州特許庁）においては，2009年2月2日より，同庁の審査官が TKDL へのアクセスを開始している。一方で，米国特許商標庁とは，2009年11月23日，日本国特許庁とは，2011年4月20日に TKDL にアクセスする合意が成立している。
(8) 出所開示についての規定がある国は，21カ国（中国，フィリピン，デンマーク，ドイツ，ベルギー，スイス，ノルウェー，スウェーデン，イタリア，エジプト，南アフリカ，ブラジル，インド，ルーマニア，ベネズエラ，パナマ，コスタリカ，コロンビア，エクアドル，ペルー，ボリビア）に上るという報告がある。池上美穂，市岡牧子，梅田慎介，鈴木康介，仲濱明子，井上龍二「世界の特許出願時の遺伝資源の出所開示に関する法律についての運用の調査報告書」『パテント』Vol.64 No.12,30頁（2011）特にスイスは，国際的な知的財産制度の調和（特許法条約（PLT），特許の実体要件を調和させる条約（SPLT），特許協力条約（PCT），）規則の改正に関わる国際交渉の場において，本問題の重要性を主張する動きを見せてきた。濱野隆「遺伝資源の出所開示を契機とした WIPO の混乱と欧州の立場」『AIPPI』Vol.No.9, p.22，田中ひろみ「遺伝資源の出処開示と特許協力条約」『AIPPI』Vol.50. No.9, p.34
(9) 途上国における地理的表示に関わる法制の動向については，高橋梯二「商標とは異なる独自の地理的表示保護」『知財フォーラム』Vol.86.22頁。
(10) インド，ブラジル，EU，アフリカ諸国等による2008年共同提案については，TN/C/

W/52

(11) 北川善太郎 『近未来の法モデル——近未来から現代を考える——（高等研選書5）』（国際高等研究所，1999年）

(12) 日本は1992年6月に国連環境開発会議（UNCED）の場において本条約に署名し，1993年5月14日に締結に関する国会承認を得た後，5月28日に本件条約の寄託者である国際連合事務総長に対して，受託書の寄託を行っている。日本の締結は第18番目となった。一方，米国ブッシュ大統領は，知的財産権等の利益を途上国に分配する仕組みを盛込もうとした本条約内容に反発し，UNCEDにおいては本条約には署名を行わなかった。クリントン大統領は，署名開放期間の最終日である1993年6月4日署名を行ったが，米国においは未だに批准はされていない。UNCEDにおいて本条約に署名を行った国数は157カ国に上った。生物の保護に関する国際条約の代表的なものの1つであるワシントン条約の署名国が56カ国であることからすると，この数は，本条約に対する諸国の強い関心の表れと考えることができよう。（長沼善太郎「生物の多様性に関する条約」ジュリスト1029号（1993年9月1日）122頁。

(13) 『大切な生物の多様性』（（財）世界自然保護基金日本委員会，1990年）3頁。

(14) 生物の保護を目的とする国際条約には，渡り鳥保護条約（日本は，アメリカ（1974年），オーストラリア（1981年），中国（1981年），旧ソ連（1988年）間で二国間条約・協定を締結している。）ワシントン条約（「絶滅のおそれのある野生動植物の種の国際取引に関する条約」1973年採択），ラムサール条約（「特に水鳥の生息地として国際的に重要な湿地に関する条約」，1971年採択），世界遺産条約（「世界の文化遺産及び自然遺産の保護に関する条約」1972年採択）等がある。

(15) 途上国において特許権者の大半が先進国企業であるという問題は，1960-70年代の国連でも取り上げられた。しかし，1990年代においても，アフリカで取得される特許の95%，ラテンアメリカでの85%，アジアでの70%が先進国企業によるものであるとの調査報告がある。(Biplab Dasgupta, "Patent Lies and Latent Danger: A Study of the Political Economy of Patent in India" *The Economic and Political Weekly*, April 17-24, 1999)

(16) 1983年の国連FAO（食料農業機関）の第22回総会においては，遺伝資源は人類共通の財産であり，制限なしに利用されるべきであるとの精神から，「植物遺伝資源に関する国際的な申し合わせ」が採択された。

(17) アメリカは16条第5項の「締約国は，特許権その他の知的所有権がこの条約の実施に影響を及ぼす可能性があることを認識し，そのような知的所有権がこの条約の目的を助長しかつこれに反しないことを確保するため，国内法令及び国際法に従って協力する。」との規定に反発した。同項は締約国が技術移転の取決めを行うにあたって，それを自由市場に委ねるのではなく，必要であれば知的財産権の保護を犠牲にしてでもその取引を規律する国内法や国際法を承認すべきだという条約の傾向の表明ではないかと懸念したからであった。(Rebecca L. Margulies,"Protecting Biodiveristy: Recognizing In-

ternational Intellectual Property Rights in Plant Genetic Resources", Michigan Journal International, 1993, p.336.)

　一方，インド及びマレーシアは生物多様性保全の利益に基づいて，生物多様性条約第16条を知的財産権の適用除外として解釈するべきであると立場に立った。米国はこれも理由として当初は署名を拒否し，生物多様性条約はGATTのような他の国際協定で確立されつつある知的財産権制度を真っ向から踏みにじるものであるとの批判した。

　(Coughlin Jr. "Using the Merck-INBio Agreement to Clarify the Convention on Biodiversity", *Cloumbia Journal of Transnational Law* 31, 1993, p.348) 同項は，確かに知的財産権が条約の目的に反しないことを確保するように締約国に求めるものである。しかし，文言があまりに漠然としているために，強制的な技術の取得及び移転のために同項を根拠として知的財産権の保護を否定できると解するには，疑問の余地がある。(茶園成樹「生物多様性条約と知的財産権」『日本工業所有権法学会年報　知的財産権と環境』第22号（有斐閣，1998年）122頁。

(18)　高倉成男，「貿易と環境の知的財産的側面」，(財) 知的財産研究所，『21世紀における知的財産の展望』(雄松堂，2000年)。遺伝資源のアクセスに関する法制を整備した国としては，オーストラリア（1994年クイーンズランド州バイオディスカバリー法，1999年オーストラリア連邦　環境保護・生物多様性保全方法），フィリピン（1995年大統領令第247号），アンデス諸国（1996年アンデス条約391号決定），コスタリカ（1998年生物多様性法）タイ（1999国知的伝統医療保護促進法），アフリカ（2001年OAUアフリカモデル法）ブラジル（2001年暫定措置令2186-16），ペルー（2002年ペルー集団知識法），ブータン（2003年生物多様性法），南アフリカ（2004年国家環境マネジメント生物多様性法）等がある。インドにおいては，生物多様性法（2002年），特許改正法（2002年），植物品種の保護及び農民の権利法（2001年）をもって，遺伝資源へのアクセス及び利益配分に関わる規制を総合的に行っている。

(19)　財団法人 バイオインダストリー協会『遺伝資源アクセスに関するガイドブック（平成11年）』236頁。

(20)　遺伝資源へのアクセスとその利用から生じる利益の公正・衡平な配分についての立法上，行政上又は政策上の措置や，アクセスと利益配分に関する「相互に合意する条件」に基づく契約及びその他の措置を開発・策定する際のガイドラインとして，2002年4月の生物多様性条約第6回締約国会議でボンガイドラインが採択された。

(21)　国連で検討中の，「先住民の権利に関する国連宣言草案」にも先住民の定義はない。
　<http://www.unhchr.ch/html/menu6/2/fs9.htm>　なお，CBDの外務省条約局公定訳においては，indigenous peopleを「原住民」と訳していることから，本稿における引用条文も原住民との訳語に統一する。但し，本稿における「先住民」と「原住民」は同義である。

(22)　しかしながら，インドは遺伝資源に関わる伝統的知識を，資源の無形部分（intangible component）であると位置付け始めている。("Protection of Biodiversity and Traditional Knowledge-the Indian Experience"WT/CTE/W/156 IP/C/W/198, 14 July 2000）

(23) インド，ブラジル，中国，コロンビア，キューバ，パキスタン，ペルー，タイ，タンザニアは，TRIP/WTO 理事会に対し，TRIPｓ協定改正案（29条の2創設）を提案した。(WT/GC/W/564/Rev.2,TN/C/W/41/Rev.2,IP/C/W/474)

(24) IP/C/W/472）

(25) <www.wipo.int/tk/en/genetic/proposals/index.html>
EUの域内事情としては，1998年のEUバイオ指令（EC98/44）においては，その前文パラ27には遺伝資源の出所開示に関しての規定が存在している。しかし，同規定には法的拘束力はなく，あくまでも自発的規定であり，特許出願や権利の有効性に対して影響を与えるものではない。同規定を制定する際，出所を義務化すべきとの提案もあったが，TRIPsとの抵触のおそれあるとして，指令本条の規定ではなく，あくまでも精神規定である前文に挿入された。

(26) 2002年4月の生物多様性条約第6回締約国会議（COP6）で採択されたもので，アクセスと利益配分についての立法上，行政上，政策上の措置，アクセスと利益配分に関する相互に合意する条件に基づく契約及びその他の措置を策定する際の指針である。

(27) 同作業文書においてEUが示したのは，①CBDとTRIPs協定とは相互に矛盾なく支持されるものであり，すべての特許出願に遺伝資源等の出所開示を自立的な義務として課すべきである。②出願人により提供される情報は，当該出願人の知っているまたは知りえた地理的な出所情報に限定され，もし出願人が出所を知らない場合には，当該出願人や遺伝資源を直接入手した研究センターやジーンバンク等の機関を指摘すれば足りる。③開示義務違反の法的効果は，特許法の範囲外のものとし，例えば民事上の損害賠償請求の発生や行政上のペナルティ（情報開示拒否や不正情報提供に対する過料）を課すものとする，という内容であった。(濱野，『前掲書』548頁。）

(28) IP/C/W/434（26 November 2004）

(29) 濱野隆，『前掲書』，548-549頁。

(30) 2005年5月のPCTリフォーム作業部会では，スイスは本提案を一時的に取り下げると表明した。(中屋裕一郎，「特許出願における遺伝資源及び関連する伝統的知識のアクセス関連情報の開示」特許ニュース平成18年2月15日付。）

(31) 同改正内容については，スイスは2010年5月のIGC第16回会合において，"Declaration of the Source of Genetic Resources and Traditional Knowledge in Patent Application: Provision of the Swiss Patent Act" と題する書類を提出し，内容を報告をしている。(WIPO/GRTKF/IC/16/INF/14)

(32) 註10参照

(33) しかしながら，締約国にチックポイントの義務化が行われ，当該チェックポイントに提供する情報の1つとして遺伝資源の出所が挙げられた。(議定書17条1項(a)(i)）だが，特許出願における出所開示等といった形式や機関の特定がなく，どの程度の情報提供を求めるかは，そして，情報提供を行わない場合の具体的措置についても，適切で効果的

かつ均衡のとれた措置をとらなければならないとする規定のみであるため（同条1項(ii)），結局のところ利用国の裁量に委ねられることになる。

(34) 名古屋議定書は2011年2月2日から2012年2月1日までの1年間の署名開放期間中に50カ国が批准した時点から90日後に発効するとなっているが，署名国は2月17日現在で92名国であり，本稿脱稿時点では，まだ発効していない。日本は，2011年5月11日に署名しているものの，未だ批准していない。2012年3月20日現在の批准国はガボンとヨルダン，ルワンダの3カ国のみである。

(35) 名古屋議定書においては，利益配分の対象となる遺伝資源に「派生物」を含むかという点については，「派生物」という用語を用いず，「遺伝資源の利用に対し利益配分する」という玉虫色的な表現となった。ただ，派生物を含むとする余地も残されており，具体的には各国との契約時に個別に判断することになる。さらに，「多国間の利益配分の仕組みの創設を検討すること」，「人の健康上の緊急事態に備えた病原体の入手に際しては，早急なアクセスと利益配分の実施に配慮すること」等の内容も盛り込まれている。派生物を含むとも読める点，病原体に関わる利益配分が，議定書に盛り込まれた点について次期締約国会議（COP11）のホスト国であるインドにおいては，Jairam Ramesh環境大臣が，「インドにおいては，大きな勝利だ」と述べている。(*The Hindu*, October 31, 2010)

(36) 2011年5月の第18回IGC会合では，伝統的な文化的表現の保護に関わる規定案（"THE PROTECTION OF TRADITIONAL CULTURAL EXPRESSIONS: DRAFT ARTICLES"）が提示された。http://www.wipo.int/edocs/mdocs/tk/en/wipo_grtkf_ic_18/wipo_grtkf_ic_18_4_rev.doc

（関西大学法学部教授）

論　説　国際知財法の新しいフレームワーク

著作権に関する国際的制度の動向と展望

鈴　木　將　文

I　はじめに
II　歴史的経緯
　　1　ベルヌ条約まで
　　2　TRIPS協定とWIPOの2条約
III　最近の動向
　　1　WIPO関係の動向
　　2　ACTA（偽造品の取引の防止に関する協定（仮称））
　　3　地域経済協定
　　4　その他
IV　理論面の最近の動向
　　1　著作権制度の正当化根拠
　　2　権利制限
　　3　著作権制度の改革，新たなパラダイムに向けた議論・実践
V　今後の国際著作権制度への視座
　　1　知的財産と人権
　　2　知的財産と開発
　　3　知的財産と技術
　　4　国際的制度を検討する場・手段の多様化

I　はじめに

　本稿[1]は，著作権関連の国際的制度に関し，簡単に歴史的経緯を見たうえで，最近の動向を概観し，さらに今後について展望することを目的とする。ただし，著作権に関する国際的制度について，この小論で網羅的・包括的に論じることは到底無理であり，本稿では，筆者の関心にしたがい論点を絞って論じること

とする。

II 歴史的経緯

1 ベルヌ条約まで

　1710年に英国で制定された the Statute of Ann（アン法）は，最初の近代的な著作権法といわれている。⁽²⁾その後，米国で連邦憲法に著作権条項（1条8節8項）が規定されるとともに（1787年），著作権法が制定され（1790年），また，フランスで文学的及び美術的財産法が制定される（1793年）など，著作権法制の整備が主要各国で進められた。⁽³⁾

　著作権制度の国内法の整備が進み，また，著作物の国境を越えた利用が増えるにしたがい，著作権の国際的保護の必要性が主張されるようになった。そこで，19世紀の前半から，相手国の国民の著作物の保護を相互に約束する二国間条約が欧米諸国の間で結ばれるようになった。⁽⁴⁾さらに，フランスを中心に多国間条約を目指す動きが生まれ，長年にわたる議論の末，成立したのがベルヌ条約（1886年）⁽⁵⁾である。ベルヌ条約は，その後，数次にわたる改正を経て，今日に至るまで，著作権分野の基幹的な条約として極めて重要な役割を果たしてきている。⁽⁶⁾

2　TRIPS 協定と WIPO の2条約

　ベルヌ条約の成立後，万国著作権条約（1952年）⁽⁷⁾やレコード保護条約（1971年）⁽⁸⁾などの多国間条約が成立した。とりわけ重要なのが，著作隣接権に関する基幹的な条約であるローマ条約（1961年）⁽⁹⁾，WTO 協定の一部である TRIPS 協定（1994年）⁽¹⁰⁾，WIPO 著作権条約（WCT）（1996年）⁽¹¹⁾及び WIPO 実演・レコード条約（WPPT）（1996年）⁽¹²⁾である。

　上記のうち，TRIPS 協定と WIPO（世界知的所有権機関）の2つの条約の経緯や位置付けは，最近及び今後の国際的制度について分析する上で，特に重要

と思われることから，以下補足する。

　19世紀に成立したベルヌ条約は，その後数回にわたり改正されたが，最後に改正が実現したのは，1971年のパリ改正であった（ちなみに，ベルヌ条約とほぼ同時期に成立した，工業所有権の分野の基幹的な多国間条約であるパリ条約も，1967年のストックホルム改正が最後の改正である）。ベルヌ条約の改正がその後行われなかったのは，改正の必要がなくなったからではない。むしろ，通信技術，複製技術等の発達，コンピュータの普及など，激しい環境変化に対応した著作権制度の見直しの要請は高まっていたといえる。

　しかし，ベルヌ条約の改正という形で，新しい国際ルールを定めることについては，現実的な困難性があり，また，必ずしも期待されていないという面があった。すなわち，ベルヌ条約の改正のためには全会一致の合意を要するところ（同条約27条3項），南北間の意見対立等により，合意形成が非常に困難になった。また，独自の紛争解決制度を持たず，強制力の弱い（「歯のない（toothless）条約」と呼ばれることがある）ベルヌ条約に対して，知的財産権の保護の強化を望む国々が不満を抱いていた面もあった。

　そこで，保護の強化を求める先進国は，米国を中心に，ベルヌ条約やパリ条約の改正ではなく，別の形で，著作権等の規律強化を試みるようになった。その試みは，まずはGATTの東京ラウンドで模倣品対策などが議論されるという形で行われ，その後，ウルグアイラウンドでのTRIPS交渉に結実していった。

　ベルヌ条約及びパリ条約の事務局はWIPOにあり，上記のような動きは，WIPOからGATTひいてはWTOに知的財産分野の国際的制度構築の役割がシフトしたということも意味する。知的財産を貿易問題とリンクさせて，他の貿易関係分野を合わせた全体をパッケージとして合意形成を図る，特に，途上国に同意させるということが，このフォーラム・シフトによって可能になった。

　ところで，WIPOの側でも，新しい規律形成の動きが止まっていたわけでは

ない。丁度，TRIPS協定の合意テキストがほぼ固まった1992年末の前後からインターネットが急速に普及し始め，これに対応する著作権制度の見直しが急務となった。ようやく実質上の合意にたどりついたTRIPS交渉を再開することは非現実的であったため，WIPOでそのための交渉を進めることになった。そして，WIPOの2条約が，TRIPS協定の採択から間もない1996年に採択された。[13]

さて，TRIPS協定とWIPOの2条約が，著作権制度との関係で有する意義について見ておく。

まず，TRIPS協定は，著作権保護に関する実体的ルールという面では，それほど大きな変更をもたらしたわけではない。基本的には，ベルヌ条約やローマ条約の主要規定をそのまま準用（incorporate）ないし再規定しており（TRIPS協定9条1項，14条）[14]，TRIPS協定独自に定めた新しい権利は貸与権（同協定11条，14条4項）にとどまる。しかし，TRIPS協定は，著作権分野に限らず，知的財産に関する多国間条約の歴史上，権利のエンフォースメント関係の規定を持つことと，紛争に関しWTOの紛争解決制度を利用可能であるという2点において，画期的な意義を持つ。また，著作権の制限及び例外に関し，ベルヌ条約9条2項が複製権について定めている，いわゆるスリー・ステップ・テストにつき，TRIPS協定13条は著作権全体について適用するルールとして定めており，これは，加盟国の著作権制度の立法及び運用に重要な意味を持っている。[15]

一方，WIPOの条約に関し，WCTについて見ると，実体ルールとして，インターネットに対応する権利（日本法でいう送信可能化権）と，技術的手段の保護を定めた点で，画期的といえる。ちなみに，2007年のALAI（国際著作権法学会）の研究大会において，かつてWIPOの事務局次長等の要職を務めたFicsor博士が，WCTは，従来からある著作権制度をインターネット時代に合わせたものだと述べているのに対して，Ginsburg教授（米国コロンビア大学）[16]が，見方によっては，WCTは著作権制度に実質的変更をもたらしたといえる

のではないかと反論しているのが興味深い。Ginsburg教授によれば，著作権を一種の自然権と見る立場からは，インターネット時代になれば，インターネットに即した利用形態に権利が及んでいくのは当然といえるであろうが，しかし，著作権を政策的な権利と捉え，本来は自由である情報の利用について政策的目的から一定の制約を課す仕組みとして著作権制度を捉える立場からは，権利の拡大，特に技術的手段の保護によって実質上著作物へのアクセスに対する権利を認めることになったのは，著作権制度を変質させるものではないか，パブリックドメインの確保という理念と衝突する制度変更ではないか，というのである。Ginsburg教授の，インターネットやデジタル技術の進展によって，従来自由とされていた利用形態まで規制を及ぼす方向に，著作権制度が変質しつつあるという認識は正しく，かつ重要であろう。

Ⅲ　最近の動向

1　WIPO関係の動向

(1)　視聴覚的実演の保護に関する新条約

2011年，視聴覚的実演の保護の条約に関する交渉が約15年ぶりに進展し，2012年6月末に北京で開催された外交会議において採択された。

1996年に成立したWPPTは視聴覚的実演に係る権利を原則として対象としておらず，これについては別の条約で定めることとされた。その後の交渉を経て，2000年の外交会議において，条約案全20条のうち19条は合意されたが，権利の移転に係る1つの条（12条）につき決着がつかなかった。その後，交渉は膠着状態に陥っていたが，2011年6月下旬の第22回著作権等常設委員会（SCCR22）において，権利移転については基本的に締結国の国内法に委ねられる旨を定める条文案で合意に至った。

(2)　権利の制限及び例外

権利の制限及び例外（以下，まとめて「権利（の）制限」という）は，著作権制

度を巡り，国際的に最も活発に議論が行われているテーマの1つである。我が国においても，権利制限につき，立法論及び解釈論の両面で検討が行われてきており，法改正も近年頻繁に実施されてきた。

WIPOでは，この問題について，特に途上国が権利制限の拡張を是とする立場から，様々な主張をしている。ただし，現時点の具体的な動きとしては，第1に，視覚障害者及びその他読書障害者のための権利制限に焦点を当てて，法的文書づくりが，条文ベースで進められている[20]。第2に，図書館及びアーカイブに関する権利の制限について，一部の国が提案を出している（大きく分けると，条文ベースの議論を進めるべしとするブラジル等の途上国と，まずは各国の法制や経験を共有し，目的と原則を議論すべしとする米国等の先進国が対立している）。

第1の動きについて，視覚障害者等のための権利制限に関する提案をし，文書作りを支持している途上国は，かかる文書（条約）を作る必要性を真に感じて行動しているのではなく，むしろ，知的財産関係の国際交渉における戦略として，政治的な動きをしているものと批判的に捉える分析もある[21]。

確かに，一部途上国が著作権の制限に熱心なのは，知的財産に関する交渉上の戦略，あるいは海賊版対策を先進国から強く迫られることへの反発といった面もあろう。先進国や著作権権利者たちが反対しにくい視覚障害者等の対策を手始めに議論し，その後，さらに広い目的から権利制限を論じることを狙うという戦略もあるかもしれない。しかし，単にそのような戦略上の問題にとどまらず，実質的なニーズ，例えば，国民の知識水準・教育水準を向上するための情報アクセスの容易化という観点から，教育の場における著作権の制限に強い関心を持つ人々がいることも確かである。

(3) 伝統的文化表現等の保護

近年，遺伝資源，伝統的知識（Traditional Knowledge）及び伝統的文化表現（Traditional Cultural Expressions）の保護について，国際的に活発に議論が行われている。議論の契機は，1つには，生物多様性条約（1992年採択）の交渉に

おいて，遺伝資源や伝統的知識の保護，その利用による利益の分配等が議論されたことがある[22]。また，TRIPS協定の関係でも，医薬品特許の問題（特許の保護と，途上国国民の医薬品へのアクセスの確保を調整する問題）とも絡んで，遺伝資源や伝統的知識の保護の問題が検討されてきている[23]。

遺伝資源，伝統的知識，及び伝統的文化表現は，知的財産を巡る国際交渉で，途上国側が保護の強化を主張する数少ない分野であり，その保護は，「知的財産と開発」という問題設定の中にも位置づけられるべき課題といえる[24]。

WIPOでは，現在，遺伝資源等政府間委員会（IGC）[25]において，遺伝資源，伝統的知識及び伝統的文化表現のそれぞれに関する法的文書のドラフティングが進められている[26]。途上国側は，IGCでさらに議論を進め，近い将来，外交会議に諮ることを目指しているが，日本を含む先進国は，法的拘束力を持つ規律の策定に反対の立場である。

遺伝資源等の保護については，一定の必要性を認め得るとしても，保護の趣旨・目的は，著作権制度を含む知的財産制度とは異質なものと言わざるを得ない。このような異質なものを知的財産制度に取り込むと，知的財産制度の理論的根拠を変更しなくてはならず，保護すべきものとそうでないものとの境界線の見直しが不可避となり，（少なくとも現在の支配的な知的財産理論に照らせば）保護対象の不合理な拡張につながりかねない。遺伝資源等については，知的財産制度の外で，これと別の原理，根拠に基づいて保護を目指すべきである。

また，特に著作権制度と関係が深い伝統的文化表現について付言すると，この概念は未だ不明確であるが[27]，有体物を含めて昔から存在するものが想定されているところ，これは無体物である創作的表現を一定期間に限り保護するという著作権制度には全くなじまない。むしろ，伝統的文化的表現の保護は，将来の表現行為を阻害する恐れもあり，そのような観点からも慎重な検討を要すると考えられる。また，保護対象を先住民や地域集団に限定するか否かについても見解が分かれているが，そのような限定の有無により，制度の趣旨が全く異

なることになろう。

(4) 放送の保護

放送の保護については，1997年頃からWIPOで検討が始まったが[28]，今日に至るまで，合意に至っていない。合意に時間を要しているのは，純粋に条約案の内容に係る意見の対立による面もあるが，近年は，一部の国が，WIPOの他の交渉事項（例えば，権利制限に関する規律形成）との取引材料として，本交渉への対応を決めているという面もあるようである。

2 ACTA（偽造品の取引の防止に関する協定（仮称））

2011年，ACTA（偽造品の取引の防止に関する協定（仮称））の交渉が終結し，同年10月にまず8か国が署名を行った[29]。この協定は，元々，2005年のG8サミットにおいて我が国から提唱したものである。著作権関係の規定としては，特に技術的手段の保護について，WCT11条及びWPPT18条よりも詳しく規定している点が重要である[30]。

ACTAを巡っては，交渉終結後に，特にEUにおいて，交渉過程における情報開示及び市民団体等の関与の欠如，表現の自由等基本的人権を脅かす恐れ等が指摘され，署名の是非が政治問題となった。ACTAに対する批判には，一部扇動的と思われるものもあり，また，情報開示が限定的であることは（特に少数国間における）条約交渉において不可避的な制約といえる面がある。しかし，ACTAの経験は，著作権をはじめとする知的財産の保護の強化が，先進国においても重大な政治問題となる先例とも思われ，今後の自由貿易協定等の交渉にも大きな影響を与える可能性がある。

3 地域経済協定

近年締結される自由貿易協定（FTA）や経済連携協定（EPA）等の地域経済協定では，詳細な知的財産条項が置かれる例が多く，しかもその多くは

TRIPS 協定の定める水準を上回る保護を求める「TRIPS プラス」の内容を持つ。[31]

　米国は，すでに NAFTA において詳細な知的財産条項を設けていたが，21 世紀に入って FTA の締結を積極的に進めるとともに，その中で TRIPS プラスの知的財産条項を設ける戦略を展開してきた。また，EU は，域外国と締結する FTA において，かつては多国間条約上の義務の確認程度にとどめていたのが，近年は米国の FTA と同様，TRIPS プラスの詳しい知的財産条項を設けるようになっている。さらに，我が国が締結する EPA（経済連携協定）では，当初は協力をうたう規定や抽象的な努力義務を定める規定が多かったが，近年は TRIPS プラスの規定も見られるようになっている。[32]

　地域経済協定における知的財産条項のうち著作権関係のものとしては，米国関係では，存続期間（終期を著作者の死後70年とする等），技術的手段の回避の規制（アクセス管理手段の保護の明確化等）等が，また EU 関係では，上記に加え，実演家の権利の保護，追求権の導入等がよく見られる。

　一般論として，知的財産制度に係る国際的な規律の形成において，地域経済協定の知的財産条項という手法は問題が大きい。すなわち，交渉内容が十分開示され難く，また一般に権利者側の方が国際的なルールに直接的利害関係を持つ傾向にあること等により，保護を強化する方向に偏った内容となる危険性が一層高い。また，①当事国が自国にとっての適正水準を超えた高度の保護を約束させられる（少数国間の通商交渉では，多国間交渉に増して，当事国の経済力・外交力が直接結果に反映されること，他の分野とのパッケージ交渉であること等による），②知的財産制度の国際的調和をむしろ阻害する（多数の協定が異なる内容を定めること等による），③当事国以外の国に対し差別的待遇をもたらす（TRIPS 協定がカバーしない分野があること，非差別原則の監視には実際上限界があること等による）などの可能性がある。[33]

　しかし，現実上，詳細な知的財産条項を含む地域経済協定の締結は，もはや

止めることができない動きとなっている。その中で，我が国は，これまでのEPAの交渉において，相手国から知的財産関係について強硬な要求をされることはまれであったが，今後は，米国，EU，（米国及びEUとのFTAをすでに締結している）韓国等とのEPA（又はFTA）の交渉が期待されており，知的財産分野について我が国として筋の通った合意を実現できるか，正念場を迎えることになる。

4 その他

WTO（TRIPS理事会）では，著作権に関係する問題として，エンフォースメント，非違反申立（ノンバイオレーション）の扱い，遺伝資源・伝統的知識等について検討が行われているが，近年，目立った進展はない。

また，著作権を含む知的財産権に関する渉外的紛争についての国際裁判管轄及び準拠法につき，国際的に様々な機関が検討を進めている。

Ⅳ 理論面の最近の動向

次に，理論面の動向に触れる。ただし，著作権制度に関する理論的研究は，国際的側面を持つものに限っても膨大な量に及んでおり，ここでは筆者自身が目にしたごく一部の業績をもとに，ごくかいつまんで述べるにとどめる。

1 著作権制度の正当化根拠

著作権に限らず知的財産制度全般についていえることであるが，そもそも知的財産をなぜ保護すべきであるかについて，今も様々な説が主張され，定説と呼べるものはないのが実情である。

大きく分けて，一種の自然権と捉える立場と，功利主義的に，一定の政策目的のためにその目的に資する範囲で保護を認める制度と捉える立場がある。また，前者には，人間の労働の成果という面に着目して所有権を基礎づけるロッ

クの説に依拠する見解や，人格の現れという面に権利性を見出すカントやヘーゲルの説に依拠する見解などがある。[36]

　我が国では，知的財産制度を功利主義的に説明する説がどちらかといえば有力であるが，その立場に立っても，著作権制度については著作者の人格権をベルヌ条約が明確に認めているため，これをどう位置付けるかが問題として残る。ともあれ，そもそも正当化根拠が明確でないという点が，著作権の及ぶべき範囲等についての具体的な問題に対して，論者によって非常に幅のある答えがなされることにつながっている。上述の WCT に関する Ginsburg 教授のコメントも，その点を指摘したものといえる。

2　権利制限

　WIPO の動きに関連して前述したように，昨今，世界的にも国内的にも，著作権制度を巡って最も議論を集めているのは，権利の制限の問題であろう。その主たる理由は，著作物及びその利用態様が過去に比べて著しく多様化しているにもかかわらず，著作権制度は，基本的に19世紀に造られた仕組みを維持し，かつ，多国間条約がかなり厳格に枠組みを決めていることから，変化への対応は権利の制限という形で行わざるを得ないという点にあると思われる。[37]

3　著作権制度の改革，新たなパラダイムに向けた議論・実践

　近年，著作権制度の改革，あるいは同制度に代わる制度について，様々な検討が行われ，多数の提言も出されている。特に，組織的に検討が行われた事業として注目されるのは，EU で2002年に開始された Wittem Project 及びその成果としての European Copyright Code である。[38]また，現行の制度枠組みを超える提言として，特に表現の自由を維持・拡大する観点から，翻案権（改作利用権）を廃止するとか，方式主義を採用するとかのアイデアも出されている。

　また，Linux のようなオープン・ソースや，Lessig 教授の提唱に係るクリエ

イティブ・コモンズなどは，現行著作権制度の枠組みの中で，情報のより自由な利用を目指す実践として大きな影響を与えている。さらに，Google Search Book に関する著作権者側との和解の試みは，不調に終わったものの，著作権制度の将来に不可逆的な影響を及ぼすであろうと指摘されている[39]。

V 今後の国際著作権制度への視座

著作権制度に係る国際的制度の今後について，具体的な姿を示すことは筆者の手に余るので，ここでは今後の検討において重要な視点ないし課題となりそうな事項を挙げるにとどめる。まず，当然ながら，著作権制度の目的である，創作の奨励及び創作の成果である情報（創作的表現）の利用の促進という視点が中心となることは，いうまでもない。以下では，それ以外の事項に触れることとしたい。

1 知的財産と人権

知的財産と人権について，我が国では未だ議論が乏しいが，国際的には急速に議論が盛り上がっている[40]。その背景ないし契機として，①公衆衛生と医薬品特許の問題が WTO 等で1990年代末から大きな問題となったこと，②国連において先住民の権利を守るための動きが進み，これと遺伝資源，伝統的知識等の保護の問題を結びつけて論じられるようになったこと，③ TRIPS 協定上の義務の厳格な履行，さらには TRIPS プラスを目指す知的財産保護重視の動きと，これに反対する動きとの対立が先鋭化していることを挙げることができよう。

ここで人権（むしろ人権的価値と呼ぶべきものも含む）とは，具体的には，表現の自由，知識へのアクセス，教育の権利，先住民の文化，文化多様性等である。著作権を例にして知的財産と人権の関係を整理すると，とりあえず以下のように考えられる。

第1に，著作権それ自体を人権と捉えることができる。例えば，国際人権規

約のうちの社会権規約15条には,「自己の科学的,文学的又は芸術的作品により生ずる精神的及び物質的利益が保護されることを享受する権利」が保護されるべきものとして挙げられている。

　第2に,著作権制度は,人権の保護に資する面を持つ。例えば個人の言説を第三者が勝手に変更することを禁じること等により表現の自由の保持に役立つ。

　第3に,人権への配慮が著作権制度に一定の制約を加える面もある。この関連で,著作権制度の国際的規律を考察する観点から,2点を指摘しておきたい。1つには,権利制限について検討する際に,人権との関係をどう考慮するかという問題である。具体的には,いわゆるスリー・ステップ・テストにおいて,人権の保護のために著作権を制限するという理屈が,制限を正当化するために意味を持つか否かである。WTOで米国著作権法のTRIPS協定整合性が問題となった事案において,紛争解決パネルは,スリー・ステップ・テストのうちの「特別な場合」のための制限という要件の適用に関し,著作権の制限が明確に定義付けられ,かつ,その適用範囲が狭いものであることを要するものの,目的の正当性までは求められないとの解釈を示している[41]。しかし,この解釈については議論の余地があると思われる[42]。例えば,人権の保護という政策目的が認められることを,著作権の制限を正当化する方向に評価する要素と認めるべきではなかろうか。特に,表現の自由の確保は,著作権制度の目的と重なるところがあり(著作権制度は,社会における創作的表現の豊富化を目的としており,自由な表現を保証することは,著作権制度の趣旨に合致する),著作権を制限する正当化根拠となり得るのではなかろうか。ただし,そのような政策目的を考慮に入れたうえで,著作権の制限を正当化できるか否かを,WTOの紛争解決制度の中で適切に判断できるかという点は,別の問題として検討が必要であろう。

　2つ目に,今後,著作権制度に関する国際的制度を変えていくうえで,人権という概念は大きな役割を果たし得ると思われる。既存のベルヌ条約やTRIPS協定等を前にして,著作権制度は変わらなければならないという問題

提起を，いわば著作権制度の中から内発的に行うことは，実際上容易なことではない。著作権制度の改革に向けたアプローチとして，人権のような，著作権に対し外在的な，しかしその尊重に関して国際的にコンセンサスを得やすい価値を正面に掲げ，それとの調整という理屈で改革を図るのが，現実的な選択肢として考えられるのではなかろうか。

2 知的財産と開発

次に，開発という視点も重要性を一層増している。具体的には，途上国の開発に資する観点から，知的財産制度の国際的規律の形成又は見直しが試みられるということである。[43]

すでに，WIPOにおいて「開発アジェンダ」(Development Agenda) というプログラムが開始し，開発の視点から知的財産制度を見直す作業が進められている。例えば，途上国の国民の知識へのアクセス向上のための著作権の制限，伝統的文化表現の保護などが，その文脈でも議論されている。

ただし，開発という目的について抽象的なレベルではあまり異論がなくても，具体的に制度に即した議論になると，途上国と先進国の間の意見の隔たりが大きい。また，制度的提案について，真に開発に資するか否かという政策効果についての客観的評価が困難という問題がある。典型的には，特許について，特許を強めるのと弱めるのとで，どちらが開発に資するのか，経済学者の間でも見解が分かれている。そのため，開発という視点からの制度の大幅な見直しは，今後も少なくとも当面は，実現が困難と思われる。

3 知的財産と技術

知的財産は，特許を典型例として，技術と非常に結びつきが強い。ここでは著作権制度と技術の関係について触れる。

デジタル技術及びネットワーク技術の進展は，著作権制度に大きな影響を与

えているが，その1つに，権利者が著作物を管理できる可能性が格段に高まったという点がある。例えば，小説家は，自分の小説の複製物である書籍につき，いつ誰に読まれるかを把握することは基本的に不可能であるが，当該小説をデジタル化すれば，各個別ユーザーの利用を管理することも可能である。権利者が，著作物について技術的な保護手段を講じたうえで，個々のユーザーに契約上の義務を買うことにより，著作権制度が当然のことと認めてきた自由な利用（例えば，私的使用目的の複製）をも規制することが可能になっているのである。そこで，このように著作権制度を技術と契約によってオーバーライドすることを認めてよいかが問題となる。この問題は，すでに1990年代から議論されてきているが，最近，技術的手段の保護の拡張，電子書籍の普及，権利制限規定の見直しの議論の国際的高まり等を受けて，改めて検討すべき重要な課題となっていると思われる。

4　国際的制度を検討する場・手段の多様化

　最後に，著作権を含む知的財産に関する国際的制度（規律形成）について検討する場（フォーラム）及び手段は多様化しているが[44]，今後もその傾向が続くと思われる。

　その関係で，制度構築（規律形成）の過程の手続的正当性を問われる局面が増えることが予想される。その要因として，1つには，知的財産制度の経済・社会における役割の増大がある。特に著作権制度は，一般市民に直接影響する程度が高く，創作に関わる人々にとどまらず，表現の自由や各種コンテンツへのアクセスの自由等に問題意識を持つ人々など，幅広い層の市民が同制度の問題に関心を持つようになっている。他方で，知的財産制度の政策決定は，従来ほとんどの場合，事実上専門家の間でなされてきたし，また，その過程は必ずしも透明性が高いとはいえない面があった。とりわけ，国際的な交渉については情報の開示に制約が大きく，特に最近増えている二国間や少数国間の地域経

済統合等の交渉では,決着前に実質的な情報が開示されないこともまれではない。政策決定過程の透明性の確保,及び幅広い利害関係者（stakeholders）の参加は,いずれの国にとっても重要であるが,特に我が国として,知的財産の分野につき事実上守勢に回らざるを得ない交渉が予想されることもあり,極めて重要な課題になると思われる。

(1) 本稿は,日本国際経済法学会第21回研究大会のセッション（Ⅱ）「国際知財法の新しいフレームワーク」において,「著作権関連の動向と展望」と題して行った報告に基づく。なお,上記報告後に執筆した「国際著作権－動向と展望」（日本国際経済法学会20周年記念論文集に掲載予定）を利用している（同論文の注等を一部省略しているので,同論文も参照いただけると幸いである）。
(2) ただし,そのように称することについては,特に欧州の研究者の間でいろいろな議論がある。例えば,Lionel Bently, Uma Suthersanen & Paul Torremans, *Global Copyright: Three Hundred Years Since the Statute of Anne, from 1709 to Cyberspace* (2010) 所収の諸論文を参照。
(3) 欧米主要国の著作権法の歴史については,Lionel Bently & Matin Kretschmer (eds.), *Primary Sources on Copyright (1450-1900)*, at http://www.copyrighthistory.org/htdocs/index.html が豊富なデータベースを提供している。
(4) Sam Ricketson & Jane C. Ginsburg, *International Copyright and Neighbouring Rights: The Berne Convention and Beyond* (2nd ed., 2006), pp.27-40 (Vol.1); Paul Goldstein & Bernt Hugenholtz, *International Copyright: Principles, Law, and Practice* (2010), pp.31-33.
(5) The Berne Convention for the Protection of Literary and Artistic Works（文学的及び美術的著作物の保護に関する条約）。
(6) ベルヌ条約については,Ricketson & Ginsburg, *supra* note 4を参照。
(7) The Universal Copyright Convention（万国著作権条約）。
(8) The Convention for the Protection of Producers of Phonograms Against Unauthorized Duplication of Their Phonograms（許諾を得ないレコードの複製からのレコード製作者の保護に関する条約）。
(9) The International Convention for the Protection of Performers, Producers of Phonograms and Broadcasting Organisations [Rome Convention]（実演家,レコード製作者及び放送機関の保護に関する国際条約）。
(10) The Agreement on Trade-Related Aspects of Intellectual Property Rights（知的所有権の貿易関連の側面に関する協定）。
(11) The WIPO Copyright Treaty [WCT]（著作権に関する世界知的所有権機関条約）。

⑿　The WIPO Performances and Phonograms Treaty [WPPT]（実演及びレコードに関する世界知的所有権機関条約）.
⒀　以上の WIPO の 2 条約の成立に至る経緯について，Mihály Ficsor, *The Law of Copyright and the Internet: The 1996 WIPO Treaties, their Interpretation and Implementation* (2002), pp.3-81参照。また国際政治学の観点からの研究として，西村もも子「デジタル化時代における国際著作権制度の形成過程―― WIPO 著作権条約の制定と欧米企業のロビー活動――(1)(2・完)」『知的財産法政策学研究』34号（2011年）201頁，35号（2011年）169頁。ベルヌ条約の改正が難しかったのに対して，WIPO の新条約が比較的短期間に成立したのはなぜか。まず，本文に記した，インターネットの普及への対応が急務であったという点があろう。また，条約の形式を，ベルヌ条約及びローマ条約そのものの改正でなく，ベルヌ条約20条及びローマ条約22条の定める「特別の取極」とし，まずは比較的少数国で成立させるという手法をとったことも，結果的に条約の迅速な成立に資することになったと思われる。さらに，TRIPS 協定の成立を受けて，WIPO の関係者が対抗意識を抱き，それがモメンタムとなったという面もあるかもしれない。
⒁　ローマ条約については，米国が同条約を締結していないため，規定を準用する形でなく，同じ趣旨の規定を TRIPS 協定に書き起こす形をとっている。
⒂　ベルヌ条約の締結国（同盟国）の観点から見ると，TRIPS 協定は，ベルヌ条約の特別の取極（ベルヌ条約20条）であって，後者の許与する権利よりも広い権利を認め，又は後者と抵触しない範囲で規定を認められる。したがって，TRIPS 協定13条のスリー・ステップ・テストは，ベルヌ条約が定める権利の制限又は例外に係る要件に上乗せして適用されるものである。
⒃　ALAI, *The Author's Place in XXI Century Copyright: the Challenge of Modernization* (2007), p.273.
⒄　*Ibid.*, p.319.
⒅　視聴覚的実演の保護について，ローマ条約や TRIPS 協定を含め，従来の多国間条約は非常に限定的な規定を置くにとどまる。これは，視聴覚的実演と聴覚的実演との扱い（例えば，契約上の扱い）を異にする程度が国によって差があり，一部の国（特に米国）が，条約上視聴覚的実演を他の実演と別扱いとすることを求めてきたためである。Ricketson & Ginsburg, *supra* note 4, p.1275 (Vol. II); Silke Von Lewinski, *International Copyright Law and Policy* (2008), pp.497-98.
⒆　Silke Von Lewinski, "The WIPO Diplomatic Conference on Audiovisual Performances: A First Resume," *E.I.P.R.*,Vol.23, No.7 (2001), p.333. 合意できなかったのは，米国が，実演家の権利を視聴覚的実演の固定物の製作者（producer）に譲渡することの推定規定を置くこと等により，製作者側に権利を集中させることにこだわり，これに EU 等が反対したためであった。
⒇　ここで「法的文書」(legal instruments) というのは，法的拘束力を持つ文書を当然

著作権に関する国際的制度の動向と展望　243

に意味するものはないと解されている。要するに，法的効力についての議論は後回しにして，まず文案の検討が進行しているということである。

(21)　Silke Von Lewinski（矢野敏樹訳）「WIPO における著作権保護の例外と制限に関する議論――視覚障害者のための議論を中心に――(1)（2・完）」『知的財産法政策学研究』34号（2011年）219頁，35号（2011年）195頁。

(22)　交渉の結果，生物多様性条約には，遺伝資源や伝統的知識に関係する規定が盛り込まれ，さらにその実施方法等につき議論が続いている。鈴木將文「生物多様性条約と知的財産制度」『ジュリスト』1409号（2010年）21頁参照。

(23)　WTO では，2001年11月のドーハ閣僚理事会の閣僚宣言において，TRIPS 理事会に対し，生物多様性条約と TRIPS 協定の関係につき検討する旨の指示がなされ（WT/MIN(01)/DEC/1, para.19），同理事会で検討が進められてきている。鈴木「前掲論文」（注22）24頁参照。

(24)　鈴木「前掲論文」（注22）28頁参照。

(25)　The WIPO Intergovernmental Committee on Intellectual Property and Genetic Resources, Traditional Knowledge and Folklore.

(26)　WIPO, WO/GA/40/7.

(27)　現時点の最新のドラフト（2012年7月開催予定の IGC 用の同年4月27日付け文書）によると，「伝統的文化〔及び知識〕が具体的に表現された，有体又は無体の，あらゆる表現形態」あるいは「世代間で承継された伝統的文化及び知識を示す，有体又は無体の，あらゆる表現形態」という抽象的定義の選択肢が示され，さらにそれぞれの具体例が列挙されている。WIPO/GRTKF/IC/22/4, Annex pp.4-5.

(28)　著作隣接権（著作権に関連する権利）に関する多国間条約については，WPPT に至る交渉の中で，特に，レコードの保護には積極的であるが実演家の保護には消極的な（その背景には映画産業や放送事業者の意見がある）米国と，隣接権全般の保護を主張する EU の間で妥協がなされ，WPPT の対象は実演（視聴覚実演を除く）とレコードに限定された。そこで，取り残された形になった放送事業者が関係政府に要請し，放送条約の締結に向けた交渉が開始された。

(29)　2011年10月に署名を行ったのは，日本，米国，豪州，カナダ，韓国，シンガポール，ニュージーランド及びモロッコである。その後，2012年1月に EU とその加盟国のうち22ヵ国が署名を行った。

(30)　具体的には，非専用品やアクセス管理技術の回避を規制対象に含めることの明確化等である。

(31)　鈴木將文「地域貿易協定(RTAs)における知的財産条項の評価と展望」『経済産業研究所 RIETI Discussion Paper Series』08-J-005（2008年）参照。

(32)　各国の FTA の知的財産条項については，さしあたり鈴木「前掲論文」（注31）10頁以下を参照。

(33)　鈴木「前掲論文」（注31）は，これらの点を指摘し，実体面の国際的なルール形成は，

多国間条約を基本とすべきことを主張した。
(34) TPP に関し，鈴木將文「TPP における知的財産条項」『ジュリスト』1443号（2012年）36頁参照。
(35) 河野俊行編『知的財産権と渉外民事訴訟』（2010年），James J. Fawcett & Paul Torremans (eds.), *Intellectual Property and Private International Law* (2d ed. 2011) 参照。
(36) 山根崇邦「知的財産権の正当化根拠論の現代的意義」『著作権研究』38号（2012年）掲載予定を参照。
(37) 鈴木將文「モデレーター・コメント──著作権の制限──」『日本国際経済法学会年報』第19号（2010年）83頁。
(38) European Copyright Code は，EU の研究者による共通著作権制度に係る提案である。同 Code 及び米国における著作権制度改革並びに後述するクリエイティブ・コモンズの動向について，2012年の著作権法学会のシンポジウムにおいて紹介がなされた。その記録は，『著作権研究』39号（2013年刊行予定）に掲載される予定である。
(39) Pamela Samuelson, "The Google Book Settlement as Copyright Reform," 2011 *Wisconsin Law Review*, Vol.2011, No.2 (2011), p.479; Pamela Samuelson, "Legislative Alternatives to the Google Book Settlement," *Columbia Journal of Law and the Arts*, Vol.34, No.4 (2011), p.697. Google Book Search を巡る紛争については，さしあたり，「特集・米国クラス・アクションの日本の法制度への影響（上）（下）」NBL925号（2010年）8-37頁・926号（2010年）84-95頁を参照。なお，和解案は2011年3月に裁判所に却下され，その後，裁判が継続している。
(40) *See, e.g.*, Laurence R. Helfer, "Human Rights and Intellectual Property: Conflict or Coexistence?," *Minnesota Journal of Law, Science & Technology*, Vol.5, No.1 (2003), p.47; Peter K. Yu, "Reconceptualizing Intellectual Property Interests in a Human Rights Framework," *UC Davis Law Review*, Vol.40, No.3 (2007), p.1039; Willem Groscheide, *Intellectual Property and Human Rights: A Paradox* (2010); Duncan Mathews, *Intellectual Property, Human Rights and Development: The Role of NGOs and Social Movements* (2011); Laurence R. Helfer & Graeme W. Austin, *Human Rights and Intellectual Property: Mapping the Global Interface* (2011).
(41) TRIPS 協定13条。
(42) Panel Report, *United States - Section 110(5) of the US Copyright Act*, WT/DS160/R, adopted 27 July 2000, para. 6.112. 鈴木將文「TRIPS 協定と著作権法上の権利制限」『2007年度 ALAI JAPAN 国際研究大会講演録──シンポジウム「権利制限と3-step-test」──』（2008年）39頁参照。
(43) 鈴木將文「最近の知的財産制度を巡る国際動向について」『知的財産法政策学研究』20号（2008年）170頁以下参照。
(44) 「場」については，多国間のほか，二国間，複数国間，さらに民間団体等。「手段」に

ついては，条約等のハード・ローのほか，公的機関によるガイドライン等の法的拘束力のない文書，民間機関による自主的取極め等。
(45) TPP の交渉や，EU 等との FTA 又は EPA の交渉を念頭に置いている。

(名古屋大学大学院法学研究科教授)

論　説　自由論題

証券取引規制における民事責任規定の適用

不　破　　　茂

I　序
II　米　国　法
　1　控訴審判例
　2　Morrison 最高裁判決
　3　ドッドフランク法
III　一方主義と双方主義
IV　法規選択主義と法域選択主義，及び，領域主義と法解釈主義
V　証券規制違反の民事責任と公法と私法の区別——結びに代えて——

I　序

　法の妥当範囲，適用範囲及び効力範囲の区別について，わが国の通説的な見解により，次のように整理されてきた。法の定立が国家主権の作用である以上，法の効力をその国家の領域に結び付けて考えざるを得ない。その意味で，法の妥当範囲は国家の領域内に限定される。このことと法の適用範囲及び効力範囲を区別することができる[(1)]。そして，公法と私法の区別を前提に，法の適用範囲の決定方法として，伝統的な概念区分がなされてきたのである。すなわち，公法については属地的適用の原則が妥当し，外国公法はそもそも適用されないとされ，自国法の適用について強い国家的利益が存在するので，属地的（領域的）根拠に基づき，自国法の適用範囲を決定するというアプローチが取られる。他方で，私法については，内外法平等に準拠法を選択するという普遍主義的な立法管轄の配分というアプローチが取られるのである。この場合，任意法規と

強行法規を含めて，準拠外国法の適用がなされる。これに対し，混合法と呼ばれる分野が存在する。国家と私人の関係を規律する公法に対して，私人相互間の関係を規律するのが私法であるが，私法の公法化，公法の私法化が進んだ分野では，混合的法領域が発達し，そこでは私人相互間の関係の成立及び内容を全く私人に委ねることをせず，国家が介入し，一定の法律関係の形成を強制するのである。そのような領域として，労働法規制や消費者保護規制があり，あるいは経済法的規制があるわけである。本稿は，経済法規制，特に，証券取引規制の適用範囲に関する問題を扱う。

経済法規制違反の効果としては，罰則，行政処分，民事賠償を考え得るわけであるが，同一の制定法において，同一の行為類型に対して各効果が規定されることがある。証券取引規制もこのような分野であり，その法的性質は優れて折衷的である。例えば，わが国の金融商品取引法における相場操縦行為等の規制として，159条に，禁止される相場操縦行為等の行為類型が規定されており，これに対して，160条，197条１項５号，174条に，各効果が規定されているのである。[2]

このような混合法分野における適用関係については，実質法上，私的自治の原則に基づく私人間関係の形成に対して，国家の公共政策に基づく介入が論じられる場面で，法適用関係においては，原則的準拠法に対して，他国の公共政策を実現する法が介入するという問題であった。証券規制（開示規制・内部者取引・相場操縦）違反に基づく民事請求は，市場阻害行為として，そのような行為を行った者に対し，市場を通じて証券等を購入した私人が損害賠償の請求を行うという問題であり，実質法上，不法行為としての性質付けがなされており，法選択においても不法行為準拠法によると考えることができる。私見によれば，ここでも更に，法廷地絶対的強行規定の適用可能性を検討する余地があるように思われる。[3]

法の効力範囲については，外国公法不適用の原則を前提にして，しかし，一

定の外国公法を適用した結果を承認すること，及び，外国公法の適用ではなく裁量的に参照，考慮するべき場合があるとされている。これを，むしろ外国公法の適用であるとして，外国公法不適用の原則がもはや妥当しないとする見解もあるが[4]，ここでは，伝統的な考え方に従う。

　本稿では，民事責任規定の適用範囲の問題を中心に取り上げる。従って，証券の公募時及び流通時における，虚偽事実の開示，ないし，重要事実の不開示，及び，相場操縦行為や内部者取引などの市場阻害行為により，損害を被った私人の損害賠償を中心的課題とする。この問題に対して，米国法は自国法の適用範囲決定の方法により，外国法の適用という視点を持たない。他方，欧州の法は，一般に準拠法選択の方法による。証券規制違反の民事責任の問題に限定すれば，大西洋を挟んだ米国と欧州の法が対照的な解決方法を採っているのである。以下，まず，世界の金融センターとしての重要性から，先例の数も他を圧倒する米国の法の現時点における法状況を確認する。米国連邦法は，大恐慌以来，先進的な投資家保護の法制を有し，国際的な実質法改革の先頭を走ってきたのである。次に，EU の法を含めて，法の適用範囲を決定する方法について，一方的，双方的，法規選択的，法域選択的及び領域的ないし法解釈的の指標に基づき整理し，若干の考察を行いたい。

II　米　国　法

1　控訴審判例

　1934年証券取引所法（48 Stat.881, 以下，取引所法）10条(b)（15 U.S.C. §78 j (b)）及び SEC 規則10b-5 は公募時及び流通時の詐欺禁止一般法であり，明文では民事訴権が規定されていないが，判例上，これが認められている。合衆国証券規制の域外適用として主として問題とされてきたのがこの条項である。取引所法の立法趣旨は明らかに米国の投資家と米国市場の保護である[5]。しかし，証券諸法の域外的な適用が一切否定されるわけではなく，詐欺禁止条項が適用

される国際事件が存在し得るという点で，各巡回区裁判所が一致している。もっともその一致は「その限りに留まり」，各巡回区間の先例は理論ないし傾向として分裂していたのである。(6)この適用範囲については，規律管轄決定のアプローチによるのが合衆国の判例及び学説である。(7)大恐慌のあった立法の当時，証券市場の国際的関係は現在ほど拡張的でも複雑でもなく，連邦法の規律管轄権の範囲という問題が生じることを議会は予期していなかったのであり，従って，「純粋に仮定的な立法者意思の探求」が必要となる。(8)

(1) 第2巡回区

第2巡回区は，Shoenbaum 事件(9)で，外国企業の株式に関する行為が外国で生じたとしても，米国証券取引所で取引され，米国人投資家に損害を与える場合に，初めて効果に基づき管轄を肯定し，Leasco Data 事件(10)では，米国内における実質的行為によって，外国企業の株式を外国証券取引所で取引した米国の投資家が損害を被ったときに管轄を肯定した。そして IIT 事件(11)において，「米国が証券詐欺の装置を輸出するための製造基地として用いられことを許容することを議会が意図したとは考えられない」として，同日に下された Bersch 事件(12)と共に，行為テストを確立したのである。

Bersch 事件では，証券が外国で購入される場合，被害者が米国市民か外国人かで行為テストの基準を異にしている。被害者が外国に居住する外国人である場合，米国内の行為が「単に準備的である以上」のものであり，「損害の直接的原因」である必要がある。問題の行為は虚偽の目論見書を購入者に配布した行為であり，最終的な目論見書は外国において発出されたのである，とされた。外国に居住する米国市民であれば，米国内の準備行為であっても，米国内における被告らの「必須の行為が損害の重要な寄与となった」ときに連邦証券諸法が適用されるとする。(13)効果については，米国に対する一般的な経済的効果では足らないとしている。すなわち，「証券に関連する詐欺的行為が外国でなされる場合，行為が合衆国に関係のある買主又は売主に損害を生じるときにの

み事項管轄が存在するのであり，一般的に，米国経済や米国人投資家に悪影響を与えるというだけでは足りない」。米国に関係のある買主または売主に対する損害の発生が直接的効果である。米国に居住する米国市民が損害を被ったときは，米国内における作為不作為は不要であって，米国居住者に対してなされた虚偽の表示が外国から発出されたことにより，合衆国の事項管轄が生じる。IIT 事件においては，「SEC が領域内でなされる行為の秩序を保つ（policing）ことができるのが当然であるように」，私人間の民事賠償訴訟についても同様に考えられるとしており，SEC 訴訟と私人間の民事訴訟を同視している点も注目される。

　Leasco, Bersch 及び IIT 事件を執筆したフレンドリー判事が第 2 巡回区の準則を完成し，これが米国領域内における行為ないし効果に基づき米国法を適用する行為 - 効果テストと呼ばれ，他の巡回区において踏襲されたわけである。かく確立された行為 - 効果テストが数十年に渡り適用されて行くことになる。

　Morrison 控訴審事件は，外国で為された証券取引に基づき，その外国の発行者を，外国の原告が米国証券諸法の違反に基づき訴える，いわゆる外国三乗（foreign-cubed）の証券クラスアクションであり，第 2 巡回区において最初の事件であった。判決は，行為テストについては，何が詐欺の企みの中心ないし核心であるか，また，何が単なる準備的ないし付随的であるかの相違が重要である，とする。本件では，被告がオーストラリアにおいて行った行為は，子会社を含む経営の監督，及び株主及び市場に対する報告であり，オーストラリアで為されたこの行為こそが詐欺にとってより中心的であり，投資家の損害に対しより直接的である。子会社はフロリダで帳簿を操作し，その数字をオーストラリアに報告したに過ぎず，投資家に直接伝達したのではなかった。原告らは，全く効果テストを主張していない。

　Itoba Ltd. 事件は，行為テストと効果テストを独立に扱わず，両者の混合ないし組合せによって判断する。被告はロンドンを拠点とする典型的なコングロ

マリットである持株会社であり，英国で登録された普通株式が主としてロンドン証券取引所で取引され，同時に，米国のナスダックにおいてADRsが取引されている。原告は，チャンネル諸島のオフショア・カンパニーであり，バーミューダを拠点とする国際的持株会社A社の完全子会社である。被告のSEC提出文書に重要事実の不開示があり，市場に情報を提供せずにハイ・リスクな投資と投機的なビジネスを行っていたとされている。

判決によると，米国内においてSECに提出された文書の内容こそが，ロンドン取引所において被告株式の「購入を決定した実質的原因及び重要な寄与となった原因」なのであり，SEC書類に虚偽記載のなされた証券と実際に購入された証券とが異なっても良い。原告は被告株式の単なる名目的購入者に過ぎず，国内に生じた詐欺と，国外での詐欺の継続が，詐欺を被ったA社の多数の米国人株主に損害を与えたのである，とする。[22]

米国連邦控訴裁判所において対外関係法第三リステイトメントの相当性（reasonableness）の原則を用いた証券法上の判決は余りない。そのような先例として，次の2つの判決がある。まず，AVC Nederland事件は，第2巡回区の判例法を形成したフレンドリー判事の意見である。[23]オランダ企業とジョージア州法に準拠したパートナーシップとの間の，持分の販売に関する訴訟であり，先行するオランダ訴訟に対抗する米国訴訟が提起されたのである。判決によると，詐欺行為とされる行為は，オランダにおいて完成された。被告は二人のオランダ人発行者によるパートナーシップであり，形式的に米国人であっても現実にはオランダ人なのであるとされた。[24]

判決は，天秤はほとんど同じ重さを示しているが，対外関係法第2リステイトメント17条によると事項管轄権の行使に傾く，とする。同時に，当時は暫定草案が公表されていただけであるが，対外関係法第3リステイトメントを援用している。暫定草案416条により，米国証券市場で執行される取引又は執行が予定されている取引ではない取引について，米国において表示ないし交渉が行

われたことを考慮しつつ，403条の相当性の判断を行うことになる。403条2項の要素に関して，(a)行為が規制する国家の領域内においてなされる程度，(b)「国籍，居所又は経済的活動のような」規制する国家と責任を負う者との関連は，10条(b)と10b-5の適用に有利であり，(g)他国の利害関係，(h)他国規制との抵触については不利である。その他の殆どの要素については，「不適用，疑わしい，ないし中立的」である。この基準の下で，かなり限界的であるが，取引所法及び規則の適用が相当である(25)。

　Europe and Overseas Commodity Trader事件(26)は，AVC Nederland事件とは反対に，合衆国証券諸法の事項管轄を否定した。判決によると，証券販売の申込み及び投資情報の，米国内への電話及びファクシミリによる伝達は，米国内における行為及び効果のいずれにも性質付けられる(27)。

　効果として評価すると，この取引によって害される合衆国の利益は認められない。すなわち，原告はパナマ企業であり，買い注文を行い最終的に損失を被る個人はカナダ人であるし，当該証券は合衆国の証券取引所では取引されていない。行為として評価すると，米国内への電話による証券販売の勧誘ないし申込みの伝達は損害の直接的原因となる行為であり，通常，管轄を肯定するのに十分であるが，一時的に滞在する外国人に対する電話は，何らかの付加的な要素がない限り行為テストにより管轄を確立するために十分ではない。このような付加的要素のないときに規律管轄権を行使することは，対外関係法第3リステイトメント416条(2)及び403条の意味における不相当（unreasonable）である。「特に，当該取引が，明白で強い利益を有する外国の規制管轄に明らかに服するときは，そうである」(28)。AVC. Nederland事件では，パートナーシップの目的であり詐欺に擬せられている米国内における不動産投資が，対外関係法第3リステイトメント403条(2)(b)の経済活動に当たるが，本件では，投資が欧州において行われている。被告であるフランスの銀行のロンドン支店で働く英国人の行為が問題となっており，米国内に何らの損害も生じさせていないのである。

この行為を罰する合衆国の利益は存在しない。

(2) 第3-8-9巡回区——緩やかなアプローチ——

第3，第8，第9巡回区は，第2巡回区の準則を文言上採用しながら，Bersch及びIIT事件よりも詐欺禁止条項の適用範囲を拡張する意図を有する。

第3巡回区のKasser事件では，外国企業のみが被害者であり米国内における効果が殆ど存在しないとき，米国内における詐欺行為のみで，SECが連邦証券諸法に基づき差止めを行う管轄を肯定できるかが問題となった。

Bersch事件では，米国内における会合，契約書の起草，銀行取引及び信書の郵送では，管轄が肯定されなかったのであるが，本件では，「中心的な投資契約の起草」と「詐欺の達成に必須の記録の保存」により，米国の管轄を肯定する。「詐欺の企みを促すように意図された……被告らの国内的行為の総和が実質的であり」，「域外の損害の直接的原因となった」のである。この点で，前述のMorrison控訴審判決では，米国内で帳簿操作しそのデータを外国に送った行為が，投資家に対する公表の準備行為とされていた。Kasser判決は，米国内の行為が要するに実質的（substantial）ないし不可欠である（essential）ことを求めているに過ぎない。「議会は，米国が国際的証券詐欺を行う海賊が集うバーバリ海岸となることを意図しなかった」とする。

第8巡回区のContinental Grain事件及び第9巡回区のGrunenthal GmbH事件はいずれも私人間の民事請求であるが，この第3巡回区の先例に従う。

(3) DC巡回区——厳格なアプローチ——

Zoelsch事件は，第3，第8，第9巡回区が第2巡回区のテストを緩和させており，より厳格なテストが必要であるとして，「10条(b)及び規則10b-5の違反を成立せせるために必要な被告行為の全ての要素を，国内の行為が包括する場合に，米国裁判所に管轄が存在する」とする。この解釈に対しては，Morrison控訴審判決が，第2巡回区の行為テストとは無関係であり，他の巡回区における混乱であると述べている。

(4) 第5‐7‐11巡回区──第2巡回区への追随──

第5巡回区のRobinson事件[39]，第7巡回区のKauthar事件[40]は，緩やかなアプローチと厳格なアプローチを対比しつつ，第2巡回区に従うことを明示している[41]。第11巡回区のIn Re: CP Ships Ltd.事件[42]では，当事者が第2巡回区のテストに合意しているので第3‐8‐9巡回区の緩和されたテストを考慮しないとしており[43]，専ら第2巡回区の先例を引用している。

(5) 小　括

米国連邦控訴裁判所の行為‐効果テストにおいて，効果については問題が少ないとされるが，特に，効果の基準が国籍か住所かはそう明確ではなく，外国に居住する米国人投資家への損害については，注意を要する。行為テストについては巡回区間の分裂が存在する。各巡回区において，第2巡回区の「定式」を踏襲しつつ，その解釈が異なるのである。一方の極がＤＣ巡回区であり，他の極が第3，第8及び第9巡回区である。そして第2，第5及び第7巡回区が，その中庸を行くのである[44]。

混合ないし組合せテストによるのが近時の第2巡回区判例であったが，行為ないし効果のみで管轄を肯定できる場合のほか，行為と効果を組合せて判断することができるとすれば，不明確性を付け加えることにもなろう。対外関係法第3リステイトメントの相当性の原則による判例は少数であるが，403条2項の要素の選択，評価は恣意的であり得る。いずれにせよ行為テストはアド・ホックな判断によらざるを得ない。巡回区毎の分裂は地裁レベルでの文字通りの分裂をもたらしたとされる[45]。

Morrison事件は控訴審レベルで初の外国三乗のクラスアクションであった。近時，外国発行者に対する米国クラスアクションが急増しており，地裁レベルでは管轄を肯定した先例もあるようであり[46]，米国資本市場への参入に対する最も強い障害は，米国規制の遵守ではなく，証券価格が急落したときの民事責任であるとする調査結果がある[47]。ディスカバリを含むトライアル費用の負担が青

天井であり，この段階で和解に至ることが多く，和解額も年々増加の一途を辿っているのである。米国クラスアクションに対する外国企業の懸念が，取引所法10条(b)の域外的適用範囲を決定する際の，米国にとっての重要な政策考慮である。米国の投資家と市場に悪影響を及ぼすことを避けるために，適切な抑止を確保することを目的として，行為テストも，効果テストも否定し，発行者及び投資家による証券取引規制の選択に適う，予測可能な，「取引（所）」に基づく管轄の規制を主張する学説が存在した。[48] Morrison事件におけるフランス及び英国政府の法廷の友としての意見によれば，米国が私的クラスアクションによって詐欺禁止条項を実現するのに対して，その他の多くの国々は私的訴訟によらず，公的執行によるという政策選択をしているのであり，米国法の域外適用は米国の経済的，社会的，司法的価値観の押し付けとして，礼譲の原則に反する。

2 Morrison最高裁判決

40年あまり継続した上述の下級審判例を，2010年のMorrison連邦最高裁判決[49]が「取引テスト（the transactional test）」と自ら呼ぶ準則によって覆したのである。すなわち，「国内証券取引所に上場された証券の取引，及びその他の証券については国内取引」にのみ，取引所法10条(b)が適用される。[50]

判決は，10条(b)の文言より，その「焦点（focus）」は，詐欺の生じた地や米国内の一般的な詐欺行為の禁止にはなく，米国内における証券の売買取引にあり，これこそが同法の規律対象なのであるとする。[51] 米国において，州際通商の方法を用いるような証券取引は何らかの国際的要素を含む場合が極めて多い。そのような国際的要素を含む事件に対して，合衆国の法はその法の立法趣旨から規律の対象ないし保護対象を特定し，そのような法の目的が国内にある場合に適用されるのである。取引所法の趣旨から，取引の場所が決定的であり，これが国内にあれば取引所法が適用されるとするのが，Morrison最高裁判決の

多数意見である。米国が詐欺を行う者のバーバリ海岸となる懸念より、クラスアクションを提起する弁護士の楽園となる事の方を一層警戒する。

「取引テスト」にしても、証券が米国の取引所に上場されているか、米国内での取引に米国法が適用されるとしているので、その他の国際的要素が含まれて良いのであり、外国人発行者、外国人投資家、外国での行為があったとしても、米国法が適用される。取引所法10条(b)は証券の売買に関連する一切の詐欺的な方法を用いることを違法とするのであり、証券取引自体を違法とするのではないが、判決によると、取引が合衆国国内に生じる限り、詐欺的行為が世界中どこで行われようとも、取引所法がその行為に及ぶということになる。従って、詐欺的行為の悪影響を被る取引の場所、換言すれば効果の生じた地が問題となっているのである。Morrison判決は第2巡回区の行為-効果テストを批判しているが、それが曖昧で予測不可能であり、適用に困難であるからであって、多数意見は、専ら、詐欺の影響を被る取引の場所に着目することで、効果テストを限定しているのである。

3 ドッドフランク法

Morrison最高裁判決の下された直後に、ドッドフランク・ウォール・ストリート改革及び消費者保護法が制定された。これはSEC及び司法省に、証券詐欺を訴追する権限を与える連邦法である。

同法§929Pは、表題が、連邦証券諸法の「詐欺禁止条項の域外的管轄（Extraterritorial Jurisdiction）」とされており、SEC又は司法省により提起もしくは開始された訴訟ないし手続について、次の場合に、連邦裁判所が管轄権を有するものとされている。すなわち(1)証券取引が国外で行われ、外国投資家のみを含むとしても、「違反を促進させる重要な段階を形成する行為」が国内で行われた場合、及び、(2)「予見可能で重要な効果を国内に生じるような行為が国外で行われた」場合、である。SECのプレス・リリースによると、ドッドフラ

ンク法§929Pは，SEC及び合衆国が連邦地裁に提訴する場合に，取引所法の詐欺禁止条項の域外的適用範囲について，事項管轄の問題として広範な行為－効果テストを規定して，大凡，Morrison 判決以前の控訴審判例に引き戻したとされる。議会の意思は少なくとも最高裁判決による法解釈を変更するということであり，ドッドフランク法の規定は，既存の下級審判例，特に，第3，第8及び第9巡回区のそれを再叙したものとなっている。司法省による提訴の場合というのは刑事訴追の場合であるが，SECによる提訴の性質はそう明確ではない。

従って，Morrison 最高裁判決は，取引所法の下で提起された私人間の民事訴訟についての，現在の法であるということになる。少なくとも連邦地裁レベルにおいて，Morrison 判決は劇的な変化をもたらしたのであり，実際，取引テストを適用したNY連邦地裁判決が多数存在する。しかし，ドッドフランク法§929Yは，私的訴権も同様に拡張されるべきかについての研究報告をSECがしなければならないとしており，その結果，取引所法10条(b)に基づく私的訴権の国際的な適用範囲に関する研究報告が2012年4月に議会に提出された。Morrison 判決の先例的価値は余り高くないという見解もあり，米国の法状況はなお流動的であると言えよう。

Ⅲ　一方主義と双方主義

法の適用範囲の決定方法としては，法則学派の時代より存在する一方主義の方が双方主義よりも歴史的に古く，双方主義は，サヴィニーがローマ法体系第8巻において提唱した理論を嚆矢とする。法規より始めて当該法規の適用範囲を決定する一方主義と異なり，サヴィニーの学説は法律関係の本拠地説として知られる方法であり，法律関係の本拠地を探求し，その地の法を適用する。内外法平等の理想の下に，各国が唯一の法を適用することで，跛行的法律関係の発生を防止し，法廷地漁りを防止できるとされるのである。この意味において，

立法管轄の普遍的な配分を行う理論であると言えよう。

ここから、サヴィニーの学説の特徴としては、特に、法律関係の本拠地説、内外法平等の適用、普遍的な管轄配分を挙げることができる。学説により、いずれかの性質に力点を置きつつ双方主義を定義する傾向がある。例えば、内国法の適用のみを行うことを一方主義とし、内外法の適用を行うことを双方主義とする立場があり得る。しかし、一方主義は、自国管轄の決定のみを行い、競合的規律管轄を容認するものであり、双方主義を、他国管轄の正統性も決定し唯一の国の法を適用するという意味で、排他的規律管轄の主張であるとする学説がある。この学説によると、自国法の適用範囲のみを決定するときにも、「外国法の適用されるべき場合には訴訟を却下し、原告がその法廷地法の適用される外国に赴くに委ねるとしても、排他的管轄と統一的法適用が達成される」として、このような場合も双方主義に含まれるとする。「唯一の法が当該の行為に固有に適用されるとする観念」こそがその特徴であるとするのである。従って、一方主義には後述するカリーの統治利益分析論とアルコア事件のような効果理論が含まれ、双方主義には、既得権説や米国抵触法第2リステイトメント6条の最も重要な関係のある地の法の適用のほか、アメリカン・バナナ事件の属地主義やティンバレン事件の利益考量テスト（balancing test）が含まれるとする。しかし、外国法の適用されるべき場合には訴訟を却下し、原告がその法廷地法の適用される外国に赴くに委ねる方法によって、法の統一的適用が達成されるとするのは論理の飛躍であり、ある国の立場から外国法が適用されるべきであるとしても、その国が自国法を適用するか否かは一にかかってその外国の決定に委ねられるのである。抵触法第2リステイトメントや利益考量テストなどの、多要素列挙型の利益考量の内に、内外国の利益の比較考量が含まれるとしても、普遍主義的な管轄配分の見地より唯一の法が適用されるとする排他的管轄の観念を前提とし競合管轄を否定するかについては、疑問がある。

Ⅳ　法規選択主義と法域選択主義，及び，領域主義と法解釈主義

　ここでは，内国法の適用範囲のみを決定する一方主義と内外国の法を適用する双方主義という用語法によることとする。他方で，法規選択的方法と法域選択的方法の区別がある。法規選択的方法は，法規より始めて法規毎にその適用を決定するものであり，法域選択的方法は，法律関係毎にある法域の法の全体系を選択する方法である。通常の私法上の事件における法選択の場合，大陸法においては一般に法域選択的双方主義が採られるが，利益分析論を基本的前提とする米国抵触法の現代的諸理論の多くは法規選択的双方主義である。内国法の適用のみを行う法規選択的方法が，独禁法や証券法などの規制立法の域外適用に関する米国判例の立場であり，これが法規選択的一方主義である。更に，講学上いわゆる一方的抵触法規則の場合が法域選択的一方主義である。

　更に，法の適用範囲を決定する次の２つの方法を抽出することが可能であろう。まず，一国の正統な権限を有する立法者によって定立された法はその国の領域内においてのみ妥当するという前提の下に，ある国の領域（territory）内に一定の関連（contact）のある場合に，その領域の法を適用する方法を領域主義と呼ぶことができる。次に，法規選択的方法の内，法規より始めて，当該法規の内在的解釈により，その法の適用範囲を決定する方法を内国実質法の法解釈的方法とすると，領域主義にせよ，多要素列挙型の利益考量にせよ，実質法に外在的，中立的な立場からの法適用の決定である。カリーの統治利益分析論は，具体的な事件・争点毎に，関連ある地の実質法に体現された立法政策を法の適用により実現する国の利益を問い，このような統治利益のある国の法を選択するものである。一見して内外国法に適用の利益ある場合にも，更に，外国法の立法政策とその国の法適用利益を考慮して内国法の適用利益の抑制的再解釈を行い，それでも法廷地に法適用利益の存在する場合を真性かつ困難な問題として法廷地法を適用する。従って，カリーにおいても双方主義的契機は存在

するのであるが，あくまでも自国法の解釈に還元されるのであり，法解釈的な法規選択的一方主義である。しかし，この利益分析論を基礎としつつ，真性の抵触の場合に何らかの基準により外国法の適用があり得るとするのが多くの現代的諸理論である。例えば内外国の利益の比較考量を行い普遍的な管轄配分を行うとするバクスターや，タイブレーカーとしての領域主義によるブリルメイヤーがあり，抵触法第2リステイトメント6条が多要素列挙型の利益考量によるのである。第2リステイトメントにしても，ブラックレター・ルールの部分は利益分析を基礎とする推定則として，争点毎に利益ある蓋然性の高い国のリストなのである。そして，往々にしてブラックレター・ルールの機械的適用であるにしても，具体的事件において，関連ある国の実質法の解釈によって複数の国が法適用利益を有する場合に，6条を参照し適用される法を決定する。従って，法解釈的方法による法規選択的双方主義であり，領域主義による多数の規則に利益考量を組み合わせて解決しているのである。

　米国対外関係法第3リステイトメント403条は，この抵触法第2リステイトメント6条の影響を受けているのであるが，もとより全く同一ではなく，掲げられる要素にも異同が存在する。対外関係法リステイトメント403条は競合管轄が容認されることを前提として，その管轄権行使の相当性を403条2項の諸要素によって評価し（Comment d），更に，複数の国の管轄権行使が不相当ではない場合，現実の抵触のあるときに（Comment e），3項に基づき，2項の諸要素を勘案して内外国の利益考量を行うものである。証券諸法の適用に関しては，規律管轄権行使が許容される管轄の基礎についての416条1項が領域主義による。連邦証券諸法の適用上，証券詐欺や不実表示の損害賠償請求事件についても，一般に外国法の適用は予定されていない。産業経済的国家政策に密接に結びつく公法的性質が濃厚な法律であって，あくまでも自国法の適用範囲を決定するのであり，この適用がない場合には訴え却下となる。内外国の利益の考量と言っても，自国法の適用を抑制するか否かを解釈する前提として行うのであ

り，双方主義的契機はこの限りにおいて存するに過ぎない。従って，その方法は，法規選択的一方主義であり，領域主義に利益考量が組み合わされているのである。連邦制定法の地理的適用範囲の解釈に関する米国判例は，当該制定法中に明文のない限り域外適用に反対の推定則から始め，しかし，一定の場合には国際的要素のある事件にも適用可能であるとし，仮定的ないし擬制的立法者意思の解釈としてこれを行うのである。従って，法解釈的方法である。域外適用に関する米国判例は，法解釈的方法，領域主義，利益考量の，いずれかを選択的に用い，あるいはこれらを組み合わせているのである。

V 証券規制違反の民事責任と公法と私法の区別──結びに代えて──

　米国の法適用理論において，公法と私法の峻別という観念は存在しない。証券事件には，国の社会的利益が関係する。すなわち，一国の証券市場の無欠性を保持し，完全な開示のないことによる悪影響からその国の居住者を保護する利益，及び，非良心的な者が外国投資家を害するバーバリ海岸とならないようにすることである。米国の証券諸法は大恐慌の経験から生まれたものであり，公正で秩序ある市場が経済的安定のみならず，社会的安定のための礎であるとするマクロ経済的な考慮にかかわる。すなわち，投資家が賢明な比較ができるように発行者についての基本的な情報を与え，配分的効率性を高めること，及び，証券諸法によって非良心的な行為を減少させ，投資家による証券価格の割引を避け，発行者全体の資本のコストを抑制することであるとする学説がある。このような取引所法における重要な公共政策から，取引所法の性質を極めて公法的であるとする。このような公共政策を実現する私的法務総裁という視覚から，私人間の民事訴訟であっても一方的方法を妥当とすることに通じる。国毎に多様な文化及び実務を反映して，証券規制の手続的実体的アプローチが極めて多様なのである。もっとも私募の場合，すなわち市場を通さず，発行者と投資家の個別の契約により証券の売買がなされる取引については，その契約に仲

裁条項が存在する場合にこれが優先されるとする合衆国連邦最高裁判例があるので，仮に，私募の場合に，準拠法の合意が契約中に存在すれば，これが尊重される可能性を排除できない。これに対して，合衆国証券諸法における極めて強力な投資家の取消権に照らして，完全で公正な開示の無かったことを知らないでする投資家の権利放棄は，証券法14条の放棄禁止（antiwaiver）条項のオーソドックスな解釈からも，許されないとする見解がある。しかし，米国法上，証券諸法の適用について私的処分が可能であるという側面が確かに存するのである。

　SECによる民事訴訟については別慮を要する。SECは，まず裁判所に対して暫定的な資産凍結命令を求め，次いで，この資産に対して，不当な利益の吐き出しの救済を裁判所に求めることができ，吐き出された資金は，歴史的に，全て，被害者である投資家に分配されてきた。残りの資金について，制裁金が課され，国庫に支払われるものであった。制裁金については，取引所法21条(d)(3)に規定があり，民事罰としての性質を有する。しかし，2002年以降，サーベンス・オクスリー法によって，これも被害者である投資家に分配することができるようになっている。SEC訴訟における資産凍結命令について，これが民事的性質を有するものと解する余地と承認執行可能性に言及する英国控訴院判決のあることが注目される。

　これに対して，大陸法における法適用の方法が公法と私法において全く異なる。公法については属地的適用の原則が妥当し，裁判所は自国公法の適用のみをなし得るのであり，外国公法の適用はなし得ない。各国行政規制の適用については法規選択的一方主義によっている。私法的関係については，法律関係の本拠地説が大陸法における国際私法理論として一般的であり，領域主義を基礎として，内外法を平等に適用する法域選択的双方主義である。他方，法選択に関するEU規則である契約債務に関するローマⅠ規則（[2008]OJ L 177/6）及び契約外債務に関するローマⅡ規則（[2007]OJ L 199/40）において，絶対的強行規

定の適用が規定されている。ローマⅠ規則9条によれば，絶対的強行規定とは，一国の，政治的，社会的ないし経済的体制といった公的利益を守るために，その条項の遵守が緊要であるとみなされるような強行規定であり，その適用条件に該当する限り準拠法に関わらず適用される。その法規の解釈によるわけである。法廷地絶対的強行規定の適用（ローマⅠ規則9条2項及びローマⅡ規則16条）は，法規選択的一方主義によるのである。従って，欧州においては，民事事件の法選択は，主として，領域主義的な法域選択的双方主義に対して，法解釈的方法である法規選択的一方主義が組み合わされていることになる。

　EUにおける証券規制としては，資本市場としての単一市場の創設のために，証券規制に関する各指令が制定されている[74]。EUにおいて，会社法分野の相互承認原則が確立されており，証券規制各指令における「本国法による統制」の各規定がこれに即応している。まず，開示規制について，発行者と規制当局ないし証券取引所との関係には，一方的方法による法適用がなされている。目論見書指令（[2003]OJ L345/64）17条には，発行者本国の目論見書認可という行政行為の受入国による自主的承認義務が規定され，相互承認原則が確立されている。外国公法の適用結果の承認である。ここで本国とは発行者の登記簿上の本店所在地国である。また，透明性指令には，継続開示における本国法による統制が規定されているが，これも本国の権利ないし義務を規定するのであり，いずれにしても受入国が本国法を適用するのではない。他方，発行者と投資家の間の民事請求については，全く構成国に委ねられている（目論見書指令6条，透明性指令（[2004]OJ L390/38）7条）。次に，相場操縦行為や内部者取引については市場阻害行為指令（[2003]OJ L96/16）10条が，「自国市場で取引認可される証券に関してなされる自国領域内外の行為，及び，他の加盟国で取引認可される証券に関して自国領域内でなされる行為」に指令が適用されると規定しており，自国市場で取引される証券，及び，自国領域内でなされる行為に基づき，自国法が適用されるという意味で，行為－効果の基準に基づくものであると言えよ

う。これは，行政当局の規制の適用範囲について，領域主義に基づき一方的方法で規定するものである。民事責任について，指令は扱っていない。

　そこで証券規制違反の民事訴訟には，双方的法選択規則により準拠法が選択されるとするのが欧州各国国内法の傾向であった[75]。大陸法において，虚偽記載ないし重要事実の不記載，あるいは内部者取引などの証券規制違反は通常の不法行為ないし契約締結上の過失責任とされ，法適用に関しても準拠法選択という方法によることを疑わない。従って，市場を通じて購入した投資家の損害賠償の問題には，前述のローマⅡ規則（4条等）が適用されることになる。例えば，投資家が証券を購入した市場地の法を適用するという市場地法主義が妥当であるとすると，各国がこの法を適用することにより国際的判決調和に資することができ，当事者の正当な期待の保護に適い，法廷地漁りを除去できるとするのである[76]。なお，ローマⅡ規則6条3項には，競争制限行為についての法選択規則が存在し，独禁法違反の民事請求に関しても，EU規則としては双方的な準拠法選択の方法によっていることに留意しなければならない。

(1)　沢木敬郎「証券取引法の域外適用」証券研究50号（1976年）97頁。
(2)　なお，石黒一憲「証券取引法の国際的適用に関する諸問題――序説的覚書として――」証券研究102号（1992年）19頁参照。一般に，龍田節「証券取引法の域外適用」国際経済法2号（1993年）23頁。
(3)　わが国の金融商品取引法に民事責任規定がある場合，それは民法上の不法行為責任の特則であり，特別規定のない場合には，民法709条によるものされる。山下友信・神田秀樹編『金融商品取引法概説』（2010年）177以下，309，324，344参照。
　　更に証券法規制を絶対的強行法規として把握することができるとするならば，一般不法行為の準拠法に対する他国証券規制の介入という形となり，強行法の双方的適用関係の問題となろう。
(4)　折茂豊『当事者自治の原則』（1970年）374頁。
(5)　824 F.2d 27, 29 (DC Cir.1987).
(6)　149 F.3d 659, 665 (7th Cir. 1998).
(7)　野村美明「米国対外関係法リステイトメントにおける管轄権法理」国際経済法2号（1993年）45頁。なお，連邦裁判所の判例において，連邦民事訴訟規則12条(b)に従い，事項管轄（subject matter jurisdiction）の語が用いられる。

(8) 824 F.2d 27, 30.
(9) 405 F.2d 200 (1968).
(10) 468 F.2d 1326 (1972).
(11) 519 F.2d 1001 (1975).
(12) 519 F.2d 974 (1975).
(13) 519 F.2d 974, 992, 993.
(14) Ibid., p.989.
(15) 519 F.2d 1001, 1017, 1018.
(16) 547 F3d 167 (2008).
(17) Ibid., p.172.
(18) Ibid., p.174.
(19) Ibid.,, p.176.
(20) 54 F.3d 118 (1995).
(21) Ibid., p.122.
(22) Ibid., p.124.
(23) 740 F.2d 148 (1984).
(24) Ibid., p.153, 154.
(25) Ibid., p.154-5.
(26) 147 F. 3d 118 (1998).
(27) Ibid., p.128.
(28) Ibid., p.129.
(29) Ibid., pp.130, 131.
(30) 592 F.2d 409, 418 (1979); 824 F.2d 27, 31;117 F.3d 900, 906 (1997); Daniel S. Kahn, "The Collapsing Jurisdictional Boundaries of the Antifraud Provisions of the U.S. Securities Laws: The Supreme Court and Congress Ready to Redress Forty Years of Ambiguity", *N.Y.U. J. L. & Bus.*, Vol.6, pp.365, 377 (2010).
(31) 548 F.2d 109 (1977).
(32) Ibid., pp 115, 116.
(33) 592 F.2d 409 (1979).
(34) 712 F.2d 421 (1983).
(35) 592 F.2d 409, 420, 421; 712 F.2d 421, 424.
(36) 824 F.2d 27 (1987).
(37) Ibid., p.31.
(38) 547 F 3d 167, 172 n.6.
(39) 117 F.3d 900 (1997).
(40) 149 F.3d 659 (1998).
(41) 117 F.3d 900, 907; 149 F.3d 659, 667.

⑷2 578 F.3d 1306 (2009).
⑷3 Ibid., p.1310 n.8.
⑷4 149 F.3d 659,665-6,667.
⑷5 Khan,*supra* note 30, p.380.
⑷6 Ibid., p.395.
⑷7 Joshua L. Boehm, "Private Securities Fraud Litigation after Morrison v. National Australia Bank: Reconsidering a Reliance-Based Approach to Extratteitoriality", HARV. INT'L L. J.,Vol.53-1, p.536 (2012).
⑷8 J.Choi and Linda J.Silberman,"The Continuing Evolution of Securities Class Actions Symposium: Transnational Litigation and Global Securities Class-Action Lawsuits,Stephen", WIS.L.REV., Vol.2009,p.493 (2009). Morrison 最高裁事件において，法廷の友として21人の法学者がこの趣旨の意見を提出していた（Richard Painter, Douglas Dunham, and Ellen Quackenbos,"When Courts and Congress Don't Say What They Mean: Initial Reactions to Morrison v. National Austraila and to the Extraterritorial Jurisdiction Provisions of the Dodd-Frank Act", MINN. J. INT'L L., Vol.20, p.6 (2011), hereinafter Painter.）。
⑷9 130 S.Ct. 2869;177 L.Ed. 2d 535.
⑸0 130 S.Ct. 2869,2886. この判決の紹介として，黒沼悦郎・アメリカ法2011-1（2011年）270頁。詳しくは，不破茂「証券取引規制における民事責任規定の国際的適用」『国際商取引学会年報第13』（2011年）191頁以下参照。
⑸1 130 S.Ct. 2869,2884,2886.
⑸2 Painter, *supra* note 48, pp.10-11; Lea Brilmayer,"The New Extraterritoriality: Morrison V. National Austararia Bank,Legisrative Supremacy, and the Presumption against Extraterritolial Application of American Law", SW. L. REV.,Vol.40 ,p.662 (2011).
⑸3 William S. Dodge, "Morrison's Effects Test", SW. L. REV.,Vol.40,pp.691,692 (2011).
⑸4 Pub. L. No.111-203, § 929P(b) (2010).
⑸5 Release No.34-63174; File No.4-617.
⑸6 Painter,*supra* note 48s, p.22.
⑸7 http://www.sec.gov/news/studies/2012/929y-study-cross-border-private-rights.pdf
⑸8 John H. Knox,"The Unpredictable Presumption Against Extraterritoriality", Sw. L. REV., Vol.40, p.646 (2011).
⑸9 William S. Dodge,"Extraterritoriality and Conflict-of-Laws Theory: An Argument for Judicial Unilateralism", HARV. INT'L. L. J., Vol.39, p.110 (1998).
⑹0 148 F.2d 416, 444 (2d Cir. 1945).
⑹1 「＜邦訳＞アメリカ抵触法第2リステイトメント（一）」『民商法雑誌』73巻5号（1976）691頁［川又良也］。
⑹2 213 U.S. 347, 357 (1909).

⒁	549 F.2d 597, 613 (9th Cir. 1976).
⒃	不破茂『不法行為準拠法と実質法の役割』(2009年）第1章。
⒂	不破，同書，第2章第1節。
⒃	対外関係法第三リステイトメント403条について，「アメリカ対外関係法第三リステイトメント（二）」『国際法外交雑誌』88巻6号（1990年）60頁［松岡博］。
⒄	James D. Cox, "Choice of Law Rules for International Securities Transactions?", U. CIN. L. REV., Vol.66, p.1183 (1998).
⒅	Ibid., pp.1191,1192.
⒆	清水章雄「米国連邦証券取引法の域外適用の拡張と国際法における管轄権の原則」『商學討究』32巻4号（1982年）1頁以下参照。
⒇	417 U.S. 506; 94 S. Ct. 2449 (1974). この判決について，徳岡卓樹「民事責任に関する証券取引法の域外適用（一）――アメリカ連邦証券取引所法第一〇条(b)項違反事件を中心に――」『法学協会雑誌』99巻2号（1982年）332頁。
(71)	W.Hillman,"Cross-border Investment, Conflict of Laws, and the Privatization of Securities Law", L. & CONTEMP. PROBS., Vol.55, p.348 (1992).
(72)	Cox, *supra* note 67, p.1187.
(73)	The United States Securities and Exchange Commission v Manterfield, [2009] Lloyd's Rep FC 203, [2009] 1 CLC 49, [2009] 1 Lloyd' Rep 399, [2009] 2 All ER 1009, [2009] EWCA Civ 27, paras.11-15.
(74)	詳しくは，不破前掲論文（注50）193頁以下。
(75)	法性決定の問題としては相違が存在するとしても，準拠法選択の方法によることは一致している。Wolf-Georg Ringe and Alexander Hellgardt, "The International Dimension of Issuer Liability-Liability and Choice of Law from a Transatlantic Perspective", Oxford Journal of Legal Studies, Vol.31, pp.33-45 (2011). 英国はローマⅡから証券民事責任を適用除外することを主張したが容れられなかった。
(76)	沢木前掲論文（注1）107，111頁は，準拠法選択の方法によることを示唆する。石黒前掲注論文（注2）12頁，佐野寛「国際証券取引と証券取引法の適用」渡辺・野村編『論点解説国際取引法』(2002年)181頁，不破前掲論文（注50）200頁参照。但し，私見は，私募の場合を契約として法性決定する。

（愛媛大学法文学部専任講師）

論　説　自由論題

投資条約仲裁手続における請求主体の権利濫用による制約

猪　瀬　貴　道

I　はじめに
II　投資条約仲裁手続の人的管轄権の構造
III　投資条約仲裁手続利用の制約要因としての「権利濫用」
IV　おわりに

I　は じ め に

　石油などの天然資源開発や，鉄道敷設などの大規模インフラストラクチャー整備に外国資本を導入することは，古くから行われている。そのような外国投資事業について，投資受入国による国家主権の行使として収用または国有化が行われる場合の合法性が議論されてきた。私人の国境を越える経済活動について，領域国の（違法な）行為によって損害が生じた場合，その救済方法が問題となる。この問題は，国際法においては，外交的保護の文脈に位置づけられ，損害を被った私人自身は，原則として国内手続においてのみ請求をすることができる。発展途上国における国内手続に対して，外国私人およびその国籍国は，必ずしも信頼しておらず，そのような事業に関する外国人と領域国との間の合意（具体的には，国家契約，コンセッション，経済開発協定など）に，紛争解決手続として仲裁手続を規定することに加え，当該合意の法的性質を国際法と結びつけることを主張する理論も登場した[1]。このような外国人と領域国との間の事業に関する合意の法的性質に関する理論については，結論が出ていない。

　一方，近時においては，自国の経済発展に外国民間資本（外国投資）を積極

的に導入する政策をとる国家が増加していることから，外国投資の獲得は競争状態にあり，外国投資の誘致のための環境整備が，国家の経済政策において重要な位置を占める状況となっている。その環境整備の1つが，投資家と投資受入国との間の紛争解決手続を含む法的環境の整備である。外国人による直接投資について，新たな条約の活用が見られる。すなわち，外国直接投資の保護・待遇の基準を定める規定を有する条約であり，二国間投資条約（BIT）や投資関連章を含む自由貿易協定（FTA）／経済連携協定（EPA）と呼ばれる条約である。本稿では，これらの条約を総称して，投資条約とする。この投資条約においては，内国民待遇や公正衡平待遇など，一方の締約国の投資家による他方の締約国において実施される投資についての実体的待遇基準が規定されるほか，約束遵守条項，アンブレラ（傘）条項によって，一方の締約国の投資家と他方の締約国との合意についても，条約による規律が行われる。

さらに，重要となるのが，一方の締約国の投資家（外国人）と他方の締約国（領域国）との間の紛争解決手続である。前述のように，このような外国人と領域国との間の紛争解決手続としては，国家から独立した形での仲裁手続が，従来から契約中の仲裁条項，領域国の国内法などに基づいて規定されることがあり，手続枠組も「国家と他の国家の国民との間の投資に関する紛争の解決に関する条約（ICSID条約）」による多数国間条約に基づく手続規定が成立しており，そのような契約あるいは国内法に基づく仲裁手続の実行が少数ながら存在していた。

投資条約においても，国家から独立した形での仲裁手続が規定され，さらに，条約規定として領域国の仲裁付託への同意（義務）が，紛争相手方の投資家を一意に特定することなく，事前かつ包括的に定められることから，契約中の仲裁条項などの形で，個別の付託合意がなくとも，投資家側の一方的付託による仲裁手続の利用が可能であるとされるのが，一般的な実行となっている。

このような投資条約上の一方の締約国の投資家と他方の締約国との間の紛争

解決（Investor-State Dispute Settlement, ISDS）条項に基づく仲裁手続を，本稿では投資条約仲裁手続とする。この投資条約仲裁手続の利用が，90年代後半以降，非常に増加しており，仲裁判断の蓄積が，投資条約解釈の一般的指針の形成，さらには，「一般国際投資法」の形成に何らかの示唆を与えうることが指摘される[5]。また，投資条約仲裁手続は，私人損害における国際請求について，国籍国の関与を事前の条約締結に限定し，私人自身による国際法上の手続を通した救済を可能とするものとして注目される。私人である投資家にとっては，国境を越える経済活動への領域国の行為による損害を国際法上の手続を利用できる画期的な制度である。

しかし，現行の投資条約の多くは，「締約国の投資家」の定義を非常に一般的な文言で規定しているため，条約締結時に締約国が想定していた以上に広範囲の私人が「締約国の投資家」として，投資条約上のISDS条項に基づく仲裁申立を行う事態が生じている。その結果，投資条約仲裁手続では，仲裁という合意に基づく紛争解決手続にもかかわらず，請求を提起された投資受入国である締約国（被申立国）によって管轄権に関する抗弁が提起されることが多い。そのため，合意に基づく迅速な紛争解決という仲裁手続の利点が損なわれることになる。

この問題を解決するためには，「締約国の投資家」の定義規定を改定し，その範囲を明確化・限定化することが必要となるが，現行投資条約の解釈においても，投資条約仲裁手続を利用できる「締約国の投資家」の範囲には，「濫用」という概念によって一定の制約が課される可能性が指摘できる。この「濫用」概念は，実際の仲裁事例においても，被申立国の管轄権抗弁において主張されている。そこで，以下では，投資条約仲裁手続を利用できる「締約国の投資家」の範囲の問題，すなわち投資条約仲裁手続の人的管轄権の構造について概観したのち，請求主体の範囲との関係で「濫用」概念が問題となった事例について，投資事業を行う会社設立の濫用が問題となった事例および投資構造の

変更による投資条約仲裁手続利用の濫用が問題となった事例を取り上げて検討する。

II　投資条約仲裁手続の人的管轄権の構造

　投資条約仲裁手続の特徴の一つとして，相互性を欠くことがあげられる。すなわち，仲裁手続が，通常，両紛争当事者が相互に仲裁手続によって紛争を解決することに同意する紛争当事者間の付託合意に基づく手続であるのに対し，投資条約仲裁手続では，投資受入国の付託への同意が予め条約の ISDS 条項において，相手方を特定せずに包括的に規定されており（投資受入国の offer），投資受入国以外の投資条約締約国の投資家による一方的付託によって offer が受諾されて付託合意が成立するという構造を有する場合が多い。例えば，日本の初期の BIT であるエジプトとの間の BIT は，11条において，「各締約国は，他方の締約国の国民又は会社が行う投資から生ずる法律上の紛争を，その国民又は会社の要請があつたときは，ICSID 条約の規定に従い，調停又は仲裁に付託することに同意する。」と規定されており，近時締結された日本とペルーの EPA では，18条8(a)において，「各締約国は，紛争投資家が，投資紛争を4に規定する調停又は仲裁であって，当該紛争投資家が選択するものに付託することに同意する。」と規定している。このような規定の結果，投資家側からの一方的付託のみによって，「仲裁付託合意」が成立するという構造となっている。

　また，対象となるのは，原則として，投資受入国による問題となる投資条約上の義務違反に関する紛争となる。この点について，明文規定を設けている投資条約も存在する。日本＝ペルー EPA18条は，投資紛争の定義として，「当該一方の締約国の区域内における当該他方の締約国の投資家又はその投資財産に関し，この協定に基づく義務の違反により損失又は損害を生じさせたものをいう」と規定している。すなわち，投資家からの請求のみを対象とする手続といえる。この点からも「相互性を欠く」構造を有するといえる。

これらのことから，投資条約仲裁手続は，私人による請求によって，国家の行為の条約適合性を判断する構造を有する手続であり，行政手続に類似する紛争解決手続であるといえる。

なお，仲裁手続の枠組としては，国家間条約によって設立され，投資紛争を専門に扱う ICSID の手続が指定されることが多い。その場合，ICSID 条約上の管轄権関連規定も適用されることになる。具体的には，ICSID 条約25条が関係する。同条は「センターの管轄は，締約国（その行政区画又は機関でその締約国がセンターに対して指定するものを含む。）と他の締約国との間で投資から直接生ずる法律上の紛争であって，両紛争当事者がセンターに付託することにつき書面により同意したものに及ぶ。」と規定する。ICSID 仲裁手続が利用される場合には，理論上は，まずこの ICSID 条約25条の要件の充足が検討され，そのうえで，同条で規定される「紛争当事者の同意」の１つとして投資条約の関連規定が検討されることになる。(6)

ICSID 条約25条の解釈は，条約法に則った解釈がなされることになる。条約解釈の基本原則として，「条約は，文脈によりかつその趣旨及び目的に照らして与えられる用語の通常の意味に従い，誠実に解釈するもの」とされる。(7) ただし，国際裁判所の管轄権に関する合意または裁判条項については，「およそ事物はこれを無効ならしめるよりも有効ならしめるをもって可とする（*ut res magis valeat quam pereat*）（実効的解釈原則）」に従って「リベラル」なアプローチがとられるべきであるという見解もある。(8) この見解は，いかなる場合にも管轄権を最大限認めるというのではなく，明白に管轄から除外される場合はその事実を尊重する一方で，合理的なアプローチによれば管轄が認められる場合には，厳格なアプローチは採用されるべきではないとする立場である。ICSID 仲裁手続においても，ICSID 条約の明示の文言とそこに表される ICSID 条約締約国の明白な意図が優先され，ICSID 条約上の制約が課されることを条件に，紛争当事者の付託への同意は，管轄権の範囲に関する解釈に一定の効果があると考

えられる。
(9)

　なお，日本＝ペルー EPA のように，仲裁手続として複数の選択肢を挙げている場合がある。その場合，ICSID 仲裁手続以外に，UNCITRAL 仲裁手続や国際商業会議所（ICC）やストックホルム商業会議所（SCC）の仲裁手続が規定される。この点では，私人間の紛争解決手続である国際商事仲裁手続とも類似する性質を有することになる。ICSID 仲裁手続以外の手続枠組は，「条約」に基づくものではない。

　以上のような構造をもつ投資条約仲裁手続において，人的管轄権との関係から問題となるのは，投資条約の ISDS 条項に基づいて，請求を提起できる「投資家」の範囲ということになる。条約の適用範囲は，当該条約の締約国およびその管轄下に限られる。前述のとおり，投資条約の締約国は，ISDS 条項において，他方の投資条約締約国の投資家に投資条約仲裁手続への付託合意を offer していることから，他方の投資条約「締約国の投資家」の範囲が問題となる。

　請求主体となる投資家，すなわち，投資条約締約国のうち紛争当事者（投資受入国）以外の「締約国の投資家」については，自然人と会社形態のものが想定され，いずれも国籍が問題となるが，とくに問題が生じるのは会社形態の投資家の範囲である。自然人の国籍決定は，重国籍者の扱いなどの問題はあるものの，国籍付与国家の裁量であるという国際法上の原則が確立しており，各国国内法において比較的厳格な要件が課されている。これに対し，会社の国籍については，基準として「本拠地」と「設立準拠法」があり，各国国内法の規律内容との関係から決定されるが，会社設立について必ずしも厳格な要件が課されているわけではなく，いわゆる「名目会社」の設立による国籍の「操作」が問題となりやすい。

　具体的な投資条約やモデル BIT の規定例をいくつか挙げると，日本＝エジプト BIT は，1条(4)において，「『会社』とは，有限責任のものであるかどう

か，法人格を有するものであるかどうか，また，金銭的利益を目的とするものであるかどうかを問わず，社団法人，組合，会社その他の団体をいう。一方の締約国の関係法令に基づいて成立し，かつ，当該一方の締約国の領域内に住所を有する会社は，当該一方の締約国の会社と認められる。」と規定し，設立準拠法と本拠地の両方の要件を規定する。これに対し，日本＝ペルーEPAは，1条(2)において，「『締約国の投資家』とは，次のものであって，他方の締約国の区域内において投資を行おうとし，行っており，又は既に行ったものをいう。」と規定し，その(b)として「当該締約国の企業」を挙げる。そして，(4)において，「締約国の企業」を「営利目的であるか否かを問わず，また，民間又は政府のいずれが所有し，又は支配しているかを問わず，当該締約国の法令に基づいて適正に設立され，又は組織される法人その他の事業体（社団，信託，組合，個人企業，合弁企業，団体，組織又は会社を含む。）をいう。」と定義しており，設立準拠法を基準としている。このほか，英国・モデルBITは，設立準拠法のみを基準とし，ドイツ・モデルBITは，本拠地のみを基準とする定義を定めている。

これに対し，フランスやオランダのモデルBITでは，ICSID条約25条2(b)の規定と同様の「支配」を基準とした「締約国の会社」の定義規定が置かれている。ICSID条約25条2(b)は，ICSIDの管轄の対象となる「他の締約国の国民」の定義として，「その日に紛争当事者である締約国の国籍を有していた法人であって外国人が支配しているために両当事者がこの条約の適用上他の締約国の国民として取り扱うことに合意したもの。」も含めると規定している。この規定の趣旨は，投資受入国領域内に現地子会社として事業会社を設立することが投資を行うための要件とされる場合があり，そのような場合に，国内問題であることを主張されることを防止し，ICSIDの手続を利用できるようにするためのものとされる[12]。これを管轄権の拡大するものと見るか，本来管轄権の対象にある投資家が除外されることを防ぐものと見るかについては，対立がある[13]。

フランスやオランダのモデル BIT は，ICSID 条約25条 2 (b)にいう「合意したもの」の「合意」にあたる。このような支配基準が用いられる場合，原則として，現地子会社が請求主体となるが，投資（あるいは投資財産）の定義によっては，すなわち，投資（財産）として株式持分などを含める投資条約の場合には，親会社（原資会社）との二重の請求が提起される可能性が生じる。また，現地子会社以外についても，支配基準を導入する投資条約も存在する。その場合，外形上は，当該投資条約とは無関係の第三国の会社であっても，出資構成などによっては，当該投資条約の ISDS 条項の対象となる。

　支配基準は，会社の実質的な出資および組織構造から国籍を決定するものといえる[14]。しかし，多くの投資条約は，極めて形式的な基準である「本拠地」「設立準拠法」を単独の基準，またはそれらを組み合わせた基準を採用している[15]。その結果，投資受入国との間により有利な条件の投資条約を締結している国に会社を設立し，その会社を通して投資を実施するという，いわゆる「投資条約ショッピング」といわれる現象が生じている。このような現象については，投資条約による保護制度の範囲を実質的に拡大するものとして，肯定的に評価することも可能であり，また，中間会社を積極的に誘致する政策をとっている国家も存在する。そのような国家の代表例としては，オランダがあげられる。

　しかし，「投資条約ショッピング」が無制約に認められると，とくに二国間の交渉によって相互主義的に相手国投資家の投資の保護基準を定めるという投資条約の目的を逸脱するものとなり，投資条約制度への不信へとつながる可能性がある。紛争解決の実効性という側面では，両紛争当事者の合意に基づくことによる，紛争の迅速な解決という仲裁手続が持つ優位性が失われることになる。投資条約仲裁手続は，紛争当事者間（投資家と投資受入国）の直接交渉による仲裁付託合意の困難を回避するため，投資家国籍国と投資受入国との間の交渉による投資条約の ISDS 条項において，あらかじめ投資受入国側の同意を規定する。それにもかかわらず，人的管轄権についての抗弁が出され，先決的手

続が長引き、さらには、仲裁判断が出された後にも、その取消手続等が提起されるなど、紛争の解決に至るまで、非常に時間がかかるという問題が生じている。

　その要因の1つとして、前述の条約の対象となる投資家の範囲の基準の形式性があげられる。この問題への対策としては、投資条約の対象となる「締約国の投資家」の範囲の基準に「現実の経済活動」要件などの付加的要件を課すか、あるいは、いわゆる「利益否認条項」によって、名目会社やペーパーカンパニーを投資条約の対象となる投資家から除外することが確実な方法となる。しかし、現状はそのような対策をとっていない投資条約が多数を占める。さらに、これまでの仲裁判断事例には、そのような対策をとっていない投資条約については、対策をとっている投資条約が存在することを理由として（反対解釈として）、これらが（慣習法的な）要件とはならないと判断される例がある。

　しかしながら、条約の対象となる投資家の範囲について、形式的基準のみを規定する投資条約において、その設立準拠法や本拠地といった、形式的基準さえ満たせば、投資条約の対象となる投資家として認められ、投資条約仲裁手続を利用できるのかというと、必ずしもそうではない。ここで、「権利濫用」が問題となる。

III　投資条約仲裁手続利用の制約要因としての「権利濫用」

　権利や権限を有する者が、それを本来の目的とは異なることに用いる場合、「権利濫用」にあたる。権利濫用の禁止は、私法上の原則として確立している[16]。「権利濫用」法理は、権利の具体化において生じうる不当な結果を法律的に排除するものであるとされる[17]。また、裁判手続を利用する権利、訴権についても、私法上の実体的な権利と同様、その行使には一定の制約が働くとされる。訴権の濫用は、とくに英米法諸国では、不法行為を構成する。国際法においても、「権利濫用」は国内法と同様に問題となる[18]。権利行使が濫用にあたるかどうか

は，権利行使によって得られる利益，権利行使によって害される他者の利益といった客観的要因と，権利行使者がどのような意図で当該権利を行使したかという主観的要因によって，総合的に判断されることになるが，必ずしも明確な基準があるわけではなく，「権利濫用」法理自体が，一般条項として濫用され，法的安定性を阻害するおそれがある。権利行使の具体的妥当性の確保と法的安定性とのバランスをとることが重要となる。さらに，権利濫用が問題となる場面を精査し，新たな個別的法原則の形成を促すことが重要となる。そこで，以下では，投資条約仲裁手続における請求主体の範囲を制約するものとして，「濫用」が主張された個別事例の検討から，投資条約仲裁手続における請求主体の範囲を明確化するための新たな基準の可能性を考察する。

投資条約仲裁手続利用の制約としての「濫用」は，投資条約上の保護を受ける目的での投資事業実施主体としての会社設立の濫用と，紛争（リスク）発生後の投資構造の変更，資産移転などによる投資条約仲裁利用の濫用が考えられる。まず，前者の会社設立という実体法上の権利の濫用の問題について考える。これは，投資事業を行う際の会社の設立行為についての濫用が問題となるもので，当該会社がいわゆる名目会社であることが疑われる場合に，その法人格を利用することが濫用にあたると主張される。

たとえば，*Tokios Tokelės* (Lithuania) 対ウクライナ事件は，リトアニア法に基づき設立された Tokios Tokelės 社が，ウクライナにおける投資（出版関連事業）に関するウクライナとの間の紛争を，ウクライナ＝リトアニア BIT に基づいて，ICSID 仲裁手続の申立をした事例である[19]。ウクライナ＝リトアニア BIT は，その対象となる締約国の投資家の範囲について，設立準拠法基準を採用しており，設立準拠法をリトアニア法とする申立人 Tokios 社は，外形上，同 BIT の対象となる。しかし，Tokios 社の株式の99％および取締役会の議決権の3分の2をウクライナ国民が所有していることから，被申立国ウクライナが管轄権抗弁を提起した。この事件における「濫用」は，被申立国ウクライナ

によって「法人格否認の法理」の適用が主張される中で，「法人格の濫用」という形で問題とされた。この事件の仲裁廷は，Tokios 社が，リトアニアにおいて事業を行なっている証拠文書を提出していること，同社がリトアニア＝ウクライナ BIT の発効の 6 年前に設立されており，同 BIT による ICSID 仲裁手続を利用することを目的として設立されたものではないことなどを理由に，法人格の濫用を否定する判断をしている。[20]

Aguas del Tunari（Netherlands）対ボリビア事件は，ボリビア法に基づき設立された Aguas del Tunari（AdT）社が，ボリビアにおける投資（上下水道事業）に関するボリビアとの間の紛争を，オランダ＝ボリビア BIT の支配基準に基づき，オランダ会社に支配されているものとして，ICSID 仲裁手続の申立をした事例である。[21] 被申立国ボリビアは，AdT 社を支配しているオランダ会社の設立が，投資を開始するコンセッション契約の締結後であること，最上位会社として米国会社が存在することなどから，「法人格の濫用」を主張した。この事件の仲裁廷は，AdT 社を支配しているとされるオランダ会社は，いわゆる持株会社であるが，一般的な会社と同様の法的責任を有しており，法人格の濫用にあたるような証拠はないと判断し，投資開始後に，BIT，とくにその投資紛争解決手続の利用を目的とした会社設立による投資構造の変更については，それが即，違法となるものではないと述べた。[22]

つぎに，これらの事件とは異なり，紛争（リスク）発生後の投資構造の変更，資産移転などによる投資条約仲裁利用の濫用が問題となった事例を検討する。*Phoenix*（Israel）対チェコ事件は，チェコ会社 2 社とチェコとの間に紛争が既に生じていた状況において，イスラエル法に基づき設立された Phoenix 社が，当該チェコ会社 2 社の株式を100％取得し，その株式所持を自らの投資と位置づけ，イスラエル＝チェコ BIT に基づき，仲裁手続の申立をした事例である。[23] イスラエル＝チェコ BIT は，「締約国の投資家」の範囲について，設立準拠法基準を採用しており，申立人 Phoenix 社は，外形上は投資条約仲裁手続の請

求主体となりうる。しかし，この事件の仲裁廷は，Phoenix 社の主張する投資が，ICSID 条約およびイスラエル＝チェコ BIT の保護対象となる「合法的かつ信義則に基づく」ものか否かという点から管轄権について判断するアプローチをとり，チェコ会社 2 社について国内手続が開始されていること，また Phoenix 社は，チェコ会社 2 社と関係を有するチェコ国民が設立したものであること，さらに投資と主張される株式取得が，投資条約仲裁手続利用のみを目的としものであることなどから，「ICSID 投資仲裁システムの濫用」にあたるとして，管轄権を否定した。[24]

また，*Europe Cement*（Poland）対トルコ事件も類似の事件である。トルコ会社とトルコとの間に紛争がすでに生じていた状況において，ポーランド法に基づき設立された Europe Cement 社が，当該トルコ会社の株式を100％取得し，エネルギー憲章条約（ECT）に基づき仲裁申立をした事例である。[25] ECTも「締約国の投資家」の範囲について，設立準拠法基準を採用しており，申立人 Europe Cement 社は，外形上は請求主体となりうる。しかし，この事件の仲裁廷は，Europe Cement 社がトルコ国民によって設立されたものであることに加え，そもそも，投資にあたる「株式取得」が信義則に基づいて正当に行われた証拠が不十分で，偽装された疑いがあるものであったことから，本件請求は「手続の濫用」にあたると判断した。[26]

最後に，*Mobile* ほか対ベネズエラ事件をとりあげる。この事件は，デラウェア法人を頂点として複雑な構造をもつ企業グループによるベネズエラにおける石油事業に関する紛争が，オランダ＝ベネズエラ BIT に基づいて ICSID 仲裁手続に申立がなされた事例である。[27] 紛争リスクが発生した後に，その投資構造が変更されたことが問題となった。仲裁手続の申立人は，オランダ会社とそれに支配されている第三国子会社であり，オランダ＝ベネズエラ BIT の設立準拠法基準と支配基準によって同 BIT の対象の投資家であるが，オランダ会社が投資構造に組み込まれたのが，紛争リスク発生後であったため，権利濫

用が問題となった。仲裁廷は，投資構造の変更が，紛争リスク発生を認識した上でのオランダ＝ベネズエラ BIT による投資条約仲裁手続利用を見越したものであることは指摘しつつ，紛争の核心である国有化措置は，投資構造の変更後に行われており，その投資構造の変更後の紛争について管轄権を認めた[28]。他方，投資構造の変更前の紛争については，明確に述べているわけではないものの，権利濫用であると判断しているとも考えられる。

　以上の事例における各仲裁廷の判断を整理すると，権利濫用にあたるか否かについては，3つの基準が考えられる[29]。

　まず，紛争（原因）発生時期と会社設立および投資構造の変更の時期との関係に関する「時間的基準」である。会社設立／投資構造変更が，紛争あるいはそのリスクが発生するよりも前に行われていれば，権利濫用にはあたらないと判断されることになる。逆に，紛争発生後に，会社設立／投資構造変更が行われた場合，「権利濫用」にあたると判断される可能性がある。ただし，*Aguas del Tunari* (Netherlands) 対ボリビア事件では，投資構造変更が紛争リスク発生後に行われているにも関わらず，権利濫用にはあたらないと判断されているように，時間的基準はあくまで一要素として判断されている。

　つぎに，会社設立および投資構造の変更が，投資条約仲裁手続の利用のみを目的としたものであるかという「目的基準」である。これは，*Phoenix* (Israel) 対チェコ事件における中裁定が指摘するように，保護対象となる投資は，「合法的かつ信義則に基づく」ものでなければならないという原則とも関係する。ただし，この目的基準についても，*Aguas del Tunari* (Netherlands) 対ボリビア事件では，このような場合でも，即，権利濫用にはあたらないと判断されている。

　最後に，実質的に内国民による投資か否かという「内国民性基準」である。とくに，ICSID 仲裁手続が利用される場合，ICSID 条約の趣旨目的は，「外国」投資家に紛争解決フォーラムを提供することであるから，重要となる。し

かし，*Tokios Tokelės* (Lithuania) 対ウクライナ事件では，実質的に内国民による投資といえるものについても，会社設立の目的が正当であり，当該会社が事業活動を行っている場合には，権利濫用とは判断されなかったように，相対的な判断がなされている。

結局のところ，会社設立／投資構造変更が，紛争あるいはそのリスクが発生する前なのか後なのか，という「時間的基準」が，最も明確な基準となりうると思われる。しかし，これは，権利濫用との関係で問題とするのではなく，「基準時」の問題として処理可能であり，そうするほうが適切であろう。

Ⅳ　お わ り に

権利濫用が問題とされたこれまでの事例を検討すると，紛争原因発生時と，仲裁申立（請求提起）時の，両時点において，紛争当事者である投資受入国以外の投資条約締約国の投資家といえるか否かという，投資家の国籍判断および請求主体該当性の基準時の問題を権利濫用との関係から判断しているに過ぎないと指摘できる。現状の投資条約の多くが投資家の国籍判断および請求主体該当性の判断における基準時について，明確な規定を有していないことが，基準時による範囲限定を「権利濫用」という概念を通して行わざるをえない要因であると思われる。したがって，今後，投資条約の対象となる「締約国の投資家」の定義を明確にし，投資条約に規定される「締約国の投資家」の権利の具体的妥当性と法的安定性のバランスを確保するためには，実体的経済活動要件や利益否認条項を用いるとともに，いつの時点で「締約国の投資家」である必要があるのかという基準時についても，条約上明確に規定する必要があると考える。投資条約（仲裁手続）の対象となる「締約国の投資家」の範囲を明確化することが，投資条約仲裁手続という紛争解決の迅速性・実効性の確保につながる。

なお，根拠のない，または，権利濫用にあたる申立に対する制裁方法も問題

となりうる。上記, *Europe Cement* (Poland) 対トルコ事件では, 仲裁廷は, 管轄権なしと判断しながら, 制裁の問題を判断する根拠をはっきりさせないまま検討して, その仲裁手続費用を申立人側に全額負担させるという裁定を出している(30)。権利濫用による請求を提起された仲裁廷が, この問題を法的根拠なく処理することに問題がないわけではないが, 被申立国に別途の手続を課すことは過度の負担といえるから, *Europe Cement* (Poland) 対トルコ事件の仲裁廷の処理は, 妥当なものと評価できる。今後は, このような無根拠または権利濫用の請求に対する制裁手続の整備も求められよう。

＊本稿は, 日本国際経済法学会第21回研究大会における研究報告をもとにしたものである。研究報告に対して質問およびコメントをいただいた各会員に深く謝意を表したい。また, 本研究は, 科研費 (若手研究(B)課題番号23730037) の助成を受けた。

(1) 多喜寛『国家契約の法理論』日本比較法研究所研究叢書72 (中央大学出版会, 2007年), 中川淳司『資源国有化紛争の法過程』(国際書院, 1990年) などを参照。*See also*, Leila Lankarani El-Zein, *Les Contrats d'État à l'Éprevue du Droit International*, (Edition Bruylant, Edition de l'Université de Bruxelles, 2001), AFM Maniruzzaman, "State Contracts in Contemporary International Law: Monist versus Dualist Controversies", *European Journal of International Law*, vol.12, no.2 (2001), pp.309-328.

(2) See, UNCTAD, *World Investment Report* 2011. (United Nations, 2011).

(3) 投資条約の規定内容については, UNCTAD, *Bilateral Investment Treaties in the Mid-1990s*. (United Nations, 1998), UNCTAD, *Bilateral Investment Treaties 1995-2006: Trends in Investment Rulemaking*. (United Nations, 2007), Rudolf Dolzer and Margrete Stevens, *Bilateral Investment Treaties*. (Martinus Nijhoff Publishers, 1995), Jeswald W. Salacuse, The Law of Investment Treaties. (Oxford University Press, 2010), Andrew Newcombe and Lluis Paradell, *Law and Practice of Investment Treaties: Standards of Treatment*. (Kluwer Law International, 2009) などを参照。

(4) ICSID 仲裁手続の利用状況については, ICSID Web Site at <http://icsid.worldbank.org> を参照。

(5) 小寺彰「投資協定仲裁の新たな展開とその意義——投資協定『法制度化』のインパクト——」RIETI Discussion Paper Series 05-J-021。

(6) ただし, 実際の事例では, 必ずしも ICSID 条約上の要件と付託合意の要件を厳密に分けて判断されていない。

(7) ウィーン条約法条約31条3項。

(8) Hersch Lauterpacht, "Restrictive Interpretation and the Principe of Effectiveness in the Interpretation of Treaties", *British Yearbokk of International Law*, vol26 (1949), pp.48-85, at pp.65ff. and pp.71ff. Chittharanjan Fêlix Amerasinghe, "The Jurisdiction of the International Centre for the Settlement of Investment Disputes", *Indian Journal of International Law*, vol.19, no.2, pp.166-227, at p.168.

(9) Amerasinghe, *supra* n.8.

(10) ウィーン条約法条約第34条。

(11) 国際法上の問題としては、会社の外交的保護が問題となったバルセロナトラクション事件において、国際司法裁判所（ICJ）は、「会社への損害に起因する外交的保護権は、当該会社の設立準拠法国かつ登録事業所所在地（本拠地）国である国によって行使される」と述べ、それ以上の神聖な結びつきを求めることは、一般的に承認された基準が存在しないため行わないとした。ただし、Barcelona Traction社の設立準拠法国および本拠地国がカナダであることに加えて、取締役会がカナダで開催されていること、カナダ税務当局の記録にも同社が記載されていることなどから、同社とカナダとの間に「密接かつ恒久的な結びつき」が確立していることにも着目している点に注意が必要である。*Case concerning the Barcelona Traction, Light and Power Co., Ltd.* (Belgium v. Spain), (Second Phase), *I.C.J. Reports* 1970, para. 70.

(12) Christoph H. Schreuer with Others, The ICSID Convention: A Commentary. 2nd ed., Cambridge University Press, 2009, pp.296-337.

(13) 例えば、*Tokios Tokelès v. Ukraine* 事件の管轄権判断（ICSID Case No. ARB/02/18, Decision on Jurisdiction, 29 April 2004）においては、多数意見は前者の立場、Weil反対意見は後者の立場に近い。*Wena Hotels v. Egypt* 事件の管轄権判断（ICSID Case No. ARB/98/4, Decision on Jurisdiction, 29 June 1999）は前者の立場にある。伊藤一頼「投資仲裁の対象となる投資家／投資財産の範囲とその決定要因」RIETI Discussion Paper Series 08-J-011（2008年）9-10頁も参照。

(14) 国連国際法委員会（ILC）による外交的保護に関する条文草案（第2読）第9条では、国籍決定基準について、設立準拠法主義を基本としつつ、本拠地法主義の基準、支配基準によって修正を加えている構造となっている。

(15) このような形式的基準に加えて、現実の経済活動や実効的経済活動を要件とする規定を有する投資条約もある。例えば、米国・モデルBITは、支店の設置と経済活動の実施を要件としており、スイス・モデルBITは、現実の経済活動（real economic activities）を要件としている。ただし、このような付加的要件を課す条約は、現在のところ少数に留まっている。

(16) 例えば、日本の民法は、1条3項において「権利の濫用は、これを許さない。」と規定する。

(17) 末川博『権利濫用の研究』（岩波書店、1949年）などを参照。

(18) Hersch Lauterpacht, *Development of International Law by the International Court*,

Stevens & Sons, 1958, p.164. 名島芳『国際法における権利濫用』(酒井書店, 1966年), 臼杵知史「国際法における権利濫用の成立態様（一）（二・完）」北大法学論集31巻1号（1980年）39-106頁, 31巻2号（1980年）201-287頁。

(19) *Tokios Tokelés v. Ukraine*, ICSID Case No. ARB/02/18, Decision on Jurisdiction, 29 April 2004.

(20) *Id.*, para.56.

(21) *Aguas del Tunari S. A. v. Republic of Bolivia*, ICSID Case No. ARB/02/3. Decision on Respondent's Objections to Jurisdiction, 21 October 2005.

(22) *Id.*, paras.244-322.

(23) *Phoenix Action, Ltd. v. Czech Republic*, ICSID Case No. ARB/06/5, Award, 15 April 2009.

(24) *Id.*, paras.135-144.

(25) *Europe Cement v. Republic of Turkey*, ICSID Case No. ARB(AF)/07/2, Award, 13 August 2009.

(26) *Id.*, para.176.

(27) *Mobil Corporation and others v. Bolivarian Republic of Venezuela*, ICSID Case No. ARB/07/27, Decision on Jurisdiction, 10 June 2010.

(28) *Id.*, paras.186-207.

(29) 早川吉尚「BITを有する第三国に設立した子会社に投資母体を移すことで投資協定仲裁を利用可能にすることの権利濫用性（投資協定仲裁判断例研究（20））」JCAジャーナル第58巻1号（2011年）28-39頁, 36-39頁。

(30) *Europe Cement v. Republic of Turkey, supra* note 25, paras.177-186.

（東北大学大学院法学研究科助教）

〈文献紹介〉

Hiroko Yamane,
Interpreting Trips: Globalisation of Intellectual Property Rights and Access to Medicines
(Hart Publishing, 2011, xiv+535p.)

小島　喜一郎

　知的財産をめぐる法的枠組に関する国際的な議論は19世紀頃から具体的になされてきた。TRIPS協定（Agreement on Trade-Related Aspects of Intellectual Property Rights）はこうした議論の積み重ねの上に形成されたものであり，とりわけ，知的財産権全般の実体的内容について合意し，各国の法整備に対する一定の強制力が整備されたところに特徴がある。もっとも，解決されるべき残された課題も少なくなく，その1つが，医薬品へのアクセスと知的財産制度との関係に係る問題である。副題から明らかなように，本書はこれをテーマとしたものである。

　本書は全6部で構成されており，まず，第1部「Background」として，特許制度やオープンソース，補助金をはじめとする，様々な「イノベーション」を促進する枠組について分析し，特許制度の社会的役割に関する従前の議論を整理する。その上で，知的財産制度に関する国際的な議論の経過，ならびに，途上国において特許制度が果たしている機能について検討している。

　第2部「The TRIPS Agreement」では，ウルグアイラウンドにおいてなされた知的財産に関する法的枠組をめぐる交渉の過程を，具体的な論点にまで踏み込んで精査し，いかなる議論を経てTRIPS協定が締結されたかを明らかにする。そして，締結されたTRIPS協定の内容について詳細に解説すると共に，WTO紛争解決機関により示されたTRIPS協定の解釈に関して，国際的取り決めに関する解釈基準と位置付けられているウィーン条約法条約とWTO協定との関係の分析を交えながら確認する。

　第3部「Access to Medicines」では，医薬品へのアクセスの問題について，エイズ治療薬に焦点を当てて，「TRIPS協定と公衆衛生に関するドーハ宣言」（以下「ドーハ宣言」とする）が2001年の第4回WTO閣僚会議において採択される以前における，医薬品の研究・開発状況，および，途上国での医薬品へのアクセスの問題とその解決へ向けた対応，ならびに，それ等をめぐる議論を辿る。その上で，「ドーハ宣言」の内容とその後の状況を詳述し，そこで大きな意味を与えられた「強制実施」について，産業政策との関係等，その位置付けを分析する。

　第4部「IP and Industrial Policies」では，特許権を中心とする知的財産制度と産業政

策との関係について一般論を概観し，TRIPS協定が締結されるより前に，新興国がいかなる知的財産政策の下に法制度の整備を進めてきたか，また，TRIPS協定締結後に，新興国がどのような社会的・経済的文脈において同協定を履行してきたかを，各国の医薬品産業による特許制度の利用実態や研究開発状況等を通じて見ている。

第5部「TRIPS Flexibilities and National Implementation」では，所謂「TRIPS協定の柔軟性」をめぐる問題である，特許の対象と特許要件に係るTRIPS協定27条と医薬品の研究・開発データに係るTRIPS協定39条の解釈について論じる。特に，前者に関しては，同規定の解釈をめぐる議論と，先進国・途上国における「エバーグリーニング」に対する考え方について詳述し，それ等が特許制度に与える影響について分析している。併せて，米国によるFTAにTRIPS協定がどのような形で反映されているかについて，「TRIPSの柔軟性」の取扱いを中心として分析している。

さいごの第6部では，「Interpreting TRIPS for Innovation」として，後述するように，TRIPS協定の解釈のあり方について医薬品の研究・開発等の「イノベーション」に対するインセンティブの確保を軸として論じている。

本書がテーマとする医薬品へのアクセスと知的財産制度との関係に係る問題につき，本書の著者は，既に，『知的財産権のグローバル化——医薬品アクセスとTRIPS協定——』（岩波書店，2008年）を上梓している。同書は，TRIPS協定の締結に至るまでの国際的な議論の経緯と，医薬品に関するTRIPS協定上の問題点を概観し，エイズ薬を素材として，医薬品開発の現状と，途上国をはじめとする世界各国におけるそれ等医薬品へのアクセスの問題，ならびに，それ等を背景としたTRIPS協定をめぐる議論を辿る。さらに，いわゆる新興国を中心とする途上国や，先進国における医薬品開発と特許制度との関係について，多くの具体的事例を交えて詳述している。

前述した本書の構成および概要と比較すると，本書がこの先行研究書を基礎の1つとすることは疑いのないと言える。とりわけ，豊富な調査資料にもとついて，医薬品へのアクセスをめぐる問題の所在を浮き彫りにすると共に，当該問題に知的財産制度が及ぼしている影響を精査し，「イノベーション」を軸として問題の解決へ向けた方策を提示しようとする姿勢は，本書でも一貫して維持されている。さらに，第1部をはじめとする各所で知的財産制度の機能についても丁寧に加筆されており，本書で示されている分析が理解し易いものとなるのみならず，一層説得力を増したものともなっている。

もっとも，目指されている研究の方向性について見ると，両者はやや趣を異にする。先行研究書は「TRIPS協定の柔軟性」が社会に与える影響を分析し，それをふまえて，さいごに我が国による国際協力のあり方に関する政策を提言している。これに対して，本書は，その題目が『Interpreting Trips』とされているように，TRIPS協定の解釈について論じており，詳細については第6部を中心として展開されている。

具体的には，「ドーハ宣言」が，TRIPS協定により規定された特許権をはじめとする

知的財産権が途上国におけるエイズ治療薬等の医薬品へのアクセスの障害となっているとの問題意識にもとづいて，知的財産権の効力に制限を加えようとするものであることを確認する。その一方，現在，医薬品の研究・開発に要する費用とそのリスクとが増大していることを考慮に入れると，「ドーハ宣言」の枠組の下では，先進国において市場から得られる利益を基礎とした「イノベーション」に対するインセンティブを維持し，医薬品の研究・開発体制を強化することが困難となること，ならびに，新興国における医薬品の「イノベーション」のみにもとづいて，新興国を含めた途上国で求められる医薬品の水準を満たすことにも困難が少なくないことを指摘する。これ等の点に着目し，「ドーハ宣言」の背景にある，途上国における医薬品へのアクセスを早急に改善すべきとの社会的要請に応えるには，「ドーハ宣言」に至るまでの議論は医薬品の研究・開発に関する長期的視点を欠くとして，こうした方向性に疑問を呈している。

　その上で，TRIPS協定の解釈について，「イノベーション」に対するインセンティブの確保という視点からの見直しの必要性を説いている。そして，製薬産業が研究・開発を基盤とすることから，医薬品の「イノベーション」に対するインセンティブの確保を図るための枠組として，特許権の対象となる発明の独占を強く保護する特許制度を利用することが適切であるとして，各国におけるTRIPS協定の履行が重要であり，同協定の「柔軟性」も，これに則して解釈すべきとする。併せて，医薬品へのアクセスの問題解決が緊急性を要することや人道等の観点から，製薬会社が各国経済の発展状況の相違に応じて特許権の行使態様や医薬品の価格設定を変更する等の対応を採ると共に，そうした方針を明らかにすることで，「公共の利益」に貢献していることを示すことの重要性を指摘している。

　さらに，気候変動等，医薬品へのアクセスと同様に，TRIPS協定上の問題として議論される事柄をも視野に入れつつ，これ等の問題の解決を図るには，知的財産政策だけを論じることに意味はなく，国家政策と国際協力を通じて，知的創作活動や創作や技術的イノベーションを促進させるため，他の政策と有機的に統合させるべきことを指摘し，そうした構成要素の1つとして知的財産権保護を見直す必要があるとしている。

　本書がTRIPS協定の解釈における基軸としている「イノベーション」の促進という姿勢は，知的財産法の基本的考え方である。我が国の特許法も，「発明の保護及び利用を図ることにより，発明を奨励し，もつて産業の発達に寄与することを目的とする」と規定しており（同法1条），他の知的財産法も，こうした目的を掲げつつ，知的財産の創作を奨励することとし，その達成に資するよう各種知的財産権の内容を定めている。したがって，本書は知的財産法の基本的考え方に則ったものと言える。

　もとより，本書は，「イノベーション」の促進という指針を示しているだけでなく，関係当事者の利害対立が先鋭化し，顕在化している医薬品へのアクセスをめぐる問題の解決へ向けて，医薬品の「イノベーション」の重要性について豊富な調査資料の分析を

基礎として実証的に指摘すると共に，それを促進する可能性のある種々の方策を検討の対象としつつ，その中で最適と言える方針を，幅広い分野で数多くの業績を積み重ねてきた本書の著者ならではの多角的視点に裏付けられた考察にもとづいて提示することにより，上記指針を TRIPS 協定の解釈に反映させ，そのあり方を具体的に導き出した点に大きな特徴があると言える。近年，知的財産法上の諸問題について，近視眼的な意見にもとづく議論が交わされる傾向が少なからず見受けられる中で，「イノベーション」の促進という知的財産法の基本的視点に立ち返り，具体的検討を積み重ねていくという本書で示された研究姿勢は，TRIPS 協定をはじめとする知的財産法における他の問題に関する議論においても示唆に富むものと考える。

(東京経済大学経営学部専任講師)

Junji Nakagawa (ed.),
Multilateralism and Regionalism in Global Economic Governance: Finance, Trade and Investment

(Routledge, 2011, xvi+200p.)

国 松 麻 季

1 本書の趣旨

本書『グローバル経済のガバナンスにおける多国間主義と地域主義：貿易，投資，金融』は，2009年8月に東京において開催されたアジア国際経済法ネットワーク（Asia International Economic Law Network; AIELIN）の第1回研究大会（テーマは本書名と同じ）における発表の改訂論文に，編者のイントロダクションを加えた11編の論文から成る。AIELIN は，国際経済法学会（Society of International Economic Law; SIEL）のアジア地域グループとして，「アジアにおける国際経済法の研究・教育・実践の促進，国際経済法に対するアジアの視点の確立，アジアにおける国際経済法への認知の増大と国際経済法運用能力の向上を目的として」（AIELIN 設立趣旨より）設立された国際学会である。

第二次世界大戦以来，IMF，世界銀行および GATT から成るブレトン・ウッズ体制は，世界経済の法的枠組みを提供してきた。しかし2007年の世界通貨危機の発生や拡大を同体制の国際機関は回避することができなかった。また，WTO は，2001年に開始されたドーハ開発アジェンダを妥結に至らしめる道筋が見出せず，自由貿易協定が多数締結されるなか，世界貿易自由化における役割を減退させている。本書は，アジア地域に焦点を当てつつ，ブレトン・ウッズ体制は終焉を迎えるのか，世界経済は地域経済ブ

ロックに向かうのかといった問いに答えるべく，グローバル経済のガバナンスにおける多国間主義と地域主義の関係を分析するものである。

2 構成と概要

本書は，イントロダクション（第1章）に続き，金融（第2章～第5章），貿易（第6章・第7章）および投資（第8章～第11章）の各分野のガバナンスに関する論文によって構成される。

第1章「グローバル経済のガバナンスにおける多国間主義と地域主義・イントロダクション」（中川淳司／編者）においては，「グローバル・ガバナンス」とは①目的，②アクター，③手段，および④規範を持つものであり，国際レジームとは異なり国家や国際機関のみならずNGOや企業等をもアクターとして包含し，ルールだけではなくプログラムや協調行動といった他の手段を持ち，多国間・地域・二国間・単独の各レベルで協力的な手段が発動されるものであると定義している。続いて，本書で扱うグローバル金融／財務，国際貿易および国際投資の3分野のガバナンスについて，戦後の形成時からその後の展開，今日の課題等を分析し，分野毎にアクターや手段の構成に相違がありながらも，いずれの分野においても地域主義の高まりがみられることを指摘している。

続く4編の論文は，金融ガバナンスに関して分析を行うものである。第2章「金融危機下における国家介入の反競争的効果の回避」（Weber, Rolf H. and Gruenewald, Seraina N.）は，金融危機の発生時に各国政府が行う介入の短期的・中長期的な競争に対する影響を分析し，短期的には外資系金融機関に対する支援よりも内国金融機関に対する支援が優先される傾向にあり，中長期的には「破綻させるには大きすぎる」有力銀行への救済が公平な競争条件を損なったことなどを指摘した。そのうえで，EUが域内国に対して行った無差別かつ限定的な国家介入により危機の連鎖を防ぐ政策が，国際的な指針と成り得ると結論している。

第3章「アジア金融制度の設計」（Arner, Douglas W. and Schou-Zibell, Lotte）は，戦後の世界およびアジアの金融政策に関連する国際機関やフォーラムの展開を分析し，金融危機への対応の中心はG20にあるとしつつ，そのなかで米国，欧州とバランスを取るべくアジアはAFSD（Asian Financial Stability Dialogue）を設立し，ASEAN+3およびASEAN+6として一致した意見を打ち出すべきことを示唆している。また，アジアにおいてはマルチ化されたチェンマイ・イニシアティブ（CMIM）をアジア通貨基金（AMF）へと進化させ，金融安定政策の強化を図るとともに，アジア開発銀行（ADB）の役割の拡大を通じた金融産業の再構築を含む開発を進めるべきであるとしている。

第4章「東アジア金融協力制度の必要性と可能性への組織的アプローチ」（Choi, Seung Pil）は，アジア地域の金融分野の協力は，①二国間通貨スワップ協定，②マルチの通貨スワップ協定，③AMFの創設，および④アジア共通通貨制度の4段階のうち，

第2段階に移行したところであるとしつつ，日中韓の歴史的，政治的な摩擦が障害となっている点を指摘している。

第5章「東アジア金融統合：前途」（Buckley, Ross P.）は，1980年代の途上国累積債務問題に対して米国政府や国際機関が打ち出したワシントン・コンセンサスに対し，中国等の経済成長を支えた政策を「アジアのコンセンサス」と位置付け，政府主導の下，対外債務の返済ではなく，技術を伴う対内投資や教育と保健の強化による国造り等を重視するといった特徴を明らかにした。そのうえで，AMFの実現は，アジアのコンセンサスを公知させ，新たな開発モデルを提示するとともに，グローバルな通貨不安からアジア地域を遮断し保護する効果をも持ち得ると述べている。

貿易ガバナンスに関しては，まず，第6章「FTAのオープン・アクセッション条項 地域主義と多国間主義の架け橋か？」（Lewis, Meredith Kolsky）において，自由貿易協定（FTA）に対してGATT第24条が求める「実質的にすべての貿易を自由化する」との要件を多くのWTO加盟国が満たしていないという問題点があるが，それへの対処として，WTO紛争処理によって明確化を図ることはかえって不安定性を増すこととなると述べている。そのうえで，既存のFTAがGATT第24条に整合していない場合，①当該FTAの自由化対象の拡大によってGATT第24条整合性を確保する，または，②不整合部分を変更することなく新規に締約国を受け入れる「オープン・アクセッション条項」を追加する，という選択肢を提示し，TPPを例に引き，選択肢②は地域主義をマルチ化していくことに寄与するものであると位置付けている。

第7章「自生的秩序としての移行的紛争処理の動的過程 WTO，NAFTAおよび国内法が関わる北米の事例からの教訓」（小林友彦）は，カナダ産軟材に対する米国のアンチダンピング税事件等，WTOとNAFTA（および国内裁判）という複数の紛争処理フォーラムにおいて扱われた3件の貿易紛争が解決される過程を分析し，①各紛争処理機能での処理過程が相互に関連性を有すること，②紛争当事者が包括的な合意に至ったとしても紛争処理機関の役割を損なうものではなかったこと等を明らかにした。また，東アジアにおいて紛争処理機能が複数確立したとしても，北米の経験に照らせば，規範の断片化や重複がある限り，二重規範に陥るような司法化が進むとは考えにくいとの見解を示している。

投資ガバナンスに関し，第8章「国際投資義務の合理化におけるAPECの役割」（VanDuzer, J. Anthony）においては，国際投資協定（IIA）の発展を概観しつつ，IIAが国内政策と国際的義務の一貫性に対して齎す問題を分析したうえで，APECが各国の能力向上や投資政策に関連する経験の共有，さらには共通指針や行動規範の作成を通じて一貫性があり効果的な国際投資レジームの形成に寄与している実態等を明らかにしている。

第9章「欧州における投資協定の権限の垂直的配分」（Burgstaller, Markus）では，

多数の二国間投資協定（BIT）を持つ域内国を擁する EU において，リスボン条約の発効によって直接投資に関する権限が域内国から EU に移管されたが，その影響等について欧州委員会による実施を含めて分析した。そして，米国のモデル BIT が投資全体を対象とするのに対し，欧州ではポートフォリオ投資に係る権限が依然として域内国に残ること，欧州裁判所が各国の権限を是認する判決を出していることなどから，調整が困難となることを指摘している。

第10章「投資協定と公共財」（Kalderimis, Daniel R）は，WTO と異なり多くの BIT に一般例外規定がない理由は，投資家の権利と受入国の権力をバランスさせるためであるとしている。そして，公共財理論を用いた分析を行い，BIT は GATT/WTO を参考に，環境，安全保障，安定的な金融システムといった公共財の保護を確保するための規律に取り込むべきであると述べている。

第11章「自由化に向けて進展する中国の国際投資協定政策」（Liu, Chunbao）は，今や世界第2位の BIT 保有国となった中国の投資政策の展開を分析し，門戸開放政策による対内直接投資推進，1990年以降の内国民待遇の付与と投資家対国家の紛争処理の導入，WTO 加盟の影響等を論じた。そのうえで，将来的には中国が投資家対国家の紛争に多数関与し，国際投資制度に大きな影響を与えるであろうことを示唆した。

3　若干の評釈

本書は，グローバル経済のガバナンスにおける多国間主義と地域主義のバランスという今日的な課題について，アジア太平洋および欧州の研究者による多様な切り口での論稿に触れる機会を提供するものである。編者は自身の単著である『経済規制の国際的調和』（有斐閣，2008年）の改訂英語版 *International Harmonization of Economic Regulation* (Oxford University Press, 2011) を2011年10月に出版したが，これと好対称を成す。

本書の各論文の多くは，設定された問題意識に貫かれながら，グローバル経済や欧米の経済ガバナンスの歴史を分析し，アジアへの示唆や提案を試みている（ただし，明示的にアジアに関する言及のない論文もある）。分野毎のガバナンスの歴史に関する記述に重複感があるが，異なる筆者のガバナンス観の共通点，相違点が浮き彫りになるところは興味深い。

こうした国際会議に基づく論文集にはしばしばみられるように，提言の実現可能性の検証が不十分に感じられたり，手直しの度合いが異なり読みにくさを覚えたりといった面も残るが，豊富な視点を提供するという魅力が勝る。とりわけ，金融・貿易・投資といった，各分野でも十分に1冊の本が成立する3分野を同時に扱ったことによって，各分野のインターフェースが浮かび上がっている。第1章はもとより，金融ガバナンスにおける WTO サービス貿易一般協定（GATS）金融サービス合意の意義（第3章），投資ガバナンスにおける WTO/GATS の役割（第8章），国際経済法における貿易と投資の関係（第10，11章）や，投資紛争と金融危機（第10章）についても言及があった。

WTOドーハ開発アジェンダが停滞して10余年が経過した。TPPなど複数国間FTA等の進展がみられ，貿易・投資のガバナンスの様相は新たな局面を迎えつつあるなか，本書の試みの有用性は益々強調されて然るべきである。また，本書の端緒となったアジア国際経済法ネットワーク設立時の研究大会から3年が過ぎたが，グローバル経済のガバナンスにおける多国間主義と地域主義の検討のさらなる進展に寄与すべく，次回以降の研究会の成果が同様に取りまとめられることが期待される。

（中央大学大学院戦略経営研究科特任准教授）

山下一仁
『環境と貿易　WTOと多国間環境協定の法と経済学』

（日本評論社，2011年，xviii+350頁）

高村　ゆかり

「環境と貿易」——国際社会の規律において環境保全の要請と自由貿易体制をどのように調和させるのか——という課題は，ここ20年ほどにわたって，国際経済法学からも国際環境法学からも大きな関心が寄せられてきた課題の1つである。WTOの下では，外国産品に対する輸入制限や国内産品や他の外国産品と比しての差別的待遇はもちろん，衛生植物検疫措置，補助金など，GATT時代と比較して貿易に影響を与える可能性のあるより幅広い事項を規律するようになった。同時に，環境保護という課題が，国際社会においても，各国においても，その政治的重要性を増し，その結果，多数の多国間環境条約（MEAs）が締結されることとなった。それらのMEAの中には，非締約国との間のオゾン層破壊物質の取引を禁じるオゾン層保護議定書（モントリオール議定書）のように，貿易制限措置を締約国に義務づける条約や，リスク評価を条件に遺伝子改変生物の輸入禁止を認める生物多様性条約のカルタヘナ議定書のように，貿易制限措置をとることを締約国に許容する条約が増えている。また，MEAを実施するために，あるいは，自国の環境保全のために，国家が環境保護目的で貿易関連措置を利用する事例も増えている。いかなるフォーラムにおいて環境保護と自由貿易を調整するのかは，当該措置とその妥当性を争う国家の選択に委ねられるが，一方的な申立により手続を開始できるWTOの紛争解決手続に持ち込まれることが多い。それゆえ，各国が環境保護のためにとる措置が，他国の貿易上の利益に直接または間接に影響を与え，他国からWTOの規律と適合しない措置として争われる余地は以前より格段に大きくなった。環境条約を交渉する際や環境保全措置を設計する際に，国家は条約や措置のWTO協定適合性を考慮

せざるを得なくなっている。例えば，日本においても，温室効果ガス削減の手法として国内排出量取引制度の WTO 協定適合性が政府内で検討されてきた（例えば，環境省国内排出量取引制度の法的課題に関する検討会「国内排出量取引制度の法的課題について（第二次中間報告）」(http://www.env.go.jp/earth/ondanka/det/other_actions/ir_100113.pdf)（2010年); 財務省環境と関税政策に関する研究会（議論の整理）(http://www.mof.go.jp/about_mof/councils/enviroment_customs/report/ka220621s_2.pdf)（2010年))。

　本書は，この「環境と貿易」というテーマに法学と経済学という2つの学問領域からアプローチしようとするものである。本書は大きく2部からなる。序章「グローバル化の中の環境問題」で，経済のグローバル化の中での環境問題の現状とその構造，環境と貿易の関係をどうとらえるべきかが述べられた後，第1部「ガット／WTO と MEA」では，環境と貿易をめぐる法律問題を取り扱っている。第1章「環境とガット／WTO」は，ガット／WTO 体制の歴史と課題，そして，ガット／WTO の法的枠組みが紹介される。産品の同種性，生産方法・工程（PPM）規制，ガット20条の一般的例外といった，これまで環境と貿易の問題で争点となってきた論点が学説，先例をふまえて丁寧に解説される。第2章「環境と関連するガット以外の WTO 協定」では，SPS 協定，TBT 協定，補助金協定などの諸協定の環境と関連する規律が紹介されている。第3章「ガット／WTO 協定の解釈と環境問題」では，条約解釈の一般原則を確認した上で，ガット／WTO 協定の解釈が問題となりうる環境規制やその手法——例えば，エコラベルや排出量取引など——に関連するガット／WTO 協定の規律の解釈が検討されている。第1部の最終章である第4章「多国間環境協定（MEA）とガット／WTO」では貿易措置を規定する MEA を概観した後，こうした MEA が規定する措置のガット／WTO 協定適合性が論じられている。

　続く第2部「環境と貿易の経済学」は，環境と貿易についての経済分析をまとめたものである。第5章「環境と貿易に関する経済分析の基礎」では，外部経済，汚染逃避地仮説や割引率といった基礎的概念，理論をはじめとする，環境と貿易に関する経済理論が概括される。第6章「環境政策と貿易政策」，第7章「環境政策が貿易に与える影響と貿易が環境政策に与える影響」は，貿易政策を環境政策として用いる場合，逆に，環境政策を貿易政策として用いる場合，そして，環境政策が貿易に与える影響，貿易が環境政策に与える影響が，経済理論を用いて分析される。第8章「国際資本移動と汚染逃避地仮説」では，経済がグローバル化する中で，環境規制の水準が国によって異なる場合にそれが貿易に及ぼす影響をふまえて適切な環境政策のあり方はいかなるものかが検討される。そして最終章である第9章「グローバルな環境問題への対応」では，これらの経済分析をふまえてグローバルな環境問題に貢献するための貿易措置と貿易政策のあり方が論じられる。

　冒頭に述べたような近年の環境と貿易を取り巻く文脈に照らして，本書はきわめて時

宜にかなった著作である。WTO体制における「環境と貿易」をめぐっては，本書も引用しているように，国際経済法からの優れた先行研究がある（先行研究のすべてをここであげることはできないが，例えば，中川淳司「WTO体制における貿易自由化と環境保護の調整」小寺彰編著『転換期のWTO——非貿易的関心事項の分析——』(2003年)，平覚「WTO体制と非貿易的価値」中川淳司・清水章雄・平覚・間宮勇著『国際経済法』(2004年)，平覚「貿易と環境——京都議定書とWTO法——」松下満雄編『WTOの諸相』(2004年)，中川淳司「環境保護とWTO」西井正弘・臼杵知史編『テキスト国際環境法』(2011年)）。本書は，それらに対抗する新たな理論体系の構築をめざすものではないが，環境と貿易の問題をめぐり「どのような論点が議論され分析されているのかについて紹介するとともに，法学と経済学の観点からこの問題に総合的，学際的にアプローチ」（本書はしがき）するところにその独自性がある。さらに，本書は，「ミクロ経済学，環境経済学，国際経済学，国際法学，国際経済法学の基礎的な理論や知識を現実の問題に応用して政策上の解決を探る」（同上）という試みに挑んでいる。これらはいずれも法学，経済学の素養を有し，関連する分野において政策の立案と実施に長い実務経験を有する著者でこそとりうるアプローチとも言えるだろう。

　法学，経済学の観点から学際的に政策上の解決を探るこうしたアプローチによってもたらされる興味深い分析，指摘は本書の随所に見られるが，特に，第9章は，グローバル化する経済の下で，越境性を有する環境問題に効果的に対処する環境政策のあり方と，その中で貿易措置が演じる役割について，理論的分析を基にした政策への示唆として興味深い。発展の格差が存在し，環境規制の水準の異なる国家が並存する現在の国際社会において，国境を越える環境問題——とりわけその問題がグローバルな性格を有する環境問題である場合にはなおさら——に実効的に対処するには，汚染リーケージを防ぎ，世界全体としての効率的な環境改善を実現する，国をこえた政策の「強い」ハーモナイゼーションが必要であり，形成される国際規律とその実施への各国の「参加」が鍵となる。相互主義に基づく国家間合意であれば，合意に参加しないことにより合意の相手国から得られるだろう利益を得ることができないことで，合意に参加するインセンティヴを創出することができる。しかし，その影響が国境を越えて生じる環境問題に対処する国際的規制の場合，規制に参加する国以上に，参加しないフリーライダー国により大きな環境悪化の影響（費用）を負わせるといったことは困難である。このように，国際的な環境規制に参加のインセンティヴが内在するとは限らないため，参加を促す措置として貿易措置が大きな役割を果たしうる。こうした貿易措置が効果的に機能するには，規制に参加する国が多く，貿易措置によって非締約国に対して閉鎖するトータルの市場が大きいこと，仮に参加国が少数の場合でもその市場が非締約国にとって重要なものであることが必要であると指摘する。こうした指摘は，より厳格な環境規制を導入し，それを遵守しない産品の市場アクセスを禁止するという貿易措置を導入することで，自らの

市場の力を利用して厳格な環境規制を域外に普及することに成功したカリフォルニア州の事例(「カリフォルニア効果」)などを分析し,より厳格な環境規制への参加を促進するよう貿易規制が実効的に機能しうるなど条件を検討した政治学の先行研究の知見にも合致する (Vogel, David, *Trading up: Consumer and Environmental Regulation in a Global Economy* (1995年);拙稿「国際的環境問題と法――その同時代性と課題――」『法の科学』(2011年))。

果たして,現行のWTO協定の枠組みは,貿易措置が国際的環境規制の実効性を高めるこうした潜在性を阻害するものだろうか。越境性を有する環境問題といっても,ある国の排出がグローバルに影響を生じさせる地球温暖化問題のような問題から,基本的に環境悪化の影響は取引をする二国間の問題である(がその防止のための最小限度のグローバルな規律を設定する)有害廃棄物の越境移動のような問題までその態様は多様で,環境規制に内在する参加のインセンティヴも異なる。問題に関係する市場の状況も異なり,それゆえ環境規制の実効性向上に貿易措置が貢献しうる余地も異なる。おそらくこの問いに答えるためにも,現実の問題の政策上の解決を探るためにも,本書の分析の上にたった環境問題ごとのさらなる検討が私たちの課題となろう。

本書は,学際的アプローチをとるがゆえに,複数の学問分野の知見が混在することとなり,問題になじみのない読者には難しいところがあるかもしれない。しかし,環境と貿易に関連する法学及び経済学上の論点を包括的にとりあげた本書は,「環境と貿易」に関する研究の現時点での到達点を示すとともに,これからの研究と政策的解決のための1つの参照点を提供してくれるだろう。

(名古屋大学大学院環境学研究科教授)

林 秀弥
『企業結合規制――独占禁止法による競争評価の理論――』

(商事法務,2011年,797頁+XX)

武 田 邦 宣

1 はじめに

本書は,独禁法による企業結合の規制について,林准教授のこれまでの研究をまとめたものである。我が国における企業結合規制はもっぱら事前相談制度において行われ,その透明性に批判もあった。そのような批判に対応して,今般の企業結合規制の見直しにおいては事前相談制度を廃止し,新たな手続に従った具体的事件が登場しつつある。我が国における企業結合規制は,大きな転換期にある。このような状況において,企業

結合規制にかかる重厚な研究書である本書が登場したのである。

2 本書の概要(1)

本書は2部構成であり,「企業結合規制の全体像」と「企業結合規制の重要問題」からなる。まず「企業結合規制の全体像」から見てみよう。そこでは,企業結合規制の目的(第1章),独禁法全体における企業結合規制の位置付け・特色(第2章),市場画定の方法(第3章),水平的企業結合にかかる市場支配力分析(第4章),垂直型・混合型企業結合にかかる市場支配力分析(第5章),業務提携に対する企業結合規制のあり方(第6章),手続法(第7章),米国反トラスト法における企業結合規制(第8章),EU法における企業結合規制(第9章),英国法,カナダ法,中国法における企業結合規制(第10章)の順に論じられる。これら10章のうち,いくつかについて詳しく紹介したい。

第1章では,「本書の問題意識」として,企業結合規制に対する筆者の問題意識のほか,企業結合規制における規制基準のあり方について論述される。そこでは比較法的に収斂が見られる消費者余剰基準について,品質低下や商品選択の幅が減少することも競争上の弊害に含まれると念押しされ,さらに市場支配力分析により解決できない多元的価値を含む可能性が指摘される。

第3章では,一定の取引分野の画定作業について,市場支配力分析という政策目的を達成するための道具であり,より具体的には,市場支配力分析における様々な考慮事由に統一的な評価を与える前提とする。そしてこのような市場画定作業は,競争制約要因を「可視化」する作業とまとめる。その上で具体的な問題として,消費者余剰基準に依拠した世界市場の考え方,価格差別が存在する場合の市場画定のあり方等が説明される。

第4章では,競争の実質的制限とは市場支配力の形成,維持,強化,行使の容易化を意味すると定義され,東宝スバル事件や八幡富士事件といった重要事件の研究を通して,その内容が明らかにされる。特に後者における「有力な牽制力ある競争者」理論につき,競争的行動にかかる「能力」と「意欲(インセンティブ)」を備えた者が市場支配力を抑制する資格を持つ競争者であるとして,その吟味に問題がなかったかを問う。そのうち意欲については,単独行動,協調的行動それぞれによる競争の実質的制限の立証問題において詳述される。

第5章では,垂直型企業結合,混合型企業結合それぞれについて,市場閉鎖がもたらされる場合が詳述され,さらに混合型企業結合規制に対する欧米競争法による規制を比較することを通じて,企業結合規制ひいては競争法全体の競争法原理の相違について考察を加える。欧州で議論されたポートフォリオ効果について,「垂直的市場閉鎖」と対比して「水平的市場閉鎖」と呼べること,他方,補完財について効率性達成の効果が大きそうであることから,短期の市場支配力分析では整理しきれない,長期の競争観が結論に影響を及ぼしていると指摘する。そしてこれは,しばしば誤解されるような,競争法の基本原理の差異ではないとしている。

第7章では，企業結合規制の手続法について，論述される。問題解消措置についても議論がなされ，これまでの問題解消措置事例について整理がなされるほか，事後検証の必要性が指摘される。米国およびEUでの事後検証が紹介されるとともに，それら経験を参照して，内容が明確であるか，予定通り実施されたか，継続されているか，措置の範囲は適切であったか，当事会社による妨害行為はなかったか，十分な効果があったかという，検証事項を提示する。

第8章では，米国反トラスト法における企業結合規制について，詳述される。同章は大部であるが，米国反トラスト法の基本構造のほか，2010年の改正企業結合ガイドラインの研究もなされ，研究者とともに実務家にとっても極めて有益である。証拠の整理，UPPに関する説明のほか，協調的行動に対する規制の拡大や部分的取得についても詳しく検討がなされる。判例研究においては，いわゆるユニラテラル効果が争われた事例について，市場支配力分析の直接立証の後に，関連市場を検討するという「違法推定市場」という考えがあるといった興味深い指摘もなされ，また経済学的証拠と伝統的証拠（顧客の証言）との相対的重要性が争われたオラクル事件が詳細に研究される。

第9章では，EU競争法における企業結合規制について，詳述される。共にEUでの重要な政策課題であった，協調的行動による競争の実質的制限の規制問題，混合型企業結合規制の執行問題について，とりわけ詳しい検討がなされる。前者についてエアツアーズ事件，後者についてGE/Honeywell事件など，重要事件については事実関係が詳しく示され，検討がなされる。

第10章では，米国およびEU以外の主要国における企業結合規制として，英国，カナダ，中国が取り上げられる。英国については市場画定，カナダについては効率性の抗弁にスポットが当てられる。前者については，市場画定作業におけるSSNIP基準の普遍性が示唆され，しかしなお市場参加者の認定方法，時間的市場といった諸概念について，米国等との違いが示される。後者については，重み付け比較衡量基準といった，カナダ法特有の総余剰基準を巡る議論の展開，紆余曲折が検討される。中国法については，その全体像を正確かつコンパクトに知ることができる。

3　本書の概要(2)

続く第2部は「企業結合規制の重要問題」として，市場画定（第1章），競争の実質的制限の原理的検討（第2章），少数株式取得の問題，企業結合審査制度，企業結合規制の国際的協力（第3章），プラットフォーム機能に対する競争政策的課題（第4章）の問題が論じられる。

第1章では，市場画定について，まず米国反トラスト法におけるSSNIP基準定着までの歴史的展開が論じられる。その上で，競争が行われる「場」としての市場の画定，競争的牽制力の「可視化」としての市場画定といった第1部第3章での議論が，詳述される。そのような市場画定の道具性は，思考枠組み，指導原理という表現によっても現さ

れ，また道具性ゆえの限界が，供給の代替性が機能するタイムスパン，バンドル商品（サービス）にかかる市場画定方法，ユニラテラル効果が問題になる場合の市場画定などを例として，検討されている。また電気通信産業における市場画定及び競争評価にかかる検討は，本書副題における「競争評価の理論」につながるものである。

　第2章では，我が国における「競争の実質的制限」の内容について，立法史を紐解き，また有効な牽制力を有する競争者という，我が国独禁法上の重要概念を通して，法運用におけるその展開を叙述している。そこでの考察は，米国反トラスト法およびEU競争法の垂直型・混合型企業結合規制への当てはめにまでつながり，第1部第8章，9章での議論に横串を通す形となっている。

　第3章では，まず少数株式取得の問題について，EU競争法における支配概念を巡る議論，また米国反トラスト法における，特にユニラテラル効果を巡る議論を通して，EU競争法や我が国独禁法における支配に注目した議論の落とし穴に注意を喚起する。次に，我が国における企業結合規制について理論的，実務的課題が検討される。そこでの議論，たとえば問題解消措置を前提とした排除措置命令における主文のあり方といった議論は，事前相談制度廃止後の新たな企業結合規制制度について有益な示唆を与えるものである。そして，企業結合規制にとどまらない競争法の国際的協力体制について，独禁法39条および国家公務員法100条に起因する情報共有の限界を，理論的に検討する。

　第4章では，情報通信産業におけるイノベーションの基盤となり得ると同時に，新たなボトルネックとなるプラットフォームについて，その学問的定義を与えるとともに，政策過程における議論をまとめ，マイクロソフト事件におけるプラットフォームの競争法的規律について考察する。その上で，プラットフォームに対する規制のあり方について，イノベーションを含めた便益と競争上の弊害との比較衡量枠組み，そして比較衡量後の独禁法規制，事業法規制の役割について，明確な提案を行う。

4　本書の有する価値

　本書は，地域的，時間的に大きな広がりをもって，企業結合規制に関する実体法的，手続法的な論点を，網羅的に検討しようとするものである。冒頭に述べたように，本書は誠に時宜に適ったものであり，経済学的知見の取り込み，また多言語を駆使する外国法研究といった他にない特徴により，質的および量的な研究の厚みを備えている。本書は，我が国における企業結合規制研究の1つの到達点である。しかしこのような文献紹介の常として，あえて何らかの課題を指摘しなければならないとすれば，以下の2点を指摘できるように思われる。

　第1に，冒頭において本書は，①市場の競争環境を十分踏まえたものか，②公正かつ自由な競争を維持・促進する上で有効であったか，③効率的に行われてきたかという3つの観点から，企業結合規制の包括的な検証を行うとする。しかし本書において，そのような3つの観点に対する直接ないし明確な解答，論述が与えられる訳ではないように

思われる。

　第2に，本書の一部は，筆者によるこれまでの研究論文をまとめたものと思われる。これにより，筆者によりこれまで紹介，提唱されてきた，市場画定のあり方，競争者の能力・誘因のチェック，少数株式取得を巡る理論的展開などについて一体的かつ構造的な理解を可能にしているが，同時に，記述や論点について重なりや漏れを感じさせることも確かである。また関連するが，各論点につき，必ずしも本書公刊時までの最新判例が叙述されている訳ではない。

　もっとも第1の点は，評釈者の能力不足故であり，様々な考察を通して読者が行間から読み取るべきものであるかもしれず，第2の点は，重なりは二部構成から不可避のものであり，そもそも本書は企業結合規制にかかる百科事典ではないのである。いずれにせよ，これら点が，研究書としての本書の極めて高い価値を損なうものではない。「競争評価の理論」という副題に現れるように，企業結合規制における市場支配力分析は，競争にかかわる独禁法，事業法に広く共通する作業となっている。本書は，企業結合規制に限らず，経済法の研究対象全体における必須文献となるものである。

（大阪大学大学院法学研究科准教授）

Stefan Kröll, Loukas Mistelis and Pilar Perales Viscasillas,
UN CONVENTION ON CONTRACTS FOR
THE INTERNATIONAL SALE OF GOODS (CISG)

（CH Beck/Hart/Nomos, 2011, lxiii + 1251p.）

澤　井　　啓

1　はじめに

「国連物品売買契約に関する国際連合条約」（The United Nations Convention on the Contracts for the International Sale of Goods）（以下，CISG あるいはウイーン売買条約という）は，異なる国に営業所を有する企業間の物品売買契約に適用される統一私法である。本条約の特色は，条約の適用排除および任意規定性にあり，6条では，条約の全部もしくは一部の適用を制限し，その効力を変更できると規定している。援用可能統一規則の代表例である取引条件の解釈に関する国際規則，インコタームズとの関係では，船積港での船積をもって引渡義務の完了とする CIF あるいは FOB 条件が合意されている場合には，最初の運送人に引き渡したときに引き渡し義務の完了とする31(a)条と抵触するが，9条の「合意した慣習および当事者間で確立した慣行に拘束される」ことから CISG の規定が排除されると規定するなど当事者自治を広範に認める柔軟な条約である

といえる。

　CISG がウイーン外交会議で採択（1980年）されてから32年，発効（1988年）してから24年が経過した。CISG の締約国は，その間，主要な産業国である中国，フランス，ドイツ，アメリカ合衆国，日本をはじめとする先進産業国の9割におよぶ77カ国（2012年7月1日現在）となり，世界の物品売買取引の70乃至80％が CISG の適用対象となっている。英国，インド，ブラジルは加入には至っていないが，トルコ（2011年8月1日発効）が締約国となっている。アジアの国々も，今後，加入が見込まれる状態である。

　日本における CISG の研究・関心は，CISG 加入が確定した2008年頃からで，それまでは，シュレヒトリーム（内田貴・曽野祐夫訳）『国際統一売買法　成立過程から見たウイーン売買条約』（商事法務研究会，1997年）が出版された頃から甲斐道太郎・石田喜久夫・田中英二『注釈国際売買法Ⅰ』（法律文化社，2000年）同『注釈国際売買法Ⅱ』（法律文化社，2003年）の成果に見られるように民法学者を中心とした研究が主たるものであった。2009年8月の発効を目前にして，CISG 関連セミナー，シンポジウム，研究会が頻繁に開催され，企業・実務家等による研究成果が実務マニュアルとなり，研究者・実務家の共同研究により実務解説書が刊行されるに至っている（潮見佳男・中田邦博・松岡久和編著『概説　国際物品売買条約』（法律文化社，2010年），井原宏・河村寛治編著『国際売買契約　ウイーン売買条約に基づくドラフティング戦略』（レキシスネキシス，2010年），松浦保友・久保田隆編著『ウイーン売買条約の実務解説［第2版］』（中央出版社，2011年））。また，CISG に関連する法原則・慣行では，ユニドロア契約法原則2010年改訂版が出され，インコタームズ2010が2011年1月1日発効している。このような時期に，CISG の加盟に貢献された曽野祐夫教授も執筆されている本書を取り上げるのは時期を得た試みといえよう。

　2　本書の概要

　本書の編者である Mistelis 教授と Viscasillas 教授，執筆者の曽野教授，Gotannda 教授は，CISG 諮問委員会のメンバーであり，Kröll 博士，Mistelis 教授，Viscasillas 教授は，Bergsten 教授の傘寿を祝う論文集の編者でもある。Bergsten 教授は，UNCITRAL の事務局長を務めたあと，ウイーンに住居を移し，1993年にスタートした Willem C. Vis International Commercial Arbitration Moot（以下，Vis Moot という）の開発と発展に尽力し，かつ Vis Moot の管理者（Director）であり，CISG 諮問委員会の会長（Chairman）でもある。Kröll 博士，Mistelis 教授は，Julian Lew QC と共に Comparative International Commercial Arbitration（Kluwer, 2003）を執筆し，現在，その第2版の最終段階まで進んでいる。2000年当時，3名の執筆者は，Queen Mary College, University of London で第1版を執筆する傍ら，Bergsten 教授と仲裁サマースクールを Cambridge 大学で開催し，実務家，アカデミック等を対象とした講義およびワークショップを展開している。ケルン大学で Beckstiegel 教授に師事した Kröll 博士もケルン大学およびドイ

ツ仲裁協会を中心に活躍し，UNCITRAL 国際商事仲裁模範法の判例ダイジェストグループでの中心的な役割を果たしている。本書の中核となる執筆者は，UNCITRAL の CISG グループ，仲裁グループに属し，ロンドン大学クイーンメリーカレッジ School of International Arbitration と関係の深い人たちであり，本書を執筆するにふさわしい見識・力量の持ち主といえる。将来を嘱望される若手が含まれているのも特徴の1つである。24名の執筆者は，ヨーロッパ（18：英国6，ドイツ5，イタリア2を含む），アジア（2），オセアニア（2），アメリカ大陸（2）と幅広い国々から選ばれており，ドイツ・スイスの執筆者による注釈書として定評のある Schlechtriem & Schwenzer, Commentary on the UN Convention on the Sale of Goods (CISG) edited by Ingeborg Schwenzer, 3rd ed., 2010年とは大きく異なる。

3　本書の構成と内容

はじめに（Introduction to the CISG）では，1）CISG に対する一般的所見，2）CISG の立法経緯，3）CISG の内容と性質，4）CISG のグローバル範囲とその成功の理由，5）CISG の国際的および地域的調和および内国法の現代化に及ぼす影響，6）実務上の適用，7）CISG の利点，8）CISG に関連する活動，9）契約起草，10）電子商取引，について言及する。

実務上の適用では，CISG に対するなじみのなさと妥協の産物に由来するその不確実性などを理由とする CISG を排除する慣行が実務上行われていることにも触れている。一方で，CISG が各国のロースクールのカリキュラムに組み込まれていること，毎年多くの学生・実務家・アカデミックが参加する Vis Moot での CISG の利用・広報，ドイツ産業界・ビジネス団体による CISG 利用の奨励等に触れ，CISG の利用による取引コストの削減，内国法となったことによる裁判官の認識度，商品取引所の対象商品に対しても9条の適用により業界慣行が優先されること，CISG に基づく契約書式ドラフテイングの提供，電子商取引への対応可能性への言及により，CISG が受け入れられる下地が整ってきたとする。

各章の構成は，共通で，条文内容，参考書目，当該条文注釈の概略に続いて，CISG における当該条文の役割，起草の経緯（1部），条文の詳細な注釈（2部），条文を解釈適用する上で役に立つヨーロッパ契約法原則，ユニドロア国際商事原則，共通参照枠草案（DCFR）のような他の法原則（Comparative Rules）の対応する規則の参照（3部），となっている。

1章1条の CISG の適用範囲では，仲裁廷は裁判所が1条を適用するようには適用しないという適用の違いに言及する。仲裁法・仲裁規則に特別な規定があることから，仲裁廷が準拠法を決定するために三段階手法を取ることに触れる。また，仲裁廷による CISG 適用調査（2008年）は，公表された CISG を適用した判決・仲裁判断2000件の内，512件が仲裁判断であることを示すが，仲裁判断がほとんど公表されないことを考慮に

入れると，同年で，CISGを適用した4250件から5000件の仲裁判断が下されたことが容易に想定できるとする。仲裁廷は，当事者の選択，抵触法による操作によるかあるいは法の一般原則としてCISGを適用しており，実際，仲裁でのCISGの適用が極めて高いことから，仲裁判断がデータベースとして有効な資料であり，仲裁とCISGをセットにした普及・広報活動が有効との含意を感じさせる。

編者は，2条に規定するCISGの適用除外となる取引に対して，インターネットオークションが，2(b)条が想定していた競売と異なることから，CISGの適応範囲となること，また，2(f)条の電気の売買に関連して，他のエネルギー資源関連売買，原油，天然ガス・液化天然ガス等の売買を，同条の類推から，適用除外とすることは許されないとの見解を示している。

3条では，ソフトウェアーの販売に言及し，特定顧客用のソフトウェアー開発契約と様々な支援サービスを含めたソフトウェアー契約を区別し，後者を適用除外とすべきとする。

9条で規定する「慣習および慣行」には，ICCによるインコタームズおよび信用状統一規則が含まれることを示す。4条では，詳細な概略の中で，CISGに規律されることが明示されている事項，CISGから明示的に排除されている事項の次に，記載されていないか議論のある事項を示している。管轄および紛争解決条項に関する問題では，1）法廷地選択条項が契約に有効に組み込まれているかの問題は，CISGの契約成立に関する規則に基づき解決されうる事項である，2）CISGが規律する契約に含まれる仲裁条項において，仲裁契約が適切に行われたかの問題は分離可能性の法理により，物品売買契約とは別個に扱うべきであるが，仲裁契約の成立（申込みと承諾）に関する問題には適用される余地がある，4）挙証責任と証明基準：挙証責任がCISGの範囲にあり，79条の免責（債務者の支配を超えた障害による不履行）およびCISGの体系的な解釈からこの結論が導けるとの支配的な見解に加えて，証明基準も合理性の原則から導き出せるとの編者の見解を示す，5）相殺がCISGによって規律されないとの見解が支配的であるが，請求（both claims）がCISGによって規律される同じ取引から生じた場合，81(2)条，84(2)条，88(3)の基礎をなす一般原則から，両当事者は相互に相殺可能とするのが望ましいとの見解を編者も支持する。この項目の最後に，禁反言の法理は，誠実の原則の表現として，CISGによって規律される事項であることを付記する。

第2部の契約の成立では，19条（変更を加えた承諾）で扱われる「書式の争い」，24条（到達の意義），において挙証責任を解説した項目が見られる。30条（売主の義務）では，対応する規則としてインコタームズ（2000および2010）を挙げ，その構造・解釈規則および法的性質を詳細に説明する。その中で，インコタームズがCISGの対応する条文を修正・補充する可能性に触れる。インコタームズが効力を発揮するのは，条文の適用排除，任意規定性を規定する6条および慣習および慣行に拘束される旨規定する9

条が根拠となることを述べ，FOB あるいは CIF だけでは，Incoterms を黙示的に援用したと解釈されず，国内法の適用に導く法域もあることに触れ，契約中に "Incoterms 2000" あるいは "Incoterms 2010" によるべき旨を明記することを推奨する。Incoterms 2010が国内取引にも適用されること，Incoterms 2000と異なり，コンピュータソフトウェアーへの適用がないことに言及していないことに触れる。30条から34条の各条において，インコタームズと CISG との関係にかなりの頁を割いて述べているのが特徴である。物品の適合性に関する35条から40条の規定は，注釈の中で，挙証責任の項目を置き，各条文における一般的な挙証責任と挙証責任の配分，特定の事実に関する挙証責任等について詳細な説明を加えている。危険移転を扱う66条から70条において，とりわけ，運送を伴う売買契約における危険移転の時期を規定する67条の評釈の「インコタームズと CISG」の項目で，UNCITRAL Digest（2004）が CISG とインコタームズがどのように協力しあうかを示していることに触れ，EXW，FCA and FOB，CFR and CPT，CIE or CIP，DDP の各項目毎に，判決および仲裁判断の具体例を挙げて，その補完関係を例証する。

4　本書の意義

特定の課題に取り組んだ研究書とは異なり，条約の注釈書を文献紹介として選択した理由は，日本人の研究者および日本の大学に関係の深い執筆者が含まれていることに加えて，複数の編者および執筆者が CISG および UNCITRAL の活動に深く関わり，両分野に関する見識と洞察の深さを知るが故である。本書が関連規則等の最新改訂版を取り上げ，それらとの関係に触れていることも大きな理由である。ドイツ型の厳格な条文毎の分析を行う Ingeborg Schwenzer, Ed., Commentary on the UN Convention on the International Sale of Goods (CISG) Third (English) Edition. (OUP, 2010) と比較した場合，本書は，当事者の権利・義務を規律する上で重要な役割を果たすインコタームズの各取引条件と CISG の関連条文との関係により多くのページを割き，必要とされる条文の評釈に挙証責任の項目を設けて説明を加えている点が特徴である。CISG の条文で言及していない項目あるいは議論となる争点を積極的に取り上げている。その点においても，Vis Moot の課題を取り上げる法学部生・ロースクール学生にとっても強い味方となる評釈書である。実務上問題となる点についても幅広く取り上げ言及している。新たな見解も展開しているが，その根拠は多くの利用可能な関連データベースから渉猟したケース等に裏打ちされている。多くの執筆者を擁して得られたであろうそのような利点がある一方で，洞察度に関して執筆内容の統一性がとれていない面もあるが，新規性を打ち出した利用しやすいかつ意欲的な評釈書であると評価できる。

(関西学院大学法学部非常勤講師)

日本国際経済法学会会報

1．本学会の役員その他

理事長	小寺　彰（東京大学）
庶務担当常務理事	間宮　勇（明治大学）
会計担当常務理事	山部俊文（一橋大学）
研究運営担当常務理事（研究運営委員会主任）	柳　赫秀（横浜国立大学）
編集担当常務理事（編集委員会主任）	平　覚（大阪市立大学）
常務理事（組織改革委員会委員長）	佐野　寛（岡山大学）
庶務副主任	浜田太郎（近畿大学）
会計副主任	佐藤智恵（一橋大学）

学会事務局：〒101-8301 東京都千代田区神田駿河台1-1
　　　　　　明治大学法学部（間宮勇研究室）
　　　　　　E-mail: jaiel.secretariat@gmail.com
　　　　　　Homepage: http://www.jaiel.or.jp/

理事・監事（第7期）名簿（50音順）
（2012年7月現在）

＜理事＞

阿部克則（学習院大学）	荒木一郎（横浜国立大学）
位田隆一（同志社大学）	岩沢雄司（東京大学）
柏木　昇（東京大学）	川島富士雄（名古屋大学）
川瀬剛志（上智大学）	久保田　隆（早稲田大学）
小寺　彰（東京大学）	佐野　寛（岡山大学）

佐分晴夫（名古屋経済大学）　　清水章雄（早稲田大学）
須網隆夫（早稲田大学）　　　　鈴木將文（名古屋大学）
瀬領真悟（同志社大学）　　　　泉水文雄（神戸大学）
平　　覚（大阪市立大学）　　　髙杉　直（同志社大学）
竹下啓介（東北大学）　　　　　茶園成樹（大阪大学）
出口耕自（上智大学）　　　　　道垣内正人（早稲田大学）
内記香子（大阪大学）　　　　　中川淳司（東京大学）
楢﨑みどり（中央大学）　　　　根岸　哲（甲南大学）
野村美明（大阪大学）　　　　　早川吉尚（立教大学）
稗貫俊文（北海学園大学）　　　福永有夏（早稲田大学）
増田史子（京都大学）　　　　　間宮　勇（明治大学）
村上政博（一橋大学）　　　　　宗像直子（経済産業省通商機構部長）
森下哲朗（上智大学）　　　　　八木　毅（外務省経済局長）
山根裕子（帝京大学）　　　　　山部俊文（一橋大学）
柳赫秀（横浜国立大学）

（以上，39名）

＜監事＞

金井貴嗣（中央大学）　　　　　木棚照一（早稲田大学）

（以上，2名）

研究運営委員会

主任　　柳　　赫　秀（横浜国立大学）
副主任　出　口　耕　自（上智大学）
幹事　　伊　藤　一　頼（静岡県立大学）
委員　　米　谷　三　以（経済産業省）　　川　瀬　剛　志（上智大学）

川島　富士雄（名古屋大学）　　長田　真理（大阪大学）
加藤　暁子（関東学園大学）　　岡田　外司博（早稲田大学）
中谷　和弘（東京大学）

編集委員会

主任　　平　　　覚（大阪市立大学）
副主任　瀬領　真悟（同志社大学）
委員　　澤井　　啓（関西学院大学）　鈴木　將文（名古屋大学）
　　　　泉水　文雄（神戸大学）　　　宮野　洋一（中央大学）
　　　　内記　香子（大阪大学）

組織改革委員会

委員長　佐野　　寛（岡山大学）
委員　　髙杉　　直（同志社大学）　　根岸　　哲（甲南大学）
　　　　間宮　　勇（明治大学）

2．第21回研究大会

日本国際経済法学会20周年記念大会（第21回研究大会）は，2011年10月29日（土）および30日（日）の2日間にわたって学習院大学において開催され，140名の参加者により盛大な式典と活発な討論が行われた。大会プログラムは，次の通りであった。

10月29日(日)　20周年記念行事

　　　　　　　　　　　　　　　　　　　全体司会　上智大学教授　出口耕自
記念スピーチ　(13時30分～14時)
　　　　　　　　　　　　東京大学教授／日本国際経済法学会理事長　小寺　彰
　　　　　　　　　　早稲田大学名誉教授／日本国際経済法学会元理事長　宮坂富之助
　　　　　　　　　　　元通商産業審議官／日本国際経済法学会元理事　黒田　眞
記念講演　(14時～16時)　　「国際経済法の変容と課題――20年の軌跡――」
　(1)「WTO――その実績と将来の課題――」　　東京大学名誉教授　松下満雄
　(2)「競争法の収斂と多様性」　　　　　　　　甲南大学教授　根岸　哲
　(3)「国際取引法の20年」　　　　　　　　　　中央大学教授　柏木　昇
ゲスト講演　(16時～17時30分)　　　　座長　東京大学教授　中川淳司
　"Multinational Enterprises and International Economic Law:
　Contesting Regulatory Agendas over the Last Twenty Years"
　　　　　　　　　　　ロンドン大学東洋アフリカ研究所教授　Muchlinski, Peter
懇親会　(18時～20時)

10月30日(日)　第21回研究大会
午前の部　(10時00分～12時25分)
・セッション(I)　自由論題
　　　　　　　　　　　　　　　　　　　　座長　同志社大学教授　瀬領真悟
第1報告「証券取引規制における民事責任規定の適用範囲」　愛媛大学講師　不破　茂
第2報告「国際貿易法における文化保護」　　名古屋経済大学名誉教授　宮崎　孝
第3報告「投資条約仲裁手続における『権利濫用』の意義とその判断基準：
　　投資家の国籍の基準時との関係を中心に」　　東北大学助教　猪瀬貴道
第4報告「Third Party Participation in the WTO Dispute Settlement Mechanism」
　　　　　　　　　　　　　　名古屋大学大学院博士後期課程　潘　暁明
・セッション(II)　「国際知財法の新しいフレームワーク」
　　　　　　　　　　　　　　　　　　　　座長　大阪大学教授　茶園成樹
第1報告「技術取引の自由化」　　経済産業省通商機構部参事官補佐　泉　卓也

第2報告「遺伝資源・伝統的知識の保護と知的財産制度」　　　関西大学教授　山名美加
第3報告「著作権関連の動向と展望」　　　　　　　　　　　名古屋大学教授　鈴木將文

午後の部　（14時30分〜17時45分）
共通論題「国際経済法における市場と政府」

　　　　　　　　　　　　　　　　　　　　　　　座長　早稲田大学教授　須網隆夫
第1報告「『国際経済法における市場と政府』についての歴史的・理論的考察」
　　　　　　　　　　　　　　　　　　　　　　　　　横浜国立大学教授　柳　赫　秀
第2報告「中国における市場と政府をめぐる国際経済法上の法現象と課題
　　　──自由市場国と国家資本主義国の対立？──」　名古屋大学教授　川島富士雄
第3報告「EUの経済ガバナンスに関する法制度的考察
　　　──ユーロ圏財政危機をめぐる対応──」　　　慶應義塾大学教授　庄司克宏
第4報告「国際経済法秩序の長期変動──国際政治経済学の観点から──」
　　　　　　　　　　　　　　　　　　　　　　　　　　東京大学教授　飯田敬輔

3．2011年度役員会・総会報告

(a)　2011年度の理事会は，学習院大学において，10月30日（日）12:30から14:00まで開催された。その概要は，以下の通りである。

　（議決事項）
　(1)　定足数の確認
　委任状を含め，定足数が満たされていることを確認した（出席者26名，委任状12名）。
　(2)　2010年度理事会・総会議事録の承認
　2010年度理事会及び総会の議事録案につき，異議なく了承され，確定された。
　(3)　職務理事の交代
　経済産業省通商機構部長（嶋田隆氏から宗像直子氏）の職務理事の交代が承認され，総会に承認を提案することとなった（交代は宗像氏の内諾を経たもの）。

(4) 会員の異動等

 8名の入会が承認され，総会に承認を提案することとなった。資格喪失（3年以上の会費滞納）3名が了承された。退会10名が報告された。

(5) 2010年度決算案の承認

 監事に監査を受けた2010年度決算案につき会計主任より説明があった。異議なく承認され，総会に承認を提案することとなった。

(6) 2012年度予算案の承認

 会計主任より，2012年度予算案につき，①2010年度決算で雑誌梱包費・送料が学会誌買取費に一緒に計上されているが今後はきちんと分けて計上する，全会員に送付するために2010年度に8万円余の支出があったことを考慮し雑誌梱包費・送料として10万円計上，②日韓国際交流企画関連支出として国際交流援助費を新設10万円計上，③来年度1日大会予定で大会開催援助費として30万円計上，④20周年記念行事として2011年度予算に100万円計上したが20周年記念出版にかかる経費が来年度に支出されるおそれがあるため，2012年度予算に改めて50万円計上，⑤2012年度予算で単年度収支が130万円余の赤字となっているが，2011年と2012年は20周年記念関連支出が含まれ支出が膨らんでいる，2010年度決算で単年度収支が29万円余の赤字で本学会は赤字体質になっており，このまま支出し続けても繰越金は10年程度は持つであろうが，早めに対応しておく方が良いので，再来年度以降どのように対応するかについて来年度考えたい，⑥江草基金から30万円の助成を得たので，20周年記念行事の Muchlinski 教授の招聘費用に使う旨説明があった。2012年度予算案につき，異議なく承認され，総会に承認を提案することとなった。

(7) 次期役員（理事・監事）の選出手続

 組織改革委員会委員長より，①前回理事会で選挙と指名の併用制に合意しており，今回の理事会でそれを踏まえた申合せ（2002年）の改正と内規の制定につき合意を得たい，②申合せの一部改正については，昨年の会員アンケートに

も現れているが，できるだけ多くの会員の意見を反映するため25名を選任理事候補，15名を指名理事候補とする，③定年制には議論があり一般的な定年制は採用しないが，役員の新陳代謝を図る観点から指名理事候補について65歳未満の年齢制限を導入した，④役員選考過程を透明化するため，選任理事候補と指名理事候補の別を総会で公表する，⑤2006年と2008年に試行として適用された「役員選出方法に関する申し合わせ」は廃止するとの説明があった。また，①2002年に行われた選挙で適用されていた規則を明文化し選挙を実施するための内規を制定する，②同内規により，選挙管理委員会の設置，構成，権限の制定，選挙の方法（郵送投票），10名連記制，開票等を規定する旨説明があった。異議なく承認され，執行部から総会に報告することとなった。

理事及び監事選出に関する申合せ（2002年10月27日理事会承認，2011年10月30日修正）

1　規約第12条の現理事会による理事候補者の選出には会員による選挙を行う。
2　理事40名の候補のうち，25名を選挙による選任理事候補とし，15名を指名理事候補とする。
3　選挙権は，すべての個人会員が有する。
4　被選挙権は，学生会員をのぞく個人会員が有する。
5　選挙は10名連記で行う。
6　選挙の結果，得票数上位25名を選任理事候補とする（同数者がある場合には年長順とする）。
7　常務理事会は，選挙の結果を踏まえたうえで，理事会全体としての専門別，性別，年齢別及び所属機関（国公私立）別の構成並びに地域的分布などを考慮して指名理事候補及び監事候補の原案を作成し，理事会に提案する。
8　指名理事候補は，当該年度において65歳未満の会員から指名する。
9　理事会は，選任理事候補及び指名理事候補の別を明らかにして，総会の承

認を得るものとする。
10 「役員選出方法に関する申し合わせ」（2005年10月29日役員会承認・2008年11月1日役員会修正承認）は廃止する。

選任理事選挙に関する内規（2011年10月30日理事会承認）
　「理事及び監事選出に関する申合せ」第1項に定める理事候補者の選挙は，本内規の定めるところによる。
1　（選挙管理委員会）
　(1)　理事候補者の選挙を管理するため選挙管理委員会を設置する。
　(2)　選挙管理委員会は，本内規に従い選挙を管理するほか，選挙の実施に関する細目を決定する。
2　（選挙管理委員）
　(1)　選挙管理委員会は以下の者によって構成する。
　　①庶務担当常務理事
　　②庶務副主任
　　③常務理事会によって指名された2名の会員
　(2)　選挙管理委員会委員長は庶務担当常務理事とする。
3　（選挙の方法）
　(1)　選挙は，役員の任期が満了する年の6月，郵送による投票によって行う。
　(2)　選挙管理委員会は，前項の年の5月末日の時点で会員資格を持つすべての個人会員に対し，会員名簿，投票用紙および返信用の封筒を郵送する。
　(3)　投票の期間は1ヶ月以内とする。
4　（投票用紙）
　(1)　投票用紙は10名連記とする。
　(2)　同一の投票用紙に同一の氏名が複数記載されていたときは，1名分のみを有効な投票とする。

(3) 投票用紙に11名以上の氏名の記載がある場合は，すべての投票を無効とする。

5 （開票）

(1) 所定の投票期間が経過した時点で投票を打ち切り，選挙管理委員会は速やかに開票を行う。

(2) 投票の有効性に疑義があるときは，選挙管理委員会の協議により判断する。

(3) 選挙管理委員会は，開票の結果を常務理事会に報告する。

6 （選任理事候補者の決定）

常務理事会は，前項の開票結果に基づき，本人の同意を得た上で，得票数上位25名を選任理事候補者と決定する。

(8) 20周年記念出版

編集主任より，①2巻の講座本「国際経済法講座Ⅰ　通商・投資・競争」，「国際経済法講座Ⅱ　取引・財産・手続」を出版，②編者は本学会，編集代表はⅠが村瀬，Ⅱが柏木，③出版社は法律文化社，④各巻500ページ，発行部数1000部，価格6300円で出版，⑤出版時期は2012年秋，⑥学会から購入補助金として50万円を支出し会員特別価格8,500円（送料込，1セット限り）で販売，⑦各巻の全体コンセプト（20年間の学会の成果を世に問うもの），執筆者とテーマは編集委員会（公法系，村瀬（委員長），泉水，川瀬，伊藤。私法系，柏木（委員長），道垣内，杉浦，髙杉，横溝，増田）で検討し決定する，⑧今後出版が具体化した時点で出版契約を締結予定，今回の理事会では出版契約の要点につき了承を得たい，出版契約書はさらに精査し学会に不利な条項があれば改めて交渉するので今後指摘頂きたい，これらを前提とした上で出版契約の詳細については常務理事会に一任頂きたい，⑨著者に対して1部寄贈，⑩著作権料は学会に支払うものとし，初版の印税はなしで重版以降印税6％とする旨説明があった。異議な

く了承され，執行部から総会に報告することとなった。

(9) 来年度研究大会，国際交流企画

研究運営主任より，①来年度研究大会は10月下旬頃１日大会とし関西で開催予定である，②新たな国際交流企画として，来年度から韓国国際取引法学会と試行的に２年間合同でワークショップ（来年度韓国で，再来年度日本で）を開催する，③同ワークショップでは，報告者等の宿泊費をそれぞれの学会負担とする旨説明があった。議論の結果，実施に向けた費用負担や体制作りなどの様々な問題を検討するため，国際交流企画を実施する方向で常務理事会にて引き続き検討することとなった。

(10) その他

(ア) 傍聴の承認

傍聴の承認について，これまでの慣例通り，庶務主任に一任された。

（報告事項）

(1) 研究大会への出版社等の出店の許可

庶務主任より，研究大会への出版社等の出店の許可について，今後は，机１台につき１万円の賛助金を出版社等から開催校に支払うようお願いすることとしたい旨説明があり，異議なく承認された。

(2) 将来ビジョンワーキンググループ答申の提言の実行状況

庶務主任より，①同答申にいう学会改革については選挙制の導入などの成果を出した，②研究運営委員会など下部組織の改革は現在進行中である，③研究大会の簡素化については庶務で開催雑務を担当し開催校と会員から評価を得た，④ホームページやメーリングリストの活用や20周年記念出版なども実現した旨報告があった。

(3) 日本国際経済法学会年報の編集

編集主任より，年報20号につき，①会員へ発送した，②19号より50ページ増え充実した内容となった，③学会誌買取予算の範囲内に収まったが送料が予算

を超えた旨説明があった。年報21号につき①20周年記念大会における報告を中心に構成する，②文献紹介については20周年記念の特別編集のため会員の著書に限定する予定である旨報告があった。

(b) 2011年度の総会は，学習院大学において2011年10月30日（日）14:00から14:30まで開催された。その概要は，以下の通りである。
　(1) 定足数の確認
　委任状を含め，定足数が満たされていることを確認した（出席者44名，委任状98名）。
　(2) 決議事項
　　(ア) 新入会員の承認
　　(イ) 2010年度決算案の承認
　　(ウ) 2012年度予算案の承認
　　(エ) 職務理事の交代
　　(オ) 20周年記念出版
　　(カ) 次期役員（理事・監事）の選出手続
　庶務主任から新入会員8名の説明があり，規約6条に基づき異議なくこれを承認した。また，庶務主任から，13名の退会が報告された。
　会計主任より，2010年度決算案の説明があり，規約20条に基づき異議なくこれを承認した。
　会計主任より，2012年度予算案の説明があり，規約19条に基づき異議なくこれを承認した。承認に際し，会計主任より，2010年度決算で単年度収支が29万円余の赤字で本学会は赤字体質になっており繰越金を消費している，このまま支出し続けても繰越金は10年程度持つが，早めに対応しておく方が良いので，2013年度予算でこのような赤字について対策したい旨説明があった。
　理事長より，経済産業省通商機構部長の職務理事の交代が理事会で承認され

た旨説明があり，異議なく承認された。

　編集主任より，20周年記念出版として2巻の講座本「国際経済法講座Ⅰ　通商・投資・競争」，「国際経済法講座Ⅱ　取引・財産・手続」を出版することについて理事会で承認された旨説明があり，異議なく了承された。

　学会活性化委員長より，次期役員の選出手続として，理事及び監事選出に関する申合せの改正と，選挙の実施に伴う内規の制定が理事会で合意され，来年選挙を実施する旨説明があり，異議なく了承された。

(3)　報告事項

　(ア)　次回研究大会

　(イ)　日本国際経済法学会年報の編集

　理事長より，来年度研究大会は1日大会とし関西で開催予定である旨報告された。研究運営主任より，新たな国際交流企画として来年度から韓国国際取引法学会ととりあえず2年間合同でワークショップ（来年度韓国で，再来年度日本で）を開催予定である旨報告があった。

　編集主任より，①年報20号を会員へ発送した，②年報21号は20周年記念大会における報告を中心に編集する旨報告があった。

4．日韓国際経済法共同学術大会開催の経緯と趣旨

　今期執行部が発足して以来，常務理事会の場において外国学会との学術交流の必要性が議論され，近隣のアジア諸国との交流から始めるのがいいのではないかという点で認識が一致した。手始めに韓国のカウンターパートである韓国国際取引法学会に打診したところ，先方からも高い関心が寄せられて，2011年本学会20周年記念大会に韓国国際取引法学会の李浩元会長と朴英徳総務理事が出席され，同時に理事会でも韓国国際取引法学会との交流を試行的に実施することが承認されて（上記3参照）国際経済法に関する日韓の学術交流を開始することになった。

理事会後に，本件を担当する「国際交流委員会」が設置され，柳赫秀（座長，研究運営主任），間宮 勇（庶務主任），中谷和弘，長田真理の4人が委員に任命された。国際交流委員会は先方の韓国国際取引法学会と話し合いを重ね，当面双方が1回ずつ共同学術大会を開催することとし，2012年9月に韓国ソウルで第1回目が開催される運びになった。日韓国際経済法共同学術大会は，日韓両国双方にとって重要であると思われる国際経済法のトピックについて問題解決的な議論を行い，それを通じて日韓双方の学術的および人的交流を図ることを目的とするものである。

2012年度第1回日韓共同学術大会プログラムは，以下のとおりである。

第1回日韓国際経済法 共同学術大会
日時：2012.9.1.(土) 09:00-18:00
場所；延世大学校 光復館 別館 国際会議室
主催：韓国 国際去來法学会

09:00-09:30　受付
09:30-09:50
　　　開会辞：李鎬元(Lee, Ho Won)　韓国国際去來法学会長
　　　　　　　小寺彰　日本国際経済法学会長
　　　祝　辞：申鉉允(Shin, Hyun Yoon)　延世大学校法学専門大学院長
09:50-12:50　第1主題　"韓中日投資協定"
　　　司　会：孫京漢(Son, Kyung Han)　教授(成均館大)
　　　報告者：崔源穆(Chol, Won-Mog)　教授(梨花女子大)
　　　　　　　間宮勇　教授(明治大)
　　　討論者：朴德泳(Park, Deok-Young)　教授(延世大)
　　　　　　　小寺彰　教授(東京大)

12:50-14:00　昼食
14:00-17:00　第2主題　"国際裁判管轄"
　　　　司　会：趙大衍(Cho, Dae Yun)　弁護士(金＆張法律事務所)
　　　　報告者：石光現(Suk, Kwang Hyun)　教授(ソウル大)
　　　　　　　　早川吉尚　教授(立教大)
　　　　討論者：李圭浩(Lee, Gyoo Ho)　教授(中央大)
　　　　　　　　出口耕自　教授(上智大)
17:00-17:10　休憩
17:10-18:00　綜合討論
　　　　司　会：李鎬元　教授(延世大)

編 集 後 記

　今期編集委員会の編集による最後の号をお届けする。すなわち，19号から始まりこの21号で今期編集委員会による編集は完了し，次号からは次期編集委員会にバトンタッチすることになる。大震災を中にはさみながらこの3年間なんとか順調に刊行できたことに，ともかくほっとしている。執筆者の方々のほか会員諸氏のご協力に心から感謝申し上げる。

　昨年秋の20周年記念大会を踏まえ，本号は例年になく特別の編集方針をとった。すなわち，大会第1日目の記念式典における一連の講演をもれなく掲載することとし，さらに第2日目の研究大会における報告者の原稿も最大限掲載することにした。しかし，その結果，頁数の大幅な増加が予想されたため，やむなく文献紹介の頁数を抑えざるを得ず，「内国民待遇原則に違反する」かもしれないが，対象文献を原則として日本人が執筆したものに限定することにした。幸いこの編集方針どおりに刊行が実現し，20周年を記念するにふさわしい内容を確保できたと思っている。とくに記念式典における各講演者の方々のご寄稿にお礼を申し上げたい。

　ところで，研究大会の報告原稿を掲載する場合，とくに共通論題については座長コメントを掲載することが慣例化しているが，座長の方々には，執筆にあたり各報告者の原稿が出そろうのを待っていただくことになる。往々にして報告者には原稿完成まで最大限の時間をお認めする結果，座長の方々は原稿締切り間際のごく短時間で執筆していただかざるを得ない場合が多い。今回はそのような状況で1人の座長の方には長く待機していただいていたが，報告原稿が出そろい，いざ執筆という段階でご病気になられ，結局執筆不可能となってしまった。このため今回は座長コメントに代わるものとして研究連絡委員会の作成した「企画趣旨」を掲載させていただいたことをここに記しておきたい。

　文献紹介は結果的に日本人の執筆または執筆参加による洋書3冊，和書2冊にとどまったが，次期編集委員会には文献紹介の充実を重要な引継ぎ事項としてお願いすることにしたい。

　最後に，3年間編集作業に携わり，様々な問題を検討し，ご協力をいただいた編集委

員会の皆様にも厚くお礼を申し上げる。また，毎年，無理難題を申し上げ，きわめて厳しいスケジュールの中でご苦労をおかけしてきた法律文化社の田靡純子社長と編集部の舟木和久氏にも心から感謝申し上げる。

平　　覚

執筆者紹介 (執筆順)

小寺　　　彰	日本国際経済法学会理事長 東京大学大学院総合文化研究科教授
宮坂　富之助	早稲田大学名誉教授
黒田　　　眞	元通商産業審議官
松下　満雄	東京大学名誉教授・元WTO上級委員会委員
根岸　　　哲	甲南大学大学院法学研究科教授
柏木　　　昇	東京大学名誉教授・中央大学法科大学院フェロー
Muchlinski, Peter	ロンドン大学東洋アフリカ研究所教授 (Professor, The School of Oriental and African Studies at University of London)
柳　赫秀	横浜国立大学大学院国際社会科学研究科教授
川島　富士雄	名古屋大学大学院国際開発研究科教授
庄司　克宏	慶應義塾大学大学院法務研究科教授 (ジャン・モネ・チェア)
飯田　敬輔	東京大学大学院法学政治学研究科教授
茶園　成樹	大阪大学大学院高等司法研究科教授
泉　　　卓也	特許庁特許審査第一部審査官
山名　美加	関西大学法学部教授
鈴木　將文	名古屋大学大学院法学研究科教授
不破　　　茂	愛媛大学法文学部専任講師
猪瀬　貴道	東北大学大学院法学研究科助教
小島　喜一郎	東京経済大学経営学部専任講師
国松　麻李	中央大学大学院戦略経営研究科特任准教授
高村　ゆかり	名古屋大学大学院環境学研究科教授
武田　邦宣	大阪大学大学院法学研究科准教授
澤井　　　啓	関西学院大学法学部非常勤講師

日本国際経済法学会年報 第21号　2012年
日本国際経済法学会20周年記念号

2012年11月24日発行

編集兼
発行者　日 本 国 際 経 済 法 学 会
　　　　　　　代表者　小　寺　　　彰

　　〒101-8301　東京都千代田区神田駿河台1-1
　　　　　　　　明治大学法学部（間宮研究室）

発売所　株式会社　法　律　文　化　社

　　〒603-8053　京都市北区上賀茂岩ヶ垣内町71
　　　　　電話　075(791)7131　FAX　075(721)8400
　　　　　　　URL：http://www.hou-bun.com/

©2012 THE JAPAN ASSOCIATION OF INTERNATIONAL ECONOMIC LAW, Printed in Japan

ISBN978-4-589-03469-4

日本国際経済法学会編
日本国際経済法学会年報

第14号（2005年）　WTOの10年：実績と今後の課題　WTO紛争解決手続きの理論的課題　国際統一法と国際私法　　　　　　　　　A5判・268頁・定価3675円

第15号（2006年）　「国際経済法」・「国際取引法」のあり方を問い直す　「法と経済学」の諸相　　　　　　　　　　　　　　　A5判・298頁・定価3990円

第16号（2007年）　国際経済・取引紛争と対抗立法　第1分科会：公法系　第2分科会：私法系　　　　　　　　　　　　　　　A5判・270頁・定価3675円

第17号（2008年）　国境と知的財産権保護をめぐる諸問題　国際投資紛争の解決と仲裁
　　　　　　　　　　　　　　　　　　　　　　　　　　A5判・248頁・定価3570円

第18号　（2009年）　　　　　　　　　　　　　　　　A5判・256頁・定価3675円
グローバル経済下における公益実現と企業活動　　国連グローバル・コンパクトの意義…三浦聡／企業の社会的責任（CSR）と環境保護…須網隆夫／国家安全保障と国際投資…柏木昇
第1分科会：私法系　　中国独占禁止法の制定・施行…酒井享平
第2分科会：公法系　　ガット・WTOにおける最恵国待遇原則と一般特恵制度の関係…小寺智史／信義誠実則の表象としてのGATT XX条柱書…小林献一
自由論題　　EUとWTOにおける遺伝子組換え産品に関する規制…内記香子／TRIPS協定をめぐる議論の動向と途上国への「技術移転」…山根裕子

第19号　（2010年）　　　　　　　　　　　　　　　　A5判・237頁・定価3675円
条約法条約に基づく解釈手法　　「国際法の断片化」について…平覚／WTO紛争解決における解釈手法の展開と問題点…清水章雄／国際司法裁判所における条約解釈手段の展開…山形英郎／国際投資仲裁における解釈手法の展開と問題点…濱本正太郎／WTO協定解釈雑感…松下満雄
権利制限の一般規定　　著作権の制限…鈴木將文／権利制限の一般規定（日本版フェアユース規定）の導入をめぐる議論…牧山嘉道／著作権法上の権利制限をめぐる法政策と条約上の3 step test…駒田泰土／権利制限規定と知的財産権条約…福永有夏
自由論題　　GATT第20条における必要性要件の考察…関根豪政

第20号　（2011年）　　　　　　　　　　　　　　　　A5判・314頁・定価4200円
世界金融危機後の国際経済法の課題　　座長コメント…野村美明／グローバルに活動する金融機関の法的規律…川名剛／リーマン・ブラザーズ・グループの国際倒産処理手続…井出ゆり／金融危機後における国際基準設定過程の変化とわが国の対応…氷見野良三／国際金融危機への通商法の対応とその課題…米谷三以
APEC2010とポスト・ボゴールにおけるアジア国際経済秩序の構築　　APECと国際経済法…中谷和弘／国際関係の構造変動とAPECの展開…椛島洋美／APEC2010プロセスの回顧…田村暁彦／アジア金融システム改革におけるABACの役割と課題…久保田隆
自由論題　　新旧グローバル化と国際法のパラダイム転換…豊田哲也／中国独占禁止法における国有企業の取扱い…戴　龍／WTO紛争処理におけるクロス・リタリエーション制度…張博一

上記以外にもバックナンバー（第4号～第13号）ございます。ご注文は最寄りの書店または法律文化社までお願いします。　　ＴＥＬ　075-702-5830／FAX　075-721-8400　　URL:http://www.hou-bun.com/